16-18, quai de la Loire 75019 Paris
www.ruedelechiquier.net

ISBN : 978-2-37425-453-1
Dépôt légal : août 2024

B I O M I M É T I S M E

PAUL **BOULANGER**

BIOMIMÉTISME & STRATÉGIES D'ENTREPRISE

9 PRINCIPES POUR RÉCONCILIER L'ÉCONOMIE ET LE VIVANT

Rue de l'échiquier

À Léo, mon fils solaire

sommaire

10 **Introduction**

11 Nous y sommes

13 À nouveaux enjeux, nouvelles approches

19 L'économie et le vivant : quelles équivalences possibles ?

27 Se plonger dans le vivant : une question de principes ?

35 **Chapitre 1**
LE PRINCIPE DE PERTINENCE : AGIR À BON ESCIENT

37 Le bon endroit au bon moment

45 Quelles sont vos bonnes conditions de vie ?

50 Dépendance et impacts : suis-je pertinent ?

58 Que faire quand ça n'est plus pertinent ?

67 **Chapitre 2**
LE PRINCIPE DE CRÉATIVITÉ : SE RÉINVENTER PAR L'ERREUR

69 La créativité : moteur et condition de la vie

77 L'évolution pertinente : sélectionner l'innovation

82 Les facteurs externes qui stimulent l'évolution

87 Toujours prêt au changement

99 **Chapitre 3**
LE PRINCIPE DE PONDÉRATION : GASPILLER, UN LUXE IMBÉCILE

101 Lutter contre l'entropie : l'énergie aux fondements de l'organisation du vivant

109 Transformer l'énergie-matière : une question de rendements

116 Dépenser l'énergie : une question de pondération

129 **Chapitre 4**
LE PRINCIPE DE TRANSMISSION : PERDURER DANS LE TEMPS

131 Acquérir de nouvelles ressources en vue d'une nouvelle configuration stratégique

142 Maximiser les chances d'avoir une descendance viable : stratégie r ou stratégie K ?

148 Changer à temps, changer tout le temps : stratégies de renouvellement des ressources

157 **Chapitre 5**
LE PRINCIPE D'INTERDÉPENDANCE : GRANDIR PAR ET AVEC LES AUTRES

159 Échanger ou transférer la valeur : les termes de l'équation

167 Les jeux à somme positive : quand tout le monde gagne

174 Les jeux à somme nulle : pile, je gagne ; face, tu perds

184 Les jeux à somme négative : un mauvais concours de circonstances ?

187 Heurs et malheurs d'une communauté de destin

194 L'information : une clé pour l'action

203 **Chapitre 6**
LE PRINCIPE D'INTÉGRITÉ : GARDER LA FORME
205 L'homéostasie : quand le désordre est intérieur
213 Quand on ne peut pas fuir : tolérer, résister
219 Investir dans les systèmes de défense : quels arbitrages stratégiques ?
224 Une tactique efficace : s'en sortir grâce aux autres

231 **Chapitre 7**
LE PRINCIPE DE DIVERSITÉ : SOUSCRIRE UNE ASSURANCE VIE
233 Le nombre ne fait pas tout : éviter le piège du dogme
239 La diversité : vers une approche qualitative

253 **Chapitre 8**
LE PRINCIPE D'AUTO-ORGANISATION : FAIRE CONFIANCE AU TERRAIN
255 Redondance et adaptabilité : les vertus d'une organisation plastique
258 L'information qui sauve : quand l'action d'un seul permet la survie du groupe
263 Expérimentation et renforcement : l'innovation individuelle validée par la pratique collective

269 **Chapitre 9**
LE PRINCIPE D'APPRENTISSAGE : S'ADAPTER À L'ENVIRONNEMENT

271 L'apprentissage associatif : façonner par la récompense

278 L'apprentissage par habituation : ne plus avoir peur de son ombre

280 L'apprentissage par imitation : observer et faire

284 Manager l'apprentissage

292 **Conclusion**

293 La bio-inspiration au service de la redirection écologique

308 Bibliographie complémentaire

312 Remerciements

introduction

NOUS Y SOMMES…

En effet nous y sommes… Depuis le rapport au Club de Rome[1] paru en 1972, des collectifs d'économistes et de chercheurs, relayés par le Groupe d'experts intergouvernemental sur l'évolution du climat (GIEC), alertent sur l'impossibilité d'une croissance infinie dans un monde fini. Alertent sur le danger pour les sociétés humaines de dépasser certaines limites planétaires. Alertent sur l'ampleur des changements à l'œuvre, sur les phénomènes d'emballement, sur l'irréversibilité de certaines mutations.

Nous y sommes… Les premiers effets se font sentir. Dans les chairs, dans l'économie, au sein des sociétés humaines. Et soudain le roi-singe est nu[2]… Que devons-nous faire ? Si un consensus avait émergé, il y a probablement longtemps que nos sociétés auraient basculé vers un nouveau modèle[3]. Ce livre s'attaque à l'autre versant de la montagne : le comment. En somme, si l'on ne sait pas dans quel port il convient d'aller, au moins peut-on travailler à construire un navire qui tiendra la mer et recruter puis former l'équipage qui saura affronter le gros temps. Être prêts lorsque le cap sera fixé. Et qui sait ? Peut-être qu'à force d'agir de la bonne manière, les bonnes solutions vont-elles émerger ? C'est une dynamique propre au vivant que de faire apparaître des fonctionnements pertinents et pérennes à partir du terrain. Du local au global. Du micro au macro.

Nous sommes à l'aube d'une mutation mondiale, qui s'avérera désastreuse ou heureuse selon la voie que nous emprunterons. Chacun est conscient désormais que nous avons peu de temps pour agir. C'est à cette action que ce livre souhaite apporter sa contribution. Il se propose de donner aux dirigeants, aux décideurs, aux consultants et à tous ceux qui,

---

1 Dennis Meadows, Donella Meadows et Jorgen Randers, *Les Limites à la croissance (dans un monde fini)*, édition spéciale 50 ans, Rue de l'échiquier, coll. « l'écopoche », 2022.

2 En hommage à l'essai de Desmond Morris, *Le Singe nu*, Grasset, 1988 [1967].

3 Nonobstant les résistances au changement et les intérêts particuliers qui nous font perdre de précieuses années. L'histoire jugera peut-être

en général, s'intéressent aux entreprises, quelques clés de compréhension du monde vivant qui nous entoure pour mieux pouvoir s'y réintégrer. Il tente d'apporter quelques pistes de réflexion sur la manière de faire de la stratégie, quelques outils de mise en action. Il invite à réinterroger nos habitudes et nos représentations, pour bâtir de nouveaux possibles.

À NOUVEAUX ENJEUX, NOUVELLES APPROCHES

Ouvrir les horizons : la pensée analogique

Nous pensons par analogie, nous créons par métaphore[4]. Ce processus est si profondément ancré que nous ne nous en rendons même plus compte. Métaphores et analogies sont présentes partout dans la construction de concepts et l'élaboration de discours. Rien que dans le domaine des sciences physiques, depuis la pomme de Newton jusqu'aux grains de poussière dansant dans la lumière observés par Einstein, les plus grandes théories sont nées de comparaisons. Elles font partie intégrante de notre pensée conceptuelle et constituent, pour chacun d'entre nous, un processus naturel d'accès à la connaissance à travers le langage, mais aussi à travers la pensée et l'action. On observe, on compare, on crée. Les métaphores et les analogies permettent d'élaborer de nouvelles associations d'idées et de se distancier des représentations antérieures sclérosantes. Ce faisant, elles provoquent un décentrage qui génère une remise en cause rapide des modèles précédents et facilite par conséquent les changements.

Les défis auxquels nous sommes confrontés vont exiger créativité et innovation. Les situations complexes et nouvelles qui caractérisent les moments de basculement rendent les modes de raisonnement déductifs inopérants. Chercher à analyser des liens de causalité simplistes

---

4 L'analogie constitue un « mode de raisonnement », avec l'élaboration d'un système de comparaison terme à terme entre deux univers, tandis que la métaphore relève davantage d'une « poésie créatrice ». La première peut être associée au biomimétisme, la seconde à la bio-inspiration. Voir Marie-Jeanne Borel, « Métaphores et analogies dans le discours des sciences de l'homme et de la société », *Revue européenne des sciences sociales*, vol. XXXVIII-117, 2000, doi.10.4000/ress.704 ; John Ehrenfeld « Putting a spotlight on metaphors and analogies in industrial ecology », *Journal of Industrial Ecology*, vol. 7, n °1, 2003, doi.org/10.1162/108819803766729131

ou à reproduire des recettes du passé ne nous permettra pas d'atteindre de nouveaux rivages. Faire confiance au plus vieux mode de raisonnement de l'humanité constitue une voie somme toute naturelle et raisonnable vers le renouvellement de nos modes de penser et de faire. En tant qu'analogie, le biomimétisme peut nous y aider; en tant que métaphore, la bio-inspiration tout autant[5].

Trouver les solutions : renouveler les approches stratégiques

En stratégie comme ailleurs, les modèles et les représentations qui ont cours influencent directement la manière dont on décide ou agit. En ce sens, les chercheurs et les maîtres à penser portent une grande responsabilité quant aux concepts qu'ils mettent à disposition des décideurs, des consultants ou des étudiants. Explicites ou implicites, les présupposés des modèles affectent le comportement des uns et des autres. Si vous pratiquez la prospective régressive, qui consiste à se projeter dans une situation désirée d'ici trois ou cinq ans, puis à tracer le chemin entre la réalité actuelle et la réalité espérée, vous vous placez implicitement dans une posture de type « quand on veut, on peut », donc de maîtrise des événements et de l'environnement, en pariant sur la permanence de certaines dimensions structurelles de votre activité. Ce qui n'est guère éloigné d'une forme d'aversion au changement et vous amène à considérer tout événement nouveau comme un dangereux écart vis-à-vis de la prévision, qu'il faut réduire à tout prix. Projection, prédictibilité, moyens-résultats : l'univers causal et réductionniste. À rebours d'une approche systémique et adaptative, utile dans un environnement complexe et imprédictible[6]. Certains concepts économiques ou de management

5 Dans la suite du livre, j'utiliserai parfois le terme de biomimétisme pour contourner les lourdeurs stylistiques, même si c'est bien de bio-inspiration dont il est question dans la quasi-totalité de cet ouvrage.

6 Ce monde « VUCA » (*volatility, uncertainty, complexity and ambiguity*) dans lequel nous sommes entrés.

stratégique, s'ils facilitent la décision, mettent ainsi curieusement en place des modes de pensée limitants ou biaisés : quête du « *one best way*[7] », gratuité supposée des ressources naturelles[8], notion de « responsabilité limitée[9] », mythe de la dématérialisation[10], modèle linéaire du cycle de vie[11] d'un produit, concept de chaîne de valeur[12], etc.

L'approche bio-inspirée consiste à remettre au centre du management stratégique un certain nombre d'outils. Ainsi en est-il du pilotage par les ressources, matérielles et immatérielles, qui constituent l'ADN de l'entreprise. Ainsi en est-il de la dépendance à la trajectoire, qui nous invite à nous appuyer sur le déjà-là pour inventer, de manière économe et pertinente, un demain possible. Ainsi en est-il de la notion de raison d'être comme liant de l'entreprise-système et cadre strict à l'intérieur duquel chacun jouit d'une grande liberté d'action. Bref, pas forcément des choses nouvelles, mais plutôt une focalisation du regard.

---

7 Qui exclut la redondance et laisse une place tout à fait limitée à l'innovation par le faire, l'auto-organisation, etc.

8 « Les ressources naturelles sont inépuisables, car sans cela, nous ne les obtiendrions pas gratuitement. Ne pouvant ni être multipliées ni épuisées, elles ne sont pas l'objet des sciences économiques. » Jean-Baptiste Say, *Traité d'économie politique*, 1803.

9 Responsabilité limitée à la hauteur des capitaux investis par les associés d'une société. Le concept récent de société à mission vient heureusement intégrer un peu d'éthique dans le système.

10 « Le numérique représente aujourd'hui 3 à 4 % des émissions de gaz à effet de serre (GES) dans le monde et 2,5 % de l'empreinte carbone nationale. [...] les émissions en GES du numérique pourraient augmenter de manière significative si rien n'est fait pour en réduire l'empreinte : + 60 % d'ici à 2040, soit 6,7 % des émissions de GES nationales. » (Arcep, « L'empreinte environnementale du numérique », mis à jour le 13 octobre 2023, www.arcep.fr/la-regulation/grands-dossiers-thematiques-transverses/lempreinte-environnementale-du-numerique.html)

11 Tel que conçu par l'économiste Theodore Levitt qui, paradoxe des paradoxes, n'a absolument rien de cyclique.

12 Dont on ne retient que le terme de « valeur », et encore, sous son aspect purement monétaire, permettant d'ajouter des marges aux marges sans toujours ajouter de la valeur réelle. Et si l'on s'intéressait davantage aux présupposés du concept de « chaîne » ? (Le maillon le plus faible, la linéarité, la codépendance, la non-redondance, l'emprise...)

Rejoindre le vivant : la bio-inspiration

Tout repose sur un pari. Observer le vivant, mieux en comprendre le fonctionnement, la puissance et les fragilités, nous permettrait de le rejoindre pas à pas. D'y refaire notre place. De retisser les liens. Une démarche qui complète l'expérience réelle mais ne s'y substitue pas. Entre deux chapitres, partez vous promener en forêt, en campagne, dans un parc, n'importe où du moment que vous pouvez y observer la vie à l'œuvre. Comprendre et éprouver : deux jambes pour marcher…

Ce livre souhaite vous ouvrir quelques fenêtres sur le fonctionnement du vivant. Avec le moins d'approximations possible, mais avec des approximations toutefois. L'écologie est une science en mouvement : les consensus ne sont pas toujours au rendez-vous, les hypothèses parfois difficiles à valider par la mesure. Et il arrive que la vulgarisation passe par des simplifications.

Penser par biomimétisme est à la fois pertinent et naturel. Mais cela exige un peu de méthode pour éviter de filer trop fidèlement la métaphore. Vous êtes fasciné par le fonctionnement harmonieux d'une ruche ? Vous espérez qu'elle puisse servir de modèle à votre entreprise ? Gardez à l'esprit que la première née des nymphes royales commence par massacrer « dans l'œuf » toutes ses sœurs jumelles. Est-ce là la méthode que vous souhaitez promouvoir lorsqu'il s'agira d'élire quelqu'un à la présidence de votre organisation ? Métaphores et analogies agissent comme un spot braqué sur un objet dans le noir : vous voyez l'objet, ses contours, mais n'en saisissez pas l'entièreté. En cela, le biomiméticien doit conserver une attitude de chercheur : à la fois avide et curieux des découvertes et rigoureux dans la méthode, conscient des limites de son approche.

Pour corser la chose, certaines analogies ne sont pas pertinentes, ni même possibles. Considérez, par exemple, la question des échelles systémiques. Les interactions entre les organes à l'intérieur du corps, entre les individus sur un territoire ou entre les espèces à l'échelle d'un écosystème ne répondent pas du tout aux mêmes logiques. On y parle pourtant de régulation, d'échange de matière, d'énergie et d'informations, de boucles de rétroaction, etc. Considérer l'entreprise comme un corps social ne nous autorise pourtant pas à la comparer à un corps tout court. Autant il est possible de se séparer d'une activité, d'externaliser une fonction, autant un être vivant – à de rares exceptions près – se remet très mal de la perte d'un organe. La manière de considérer l'entreprise varie selon qu'on l'observe sous son aspect organisationnel – un regroupement volontaire d'individus, que l'on peut comparer soit à un peuplement, soit à une communauté en écologie – ou qu'on la considère sous l'angle d'une entité juridique et économique singulière – que l'on peut cette fois comparer à un individu. Bref, si vous venez chercher ici un modèle universel de décision stratégique, vous en sortirez déçu. Une telle approche amènerait à revivre les errements du passé, symbolisés par le darwinisme social : calquer un système sur un autre, par nature incomparable, pour en tirer des conclusions aussi définitives qu'erronées. Préciser systématiquement à quelle échelle l'on se trouve, pourquoi on peut ou non faire telle ou telle comparaison aurait rendu la lecture de ce livre plus que rébarbative. J'en demande par avance pardon aux lecteurs les plus rigoureux : ils reconstitueront par eux-mêmes les sous-entendus logiques qui ont présidé à mes partis pris et sauront compléter avec bonheur les exemples sans verser dans l'ornière du contresens[13]…

Agir en responsabilité : une éthique de l'action

Être responsable, c'est être habilité à apporter des réponses. C'est répondre de ses actes. C'est agir en adulte. Or tout montre aujourd'hui que le biomimétisme n'est pas intrinsèquement éthique. Il est possible

13 Autre possible contresens induit par certaines expressions que j'utiliserai : la nature n'« invente » pas, pas plus qu'elle ne « décide ». Beaucoup d'expressions de ce livre relèvent de l'anthropomorphisme. J'y ai recours parce qu'elles permettent de mieux s'identifier aux phénomènes observés. Mais gardons toujours en tête qu'il n'y a pas d'intentionnalité dans le vivant, nulle téléologie. Tout y advient par hasard et par nécessité (voir Jacques Monod, *Le Hasard et la Nécessité. Essai sur la philosophie naturelle de la biologie moderne*, Seuil, coll. « Points », 2014).

d'imiter la nature et de produire des objets polluants, inutiles ou dangereux. Il est possible de s'inspirer de son fonctionnement et d'agir contre l'intérêt de la société ou du vivant.

Et puis, *Homo sapiens* est une espèce à part, douée d'intentionnalité, baignant dans un univers fait de culture, de règles, d'éthique. Une espèce ayant un impact à nul autre pareil et responsable devant l'Histoire des effets que ses civilisations font peser sur le vivant.

La nature dissimule, triche, est parfois violente. On pourrait s'en inspirer pour faire de même. Dans ce livre, on s'intéressera plutôt à la manière de détecter la tricherie, et pas à celle de dissimuler ; à la manière de se défendre, pas d'agresser ; à la manière d'accepter ce qui advient, sans se résigner. Mais il ne sera pas possible d'expliciter chaque fois la posture éthique qu'il convient de tenir. Nous faisons confiance à l'intelligence de chacun – en particulier du dirigeant ou du décideur qui lira ces lignes – pour faire ce travail à son échelle et en conscience. Détourner, à notre profit et à son détriment, les enseignements issus de l'observation du vivant constituerait une double trahison. Une trahison systémique d'abord, en aggravant la pression sur les ressources naturelles – biotiques ou abiotiques, humaines ou non humaines. Une trahison morale, ensuite, en retournant contre le vivant les solutions qu'il nous propose gratuitement, sans autre contrepartie que le devoir d'en faire un usage responsable. Les encadrés intitulés « Du vivant au vivant » permettent, à la fin de chaque chapitre, de nous en souvenir.

L'ÉCONOMIE ET LE VIVANT : QUELLES ÉQUIVALENCES POSSIBLES ?

La première difficulté, lorsque l'on se lance dans une démarche analogique, consiste à élaborer un réseau d'équivalences qui fasse système. Hélas – ou heureusement –, *Homo economicus* a inventé des structures qui n'existent pas dans le monde vivant. Quel pourrait bien être l'équivalent écologique à l'entreprise, cette curieuse entité dotée d'une personnalité et d'une autonomie juridiques ? Et celui de la monnaie, étrange convention qui permet d'échanger sans troquer, de stocker sans stock physique[14] ? Et, dans l'autre sens, quel serait l'équivalent chez *Homo sapiens* du lien entre le prédateur et sa proie[15] ?

Pourtant, il faut bien se lancer pour ne pas rester au bord du chemin. Je ne vais pas développer ici toutes les analogies utilisées dans ce livre, mais seulement les plus structurantes ou celles qui risquent de poser le plus problème.

---

14 On pourra me rétorquer qu'il existe des informations de stock (et de flux bien sûr) dans le vivant. Je souhaite tout de même bonne chance à celle ou celui qui tentera l'analogie systématique.

15 Non, on ne mange pas un client, pas plus qu'un fournisseur ou qui que ce soit !

L'entreprise : une lignée plutôt qu'un individu unique

Au cœur du vivant, il y a l'individu – plante, animal, champignon, bactérie, etc. – appartenant à une espèce. Les organisations humaines à vocation économique peuvent être considérées de deux manières. En tant qu'entités juridiques, elles sont dotées d'une personnalité propre ; dans ce cas, on peut les associer à un individu autonome. En tant que groupe social, elles associent étroitement des femmes et des hommes qui partagent une forme de destin commun scellé par l'*affectio societatis*; dans ce cas, on les comparerait davantage à ce que l'on appelle en écologie une « communauté »[16].

Pour certaines raisons qu'il serait fastidieux de détailler ici[17], on ne peut pas considérer l'entreprise[18] en tant qu'entité comme un être monolithique qui suivrait un cycle depuis sa naissance et l'enfance jusqu'à l'âge mûr (puis jusqu'à sa mort, logiquement inéluctable). Bien qu'elle conserve certaines constantes de structure et de fonction[19], une entreprise peut muter vers des modèles sensiblement différents, s'ouvrir à d'autres activités ou redéfinir sa raison d'être. Un être vivant ne jouit pas d'une telle fluidité : il est déterminé une fois pour toutes, dès sa naissance. Pour traduire ce « changement dans la continuité », je vous propose d'imaginer l'entreprise comme une lignée d'individus. D'une génération à l'autre, les parents transmettent leur patrimoine génétique

16 Si l'on considère les différents services d'une entreprise comme autant de fonctions.

17 Pour une tentative d'équivalence systématique, voir Paul Boulanger, *Le Biomimétisme : un outil possible d'intégration des enjeux environnementaux dans le déroulement du processus stratégique*, thèse de doctorat en sciences de gestion, 2018.

18 Dans la suite du livre, j'utiliserai la plupart du temps le terme d'entreprise pour éviter celui d'organisation, à cause de sa polysémie. Je demande aux lecteurs intervenant au sein d'associations, de sociétés coopératives d'intérêt collectif (SCIC), de sociétés publiques locales (SPL), d'établissements publics à but économique, etc., de bien vouloir me le pardonner et je les rassure au passage : les termes sont interchangeables (du moins dans le cadre de cet ouvrage).

19 Les anglophones utilisent le terme « *pattern* », impossible à traduire simplement : il recouvre à la fois les notions de constante, de schéma directeur, de dessein…

en tout ou partie[20] à leurs enfants, les enfants aux petits-enfants, etc., jusqu'à ce qu'éventuellement, la lignée s'éteigne, faute de descendants directs. Les écologues évolutionnistes en viennent aujourd'hui à considérer un individu non plus comme le point focal du vivant, mais comme le simple véhicule d'un *pool* génétique, dont le but est de transmettre ce patrimoine à la génération suivante. Chaque individu n'est plus que l'avatar[21] d'une lignée génétique. C'est cette dernière désormais qui constitue notre point focal[22].

Imaginons alors que l'équivalent d'une génération dans le vivant – ou d'un individu de cette génération – se trouve dans ce que l'on nomme une « configuration stratégique de l'entreprise[23] », laquelle se matérialise le plus souvent sous la forme d'un plan d'action ou cycle stratégique d'une durée de trois à cinq ans[24]. La configuration stratégique est ainsi un avatar incarnant la perpétuation de l'entreprise dans le temps, jamais vraiment la même, jamais complètement différente.

---

20 En totalité si l'on choisit l'analogie de la reproduction asexuée ou végétative ; à moitié dans le cas de la reproduction sexuée.

21 Du sanskrit *avatara*. Au sens originel : l'une des incarnations successives du dieu hindou Vishnou.

22 Au passage, cela nous remet à notre place, nous qui focalisons toute notre attention sur l'individu sujet : nous ne serions finalement que des véhicules du vivant, des passeurs. Joli glissement sémantique et de responsabilité.

23 À partir d'une certaine taille, il arrive qu'une même entreprise regroupe en son sein des activités qui ont peu à voir les unes avec les autres ; elles sont souvent organisées en *business units* (BU) qui vivent au gré des logiques de leur propre domaine d'activité stratégique. Dans ce cas, l'individu est assimilé au cycle stratégique d'une BU. Pour ne pas alourdir le texte, dans la suite du livre, on ne parlera plus que d'entreprise, mais les directeurs de BU sont invités à y substituer leur entité, terme à terme.

24 Par convention. En fait, un cycle stratégique peut très bien durer douze à dix-huit mois lorsque l'entreprise connaît des changements significatifs. Il vaut même mieux partir du principe que cette durée n'est jamais figée, y compris pour une même entreprise : gare aux traditions qui s'enkystent.

L'ADN de l'entreprise ? Son *pool* de ressources stratégiques

Si la configuration stratégique correspond à la matérialisation d'un génotype, à quoi correspond ce patrimoine transmis d'une génération à l'autre, de configuration en configuration ?

D'un point de vue génétique, chaque être vivant est déterminé par son génotype et son phénotype. Le génotype se matérialise par une succession de séquences d'ADN dont l'individu a hérité de ses géniteurs ; il encode les informations qui vont « générer » un individu. L'organisation générale de ces séquences est identique pour tous les individus d'une même espèce[25] : c'est ce qui fait qu'un chêne pédonculé[26] ne sera comparable à aucun de ses cousins du genre *Quercus*. Mais ce que contiennent les séquences d'ADN est spécifique à chaque individu : c'est la raison pour laquelle aucun *Homo sapiens* n'est semblable à un autre, bien qu'appartenant à la même espèce. Le phénotype, quant à lui, décrit la forme observable que prendra le génotype chez l'individu : la couleur de ses yeux ou de ses cheveux, sa taille, etc. Ainsi, un individu peut présenter un génotype comprenant un allèle « iris bleu » issu de sa mère et un allèle « iris brun » hérité de son père et afficher pourtant le phénotype « ambre » pour la couleur de ses yeux.

On parle parfois de l'ADN d'une entreprise, sans bien savoir à quoi on se réfère réellement. Dans l'approche biomimétique, on peut dire que les ressources stratégiques – matérielles ou immatérielles – d'une entreprise constituent justement son génotype. Ce sont elles qui vont lui permettre de déployer des offres ou des habiletés stratégiques qui lui seront singulières. Elles sont présentes, mais en tant que telles, ne disent rien de la manière dont elles vont s'activer. On appelle « capacités stratégiques[27] » cette traduction opérationnelle des ressources, l'équivalent du phénotype

25 C'est le génome – environ 25 000 gènes organisés en 23 paires de chromosomes pour *Homo sapiens*.

26 *Quercus robur*.

27 Les capacités stratégiques sont à comprendre aussi bien comme des aptitudes de l'entreprise que comme des capacités à agir sur et dans son écosystème. En stratégie, on parle aussi de « capacités dynamiques ».

pour les êtres vivants : attractivité, créativité, confiance, pertinence de l'offre... La traduction des ressources sous forme de capacités stratégiques est propre à chaque organisation. Cette singularité explique que deux entreprises qui disposent d'à peu près des mêmes ressources (comme des frères et sœurs disposent d'un génotype très proche) ne parviennent pas du tout au même résultat ni ne rencontrent le même succès.

Vous l'aurez compris : tout comme l'individu transmet l'intégralité ou une partie[28] de son génotype à sa descendance, les ressources stratégiques sont transmises d'une configuration stratégique à l'autre, enrichies au passage d'un nouveau *pool* de ressources destiné à faire face aux défis particuliers du cycle stratégique suivant.

Les successions de configurations stratégiques

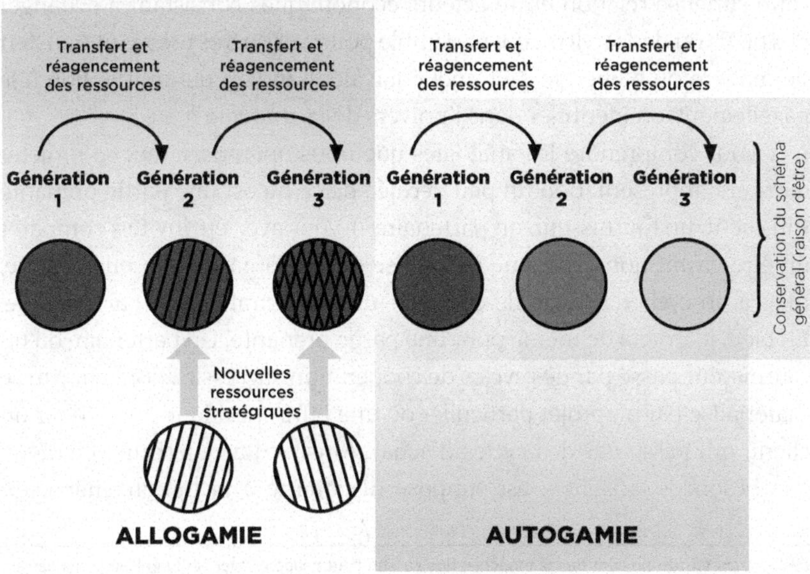

28 Rappelez-vous : reproduction asexuée ou sexuée...

Vous êtes avertis : le ménagement et le renouvellement des ressources stratégiques vont occuper une place centrale dans notre modèle. Partir de ce que l'on a, attirer ce qui nous manque, déployer une stratégie pertinente, jour après jour : de nouvelles compétences de dirigeant qui viennent se substituer à la logique volontariste.

Le client : pas une proie, une configuration

Le cycle de vie d'un individu est au cœur de la dynamique du vivant et explique l'évolution de ses besoins, de ses activités et de ses impacts. À de rares exceptions près, une entreprise n'en mange pas une autre. Pas plus que le consommateur ne la mange ou qu'elle ne se repaît de lui. Alors, quelle source d'inspiration peut-on trouver dans le vivant pour cette curieuse relation entre acteurs économiques consistant à échanger des biens ou des services, qui ressemble pourtant de très près à un transfert de matière ou d'énergie ? Et quel équivalent au lien qui unit le lion à la gazelle peut-on identifier dans l'univers de la stratégie ?

Pour comprendre les analogies que nous opérons, il faut se projeter dans une représentation un peu décalée de ce qu'est une partie prenante (un client, un fournisseur, un partenaire[29]). Vous avez été invité à comparer un être vivant non pas à une entreprise ou une organisation quelconque, mais à un cycle d'activité de celle-ci – un cycle stratégique, par exemple. Eh bien, il en sera de même pour une partie prenante. Un partenaire ou un fournisseur passe par des cycles de coopération successifs, dont chacun se matérialise par un projet particulier ou une offre spécifique. Idem pour un client, qui passe par des cycles d'achat. Ainsi, s'il acquiert un vêtement, son besoin – satisfait – est supposé disparaître à la minute même du

29 Les trois termes ne sont pas si étanches que ça : on peut coopérer avec un fournisseur, qui devient partenaire ; un client peut être fournisseur d'informations stratégiques. Les termes utilisés ici appartiennent au temps où la seule mesure de richesse d'une entreprise était les flux monétaires. Les notions de ressources immatérielles échappent en grande partie à cette logique compartimentée.

paiement. S'il achète un vélo, le cycle est un peu plus long, puisque l'entretien et la réparation sont pris en compte. Mais un jour ou l'autre, le processus va se renouveler : il aura besoin d'un nouveau vélo, se renseignera sur les offres, consultera plusieurs boutiques, prendra sa décision. Le cycle de besoin est achevé et un autre redémarre à mesure que l'usage du premier bien s'épuise. Comme pour les cycles stratégiques des entreprises, c'est le cycle d'achat (ou de besoin[30]) que l'on comparera à un individu dans le vivant. De même que les individus de deux générations successives se ressemblent génétiquement tout en étant très différents, un client reste le même, mais sera changé par son expérience d'achat précédente : sa situation personnelle aura évolué, il aura affiné son besoin et sa connaissance des offres, de ce qu'elles permettent de faire ou de ne pas faire, des inconvénients d'usage[31]. Bref, il sera apparemment le même, mais, en réalité, bien différent.

Que consomme-t-on ? De la valeur

Voilà pour les acteurs. Mais qu'en est-il de ce qui est transféré ? Dans le vivant, c'est apparemment simple : des minéraux, des végétaux, de la viande. Mais dans nos sociétés ? Les services immatériels, la monnaie, la propriété intellectuelle : tout ceci est absent des échanges au sein des écosystèmes. Je vous propose de nous référer à la notion de valeur. Valeur énergétique dans le vivant. Valeur protéiforme dans nos sociétés humaines : tantôt symbolique, tantôt d'usage, de consommation ou d'intégration. Ce qui est consommé, parfois échangé, c'est cette valeur, dans les deux contextes.

30 J'insiste sur ce point : cette logique s'étend à toutes les parties prenantes de l'entreprise. Vos investisseurs ont également un cycle de besoin et votre relation passera peut-être par plusieurs cycles de réinvestissement.

31 Dans le vivant, on observe un phénomène semblable : d'une génération à l'autre, les lignées apprennent de leurs erreurs et des informations sont transmises soit par la génétique, soit par des apprentissages acquis.

En termes de management stratégique, cette approche nous invite à prendre soin de nos partenaires et de nos clients pour installer une relation sur le long terme qui se construira de cycle en cycle, chaque expérience renforçant la connaissance que nous avons les uns des autres et la confiance que nous pouvons nous accorder mutuellement. Elle nous invite aussi à veiller au sens de ce que nous produisons et vendons. À préférer la valeur utile à la valeur futile. Pour une relation durable à l'autre et à l'ensemble de notre écosystème.

SE PLONGER DANS LE VIVANT : UNE QUESTION DE PRINCIPES ?

Janine Benyus, Mahlon Hoagland, Werner Nachtigall, Fritjof Capra, pour ne citer qu'eux, ont énoncé des « principes du vivant ». Les neuf principes faisant chacun l'objet d'un chapitre du présent ouvrage émergent d'une approche centrée sur les fonctionnalités des écosystèmes et mettent en lumière ce qui permet au vivant d'advenir et de durer[32]. Ils esquissent des réponses à la question de savoir comment les bonnes pratiques sélectionnées par 3,8 milliards d'années d'évolution peuvent inspirer des manières de faire pertinentes et durables dans le domaine du management stratégique et du management des organisations.

Les conditions de la vie : faciliter, inventer et optimiser

Comment la vie est-elle apparue ? Nul ne le sait exactement. Mais grâce à quoi a-t-elle perduré ? Pour cela, il a fallu trois conditions.

La première : que le vivant soit compatible avec le vivant, qu'il ne porte pas en lui son autodestruction. Pour cela, le principe de pertinence nous rappelle que, sur le long terme, toute espèce doit trouver sa place dans le paysage. Ses besoins doivent être compatibles avec les ressources présentes, sans quoi elle disparaît. Ses impacts doivent être compatibles avec la capacité de portance de son environnement, sans quoi elle finira par détruire ce dernier avant de s'éteindre sur le champ de ruines qu'elle aura créé.

32 Vous ne trouverez pas ici de références sur la manière dont s'organisent les structures biologiques. Pour cela, il sera intéressant d'aller lire les contributions de ces quatre auteurs, lesquelles constituent une mine d'informations. Voir aussi les travaux du Biomimicry Institute.

Deuxième condition : que la vie s'adapte aux conditions changeantes de son environnement. Sans cela, à la première occasion – réchauffement, acidification, oxydation, etc. –, un vivant monolithique, désormais inadapté, disparaît. Le principe de créativité, qui repose sur la divergence génétique, permet au vivant de créer du vivant différent. Le foisonnement de la vie qui en résulte fait que, statistiquement, plusieurs descendants de LUCA[33] peuvent s'épanouir dans les nouveaux environnements qui adviennent, transmettre et continuer d'inventer. Erreurs, recombinaisons et appariements constituent autant de dispositifs pour cela.

Troisième condition : que le vivant se satisfasse des ressources disponibles et surtout, sache exploiter la première d'entre elles : l'énergie. Sans l'énergie, aucune réaction physico-chimique ne peut avoir lieu. Et sans agrégation, sans transfert, sans transformation, pas de vie ! Le principe de pondération décrit comment le vivant met en place des logiques d'affectation de l'énergie à différentes fonctions – la reproduction, le nourrissage et la croissance, la protection, etc. – à mesure que l'individu grandit et au regard des événements auxquels il est confronté. Et comment il s'organise pour gérer et économiser cette énergie, ressource si rare et si précieuse…

Les principales activités d'un individu : manger et se réparer pour se reproduire

Voilà donc les règles clarifiées à l'échelle de l'écosystème, du système-vie. Qu'en est-il maintenant du système-individu ? Que lui faut-il pour fonctionner, pour réaliser sa mission ? Quelle est cette « mission », au juste ?

33 Acronyme de *Last Universal Common Ancestor*, notre « dernier ancêtre commun universel », vieux de 3,4 milliards d'années environ. Prendre conscience que nous partageons un ancêtre commun avec tous les virus, bactéries, champignons, plantes et animaux qui peuplent la Terre nous fait changer de perspective. « Unis dans la diversité » : la devise européenne détournée pour repenser notre rapport au vivant ?

Celle-ci consiste avant tout à se reproduire. La mort, qui est la conséquence irrémédiable du vieillissement ou des accidents de parcours, appelle la transmission de la vie. Sous peine de disparaître, toute espèce doit garantir que la vie transcende l'existence d'un seul individu. La pulsion de vie – l'éros – constitue l'ultime règle pour un être vivant. Parfois au détriment de sa propre survie. Le principe de transmission décrit les stratégies qui sont déployées au service de cette loi première : comment opérer ? À quel moment ? Et comment augmenter les chances que la descendance survive à son tour, pour perpétuer le cycle ?

Vient ensuite la question des moyens d'atteindre cette finalité.

En premier lieu, il faut que l'organisme puise à l'extérieur les ressources en énergie et en matière qui vont lui permettre de vivre et de grandir jusqu'à atteindre la maturité sexuelle. Pour ce faire, le vivant a inventé une infinie variété de relations entre les espèces et entre celles-ci et leur milieu. Le principe d'interdépendance décrit la manière dont les plantes produisent elles-mêmes leur matière, dont les consommateurs capturent et assimilent leur repas, dont les décomposeurs relibèrent les nutriments. Il lève surtout le voile sur l'incroyable richesse des interactions qui existent au sein d'un écosystème pour que ces fonctions puissent advenir.

On s'est nourri, mais comment ne pas mourir d'autre chose : de froid, de maladie, d'une malheureuse rencontre ? C'est la question à laquelle s'attelle le principe d'intégrité. Il décrit les stratégies mises en œuvre par les individus pour éviter de s'exposer, ou se défendre si cela s'avère nécessaire. Il aborde également la manière dont les organismes font face aux agressions extérieures, depuis la détection du risque jusqu'aux modes de régulation et d'ajustement.

Les conditions de résilience d'un système : préparer des alternatives, s'organiser localement et apprendre de ses erreurs.

Voilà pour le vivant, macrosystème, et l'individu, microsystème. Entre les deux, qu'en est-il ? Comment les écosystèmes font-ils pour maintenir des formes d'équilibre dynamique, de stabilité dans le changement ? Nous abordons ici la question de la résilience. La résilience, c'est la capacité d'un système à recevoir des chocs et à se réorganiser en conséquence sans changer complètement de nature. Le système peut revêtir un autre aspect mais reste fondamentalement le même en structure et en fonction[34]. Mais comment cela fonctionne-t-il ? Heureusement, la recherche vient à notre secours pour nous expliquer que la résilience repose sur trois principes que nous allons détailler : la diversité intrinsèque du système, son habileté à s'organiser au plus près du terrain et sa capacité à tirer des enseignements des accidents passés.

Corollaire du principe de créativité, le principe de diversité montre comment la multiplicité des espèces permet de maintenir un écosystème en état. Il suffit pour cela que plusieurs espèces remplissent la même fonction – qu'il s'agisse d'entretenir la richesse du sol, de réguler la population d'herbivores, de capter ou de filtrer l'eau, etc. – pour que cette fonction reste opérationnelle, même en cas de disparition de l'une des espèces du groupe. Autre forme de diversité : la diversité génétique au sein d'une même espèce, qui augmente les chances que des individus soient adaptés à de nouveaux environnements et que leur lignée perdure. Bref, la diversité est une forme d'« assurance vivant ».

---

34 *Homo sapiens* est sorti de sa forêt à la faveur d'un optimum climatique – l'Holocène – que l'ère moderne est en train de déstabiliser. La régularité des saisons a permis à nos ancêtres d'inventer l'agriculture et l'élevage, puis de créer des civilisations. L'enjeu du développement durable de l'humanité consiste à maintenir les conditions naturelles propres à l'épanouissement civilisé de notre espèce. Quoi que nous fassions, le vivant s'en remettra. Nous, pas forcément... D'où l'importance de comprendre le concept de résilience !

Deuxième facteur de résilience, l'auto-organisation permet au système d'agir et de réagir au plus près du terrain. On comprend facilement qu'un système trop centralisé qui serait soumis à un stress inhabituel mettrait beaucoup de temps à produire une analyse globale de la situation, à envoyer des ordres de réaction, à en tester les effets. Erreurs de détection, d'analyse, de commandement, épuisement associé à la production de solutions inopérantes, aux allers-retours nécessaires pour trouver la bonne issue, résistance locale à mettre en œuvre des ordres de toute évidence inadaptés au terrain… Un tel système aurait toutes les chances de s'effondrer à l'occasion d'un choc trop violent. Le principe d'auto-organisation nous explique comment l'invention de solutions à l'échelle locale permet de faire émerger rapidement des réponses aux problèmes rencontrés par les acteurs de terrain. Il nous précise les conditions à réunir pour que cette auto-organisation soit au service du collectif et non des intérêts d'un petit groupe.

Troisième facteur de résilience enfin : l'apprentissage organisationnel. Il repose sur le principe évident selon lequel des acteurs préparés à un choc y feront face de manière bien plus appropriée que s'ils en découvrent les caractéristiques et les effets en direct. Quoi de mieux pour cela que de tirer les enseignements des chocs passés afin de résister aux chocs futurs ? C'est ce qu'explore le principe d'apprentissage qui décrit les différentes modalités inventées par le vivant pour observer et analyser, transmettre et stocker, améliorer et finalement oublier lorsque l'information n'est plus pertinente.

Trois dimensions et neuf principes inspirés du vivant

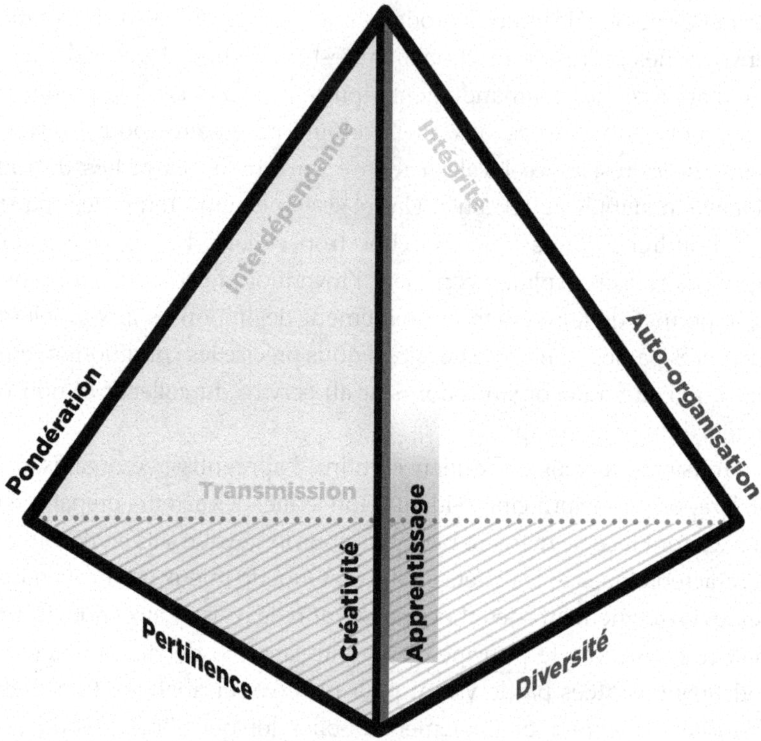

Il est temps de vous inviter à explorer les replis de la tapisserie du vivant. De vous remémorer que nous, les humains, ne constituons que l'un des nombreux fils qui la tissent. De vous rappeler que, comme les autres espèces, nous sommes guidés par cette ambition, supérieure à toute, de laisser une descendance : descendance biologique, mais aussi filiation des idées, des créations réussies, etc. Tous les actes sont tendus vers cette finalité et tout parcours de vie n'est qu'une somme de hasards et d'arbitrages au centre desquels la gestion du capital énergétique joue un rôle clé. Comme toutes les espèces, nous apprenons à gérer cette énergie – plus ou moins bien, faut-il le concéder ? Énergie vitale. Énergie apportée par d'autres. Énergie économisée grâce aux autres. Elle permet de se maintenir en bonne santé, de faire des rencontres, de fuir quand il le faut, de grandir, etc. Le besoin en énergie et l'accès à cette énergie varient selon le contexte, les opportunités de coopération, les possibilités d'optimisation individuelle ou collective... Et tout ceci se déroule dans le temps, le temps court des alternances jour-nuit, des cycles saisonniers et de reproduction, et le temps long, celui des changements climatiques et des évolutions génétiques, celui des grands cycles de l'eau et de la matière.

Voilà en résumé les pièces de ce livre-puzzle. Il peut se lire dans l'ordre des chapitres ou dans celui de votre choix.

Bienvenue dans la matière vivante du management stratégique. Bienvenue dans la redécouverte de ce qui fait votre écosystème – écosystème réel du vivant et écosystème symbolique. Bienvenue chez vous.

Chapitre 1

LE PRINCIPE DE PERTINENCE

AGIR À BON ESCIENT

LE BON ENDROIT AU BON MOMENT

Des semaines durant, des coulées de lave ont recouvert les flancs du volcan sur des centaines de mètres et plongé dans l'océan. En se refroidissant, elles vont former un manteau minéral entièrement stérile. Timidement, la vie va revenir. Sous la forme de lichens crustacés d'abord, qui sont adaptés aux sols rocheux nus, auxquels succéderont d'autres familles, lichens foliacés et lichens fruticuleux. Qu'est-ce qui permet leur présence là où toute vie semble impossible ? Le fait qu'ils sont le fruit d'une symbiose entre une algue et un champignon[1]. Le champignon prélève dans le milieu l'eau et les sels minéraux indispensables à l'algue pour réaliser la photosynthèse ; il stabilise et protège l'ensemble. En retour, grâce à la photosynthèse, l'algue capte l'énergie et synthétise les molécules organiques nécessaires à la survie du champignon. Cette alliance durable explique à la fois la robustesse des lichens et leur capacité à coloniser à peu près n'importe quel milieu. Arrivent ensuite des plantes dont la physiologie est un peu plus évoluée : les bryophytes, héritières en ligne directe des espèces qui ont colonisé la terre ferme il y a 450 millions d'années. Les mousses[2], qui aiment se loger dans les recoins humides du terrain, nous sont familières. Leurs minuscules feuilles capturent les aérosols et utilisent les particules solubilisées qu'ils contiennent pour produire leur propre matière. Particulièrement résistantes à la dessiccation[3], elles peuvent supporter les conditions extrêmes d'un milieu très pauvre. Des tardigrades[4] s'installent sur ces lits de mousse, dont

---

1 Plus précisément, l'alliance d'un photobionte et d'un mycobionte, le photobionte étant le plus souvent une algue, parfois une cyanobactérie.

2 Division des *Bryophyta*.

3 Grâce à un phénomène passionnant de vitrification de leurs cellules.

4 Embranchement des *Tardigrada*.

ils se nourrissent. Eux aussi sont résistants à la dessiccation[5]. Premier arrêt sur image. Le film qui se déroule sous vos yeux raconte ce que l'on appelle une succession primaire : sur une grande surface minérale, une forêt va pousser en moins d'un siècle. Mais attardons-nous sur ce premier épisode. Il fait intervenir des acteurs qui se caractérisent par leur frugalité, leur capacité à résister à des conditions extrêmes, leur adaptabilité et leur propension à travailler ensemble, du moins dans le cas des lichens. Cela peut vous interpeller si vous avez à défricher un territoire entièrement vierge, dans un contexte de recherche et développement, par exemple, ou pour le lancement d'une offre vraiment révolutionnaire[6]. Tel le lichen, avec qui pourriez-vous travailler, qui vous apportera des compétences complémentaires et partagera votre destin – réussite ou échec ? Un partenaire pour qui le succès est une question vitale, comme c'est le cas pour vous-même. Comment pouvez-vous organiser vos ressources et vos équipes pour qu'elles résistent à des moments difficiles – manque de moyens financiers, accès au marché plus long que prévu, etc. – en « figeant » une situation, avant de vous relancer dès que les conditions le permettent ? Pouvez-vous organiser des formes de frugalité et d'agilité ? Pouvez-vous, comme la mousse, capter les opportunités telles qu'elles se présentent au lieu de chercher désespérément des ressources qui ne sont pas là ? Transformer ces ressources qui passent à votre portée, rester opportuniste en somme ?

Reprenons notre film, car, fort heureusement, les conditions vont changer. Apparemment, rien de spectaculaire. Mais à la surface, l'érosion de la roche, la décomposition des plantes pionnières et quelques déjections laissées par des oiseaux de passage forment une première couche d'humus sur laquelle peuvent enfin s'implanter des plantes vasculaires, pourvues

5 Ainsi qu'à toutes sortes de conditions extrêmes ; on dit de ces minuscules « oursons d'eau » qu'ils pourraient être les premiers êtres vivants capables de coloniser une autre planète.

6 C'est le cas notamment des start-up ou des « fabriques à projets », ce type de sociétés qui sait porter à maturité des offres qu'elle commercialise directement ou qu'elle revend au stade de concept.

de racines, de tiges et de feuilles. D'abord les plantes annuelles, puis les plantes vivaces, qui assurent un couvert végétal permanent. À chaque cortège végétal[7] sont associées des espèces animales. Des insectes s'installent, plus nombreux et plus divers à mesure que se diversifient leurs hôtes, qu'arrivent les plantes à fleurs notamment. Les insectivores s'intéressent au lieu : oiseaux et petits mammifères vont faire leur apparition à mesure que la nourriture, mais aussi la protection offerte par les buissons et les arbrisseaux vont se déployer sur un territoire qui commence à reverdir…

Second arrêt sur image. Les espèces que l'on appelle « pionnières » ont des caractéristiques communes. On a déjà évoqué la première : une forte résistance au stress dans un environnement où les conditions de ressources, déjà rares, peuvent changer assez rapidement. La seconde réside dans une prédominance des stratégies de reproduction et de développement marquées par une croissance rapide, un cycle de vie relativement court, des graines très nombreuses et de petite taille. On décrit par la lettre « r »[8] cette stratégie de reproduction, par opposition à la stratégie « K »[9] que nous verrons plus loin. La capacité de dispersion des espèces de type r leur confère une faculté à coloniser chaque espace de terrain potentiellement intéressant et leur permet d'assurer une descendance nombreuse et donc la survie de l'espèce, y compris lorsque les conditions locales se dégradent. Un autre mécanisme, essentiel à la vie, va voir le jour et se déployer : il s'agit du phénomène de facilitation. Par leur fonctionnement tout au long de la vie – graines tombées non germées, chute des feuilles et des gousses – et, finalement, leur mort, les espèces pionnières vont enrichir le sol en azote et permettre l'arrivée de graminées, puis d'arbustes et d'arbres.

---

7 Un cortège regroupe l'ensemble des espèces caractéristiques d'un milieu ou d'un habitat.

8 Pour *reproduction rate*, le taux de reproduction.

9 Pour *Kapazitätsgrenze*, la capacité d'accueil du milieu.

Elles préparent ainsi le terrain pour l'implantation d'autres espèces plus exigeantes en ressources.

Votre entreprise a-t-elle le talent de « coloniser » des nouveaux marchés encore assez peu matures ? Le talent de s'y installer durablement si le milieu demeure hostile ou la sagesse de s'en retirer lorsque la bataille devient trop inégale, à mesure qu'arrivent des concurrents mieux armés. Comment vous inspirer des espèces pionnières pour votre stratégie ? En admettant peut-être qu'il faudra laisser la place à un autre cortège une fois que votre entreprise et ses semblables auront préparé le terrain. Question : comment et surtout à quel moment retirer un profit de votre investissement auprès des espèces qui vont vous suivre ? Comment révéler la valeur créée par votre rôle de facilitateur ? Mais aussi : pendant votre phase de colonisation-croissance, comment maximiser le bénéfice pour l'ensemble des parties prenantes, en ayant conscience du fait que les choses ne vont pas durer ? Par exemple : comment agir en responsabilité vis-à-vis de vos salariés et garantir leur employabilité future ? Quels statuts faut-il prévoir pour faciliter l'arrivée de nouveaux actionnaires ? Ou encore, pour s'inspirer de la capacité de dispersion de ces espèces pionnières, comment raccourcir les cycles d'arrivée sur le marché ? Prototyper et tester en temps réel ? Démultiplier les plateformes d'expérimentation ?

Reprenons notre film. Avec les arbres et les fourrés arrive l'ombre, qui va défavoriser les herbes des prairies au profit des plantes de sous-bois et des arbres à croissance verticale rapide, qui vont réussir à conquérir la lumière. La désolation initiale laisse la place à une forêt arrivée à maturité, qui va se peupler de toutes sortes d'animaux, certains visibles et parfois bruyants, comme les oiseaux et les mammifères, d'autres plus discrets mais très structurants dans leur rôle de dispersion des graines, tels les rongeurs, et d'autres, moins visibles encore mais tellement essentiels pour le maintien du cycle du vivant – les décomposeurs. Nous sommes arrivés au stade climacique[10] de la forêt. Il est marqué par la présence d'espèces à croissance plus lente et à moindre descendance[11], par une grande biodiversité relative et par le fait que l'ensemble des niches potentielles est généralement occupé. La diversité, le nombre de connexions et la redondance confèrent à cet écosystème une forme de stabilité et une forte capacité de résilience. Ne fantasmons pas un climax idéal sous la forme d'une forêt tropicale primaire. Il peut tout aussi bien s'agir d'un peuplement de cactus dans un environnement désertique ou des communautés d'herbacées caractéristiques de la toundra. Autrement dit, un écosystème n'est pas automatiquement destiné à abriter de grands arbres : il peut présenter un état climacique favorable à des plantes annuelles basses, apparemment moins nobles[12], mais assurément plus robustes et plus efficaces, et à coup sûr plus adaptées à leur environnement.

Votre entreprise dispose des ressources matérielles et immatérielles[13] qu'impose le jeu stratégique, mais elle ne peut se permettre de disperser son énergie dans des guerres de conquête incertaines ? Peut-être a-t-elle intérêt à attendre le stade climacique pour se déployer sur le marché. Dans ce cas, elle s'appuiera sur les actifs développés par les espèces facilitatrices. Comment identifier que votre temps est venu ? Quelles ressources et quels marqueurs[14] de l'écosystème indiquent que votre moment est arrivé ? Quel signal l'environnement donne-t-il, qui montre que l'ensemble des niches ont déjà été occupées par les espèces pionnières, bref, qu'il n'y a plus grand-chose à défricher et qu'est venu le temps

10 De « climax » : « État durable d'équilibre atteint par l'ensemble d'un sol et de la végétation qu'il porte. » (dictionnaire Larousse).

11 La stratégie K évoquée plus haut.

12 C'est le terme utilisé dans une perspective très utilitariste et anthropocentrée. Vivement la révolution des représentations.

13 Les notions de ressources et capacités stratégiques ont été présentées en introduction, avec l'ADN de l'entreprise.

14 Une manière imparfaite de traduire le concept de *pattern*.

d'exploiter le potentiel ? Allez-vous acquérir une entreprise pionnière ? Ou recruter ses talents ? On vous verra alors davantage comme un parasite, mais la nature en abrite des millions.

Vous voyez que les trois grandes périodes de notre film font apparaître des questions et des acteurs différents.

Il existe un autre type de succession, appelée « secondaire ». C'est le cas, par exemple, lorsqu'un feu se déclare au cœur de la forêt. Il va rapidement dévorer l'essentiel de ce qu'il trouve sur son passage : broussailles, résineux et espèces nobles. Jusqu'à s'éteindre faute de combustible, ou parce qu'il rencontre un obstacle naturel – une falaise, une rivière, etc. –, ou simplement sous l'effet d'une pluie opportune. Rien en apparence ne reste de vivant. Et pourtant, des graines dorment partout dans le sol, certaines ayant été libérées par les espèces soumises au stress des flammes. D'autres vont bientôt être apportées par le vent, l'eau de ruissellement et les animaux de passage. Les premières graminées et plantes herbacées repoussent. Ce sont des plantes à racines courtes, qui germent facilement. Les plantes vivaces, dont les racines n'ont pas été entièrement brûlées, font des rejets. Puis reprend le cycle connu : petits buissons et jeunes arbres constituent un couvert intermédiaire au cœur duquel peuvent évoluer les espèces animales familières des sous-bois. Avec le temps, les espèces pionnières cèdent la place aux espèces nobles, qui savent aller capter la lumière en hauteur et imposer leur ramure.

La recolonisation se fait bien plus rapidement que pour une succession primaire. Même si la terre a été un peu brûlée, elle est encore très saine et propice à accueillir la vie ; les cendres l'ont même enrichie. La surface brûlée compte aussi : plus elle est petite, plus nombreux seront les contacts avec les environnements intacts qui pourvoiront le terrain en graines de toutes sortes. Cette configuration « secondaire » vous invite à être nuancé sur votre veille stratégique concernant un marché à coloniser. Ni les acteurs, ni les stratégies, ni la vitesse ne seront les mêmes…

Vous l'aurez compris à travers ces récits, la pertinence est à la fois une règle absolue et une notion relative : une espèce non pertinente est vouée à disparaître, mais une espèce ne sera pertinente qu'en fonction du contexte dans lequel elle évolue. Une espèce pionnière sera probablement écartée du jeu par les cortèges suivants ; telle espèce pertinente et même nécessaire à un moment donné ne le sera plus après.

Bien sûr, on se dit que c'est mieux d'arriver dans un environnement mature : davantage de ressources, de stabilité... Mais soyez-en assuré : personne ne vous a attendu. À un stade climacique, l'ensemble des niches potentielles est généralement occupé. Cela veut dire qu'il va falloir vous faire une place au détriment des autres. Soit en grappillant des parts de marché sur les autres membres de votre espèce. Soit en vous aménageant une niche, au détriment de plusieurs autres espèces éventuellement. Dans tous les cas, cela se fera au prix de conflits. À l'inverse, coloniser un environnement relativement vierge peut sembler excitant : tout est à faire et rien ne vient limiter votre créativité. Mais l'océan bleu[15] peut n'être qu'un océan vide ! Quelles conditions internes à votre entreprise vont-elles alors lui permettre de survivre dans cet environnement en devenir ?

De même qu'une espèce n'est jamais complètement pionnière ou climacique, r ou K, robuste ou sensible, de même une entreprise n'est jamais tout l'un ou tout l'autre. Posez-vous la question de vos capacités stratégiques dominantes afin d'identifier vos zones de confort et de prédilection, les stades de maturité qui vous conviennent le mieux. Reconnaître et accepter d'être qui l'on est vraiment facilite l'alignement des ressources, des compétences, de la culture de l'entreprise, de son organisation avec sa raison d'être et sa vision. Et cela augmente invariablement son efficience et le plaisir au travail. Une start-up peut devenir une multinationale, mais gardez bien en tête que c'est plutôt l'exception

15 Référence au livre de W. Chan Kim et Renée Mauborgne, *Stratégie océan bleu. Comment créer de nouveaux espaces stratégiques*, Pearson, 2015.

que la règle, qu'il est difficile de passer certains caps d'organisation (20 salariés, 100 salariés) et que l'excellent dirigeant fondateur visionnaire pourra s'avérer un piètre développeur. Conduisez cette introspection avec lucidité pour vous assurer que votre entreprise, avec toutes ses qualités, est vraiment pertinente pour les marchés que vous vous apprêtez à coloniser ou ceux dans lesquels vous évoluez. Peut-être est-il temps de partir – ou de « mourir » ?

QUELLES SONT VOS BONNES CONDITIONS DE VIE ?

Pour se développer, une plante dépend de six variables abiotiques[16] caractéristiques de son environnement[17]. D'autres facteurs, en lien avec les espèces du milieu, viennent compléter l'ensemble : présence de champignons pour la mycorhization[18], de pollinisateurs pour la reproduction, etc. Ces variables, appelées « facteurs écologiques », limitent ou favorisent le développement de tout être vivant. C'est sur la base de leur recensement qu'a émergé le concept de niche écologique. Passons sur l'historique[19] pour arriver à la conclusion[20]. N'importe quelle espèce peut se caractériser par un espace à n dimensions, chaque dimension représentant un facteur écologique structurant pour l'espèce. Il peut s'agir de ressources (alimentation, matériaux, abris, etc.), des conditions environnementales (climat,

---

16 C'est-à-dire qui découlent du milieu (sol, climat, etc.) et non des espèces environnantes (on parle alors de facteurs biotiques).

17 C'est au botaniste Elias Landolt que l'on doit l'identification de ces six dimensions : l'humidité conditionne l'ensemble des réactions et le transport de nutriments ; les sels minéraux constituent les nutriments de la plante et leur présence en qualité et quantité va limiter ou stimuler l'activité de synthèse organique ; l'acidité du sol détermine la biodisponibilité desdits nutriments ; la lumière décide quant à elle de l'activité photosynthétique de la plante ; la température accélère ou ralentit les réactions chimiques ainsi que le transport de la sève par évapotranspiration ; enfin, la « continentalité » mesure les amplitudes de température et d'humidité que peut supporter la plante.

18 Les mycorhizes résultent de l'action de « champignons symbiotiques de nombreuses espèces végétales ligneuses qui jouent un rôle essentiel dans leur nutrition en favorisant l'absorption racinaire des éléments minéraux nutritifs ». François Ramade, *Dictionnaire encyclopédique des sciences de la nature et de la biodiversité*, Dunod, 2008.

19 Mais rendons grâce à Joseph Grinnell, à George Hutchinson, à Jonathan Chase et à Mathew Leibold pour leurs découvertes respectives !

20 Arnaud Pocheville, « La niche écologique : histoire et controverses récentes », dans Thomas Heams (dir.) *et al.*, *Les Mondes darwiniens. L'évolution de l'évolution*, Éditions Matériologiques, 2011, p. 897-933.

caractéristiques physico-chimiques du milieu, etc.) ou des effets positifs ou négatifs de l'espèce sur son milieu. Imaginez que chaque dimension est bornée par deux grandeurs représentant un intervalle de tolérance (entre une valeur minimale et maximale) à l'intérieur duquel l'espèce va pouvoir s'épanouir. Voilà, vous savez ce qu'est une niche écologique.

Il faut encore préciser qu'il y a un écart entre la niche fondamentale, c'est-à-dire l'éventail des dimensions possibles pour l'espèce, et la niche réalisée, à savoir les intervalles réellement occupés compte tenu de la pression concurrentielle opérée par les autres espèces présentes au sein de l'écosystème. À l'origine de cet écart : la compétition pour les ressources.

Arrêtons-nous un instant pour constater que cette notion de niche écologique est différente par essence de celle de niche de marché. La niche écologique nous invite à nous poser la question des bonnes conditions de vie de l'entreprise. De quelles ressources votre entreprise a-t-elle besoin pour s'épanouir ? De quelles ressources clients (ce que l'on regarde généralement quand on parle de niche de marché), mais aussi de quelles ressources matérielles et immatérielles ? Le principe de pertinence vous invite à hiérarchiser de manière radicale les facteurs extérieurs, entre ceux qui conditionnent absolument le maintien en vie de votre entreprise (les critères seuil), ceux qui limitent ou favorisent grandement votre développement (les variables de dimensionnement ou discriminantes) et ceux qui interviennent de façon plus marginale. Les règles de publicité en ligne exercent une influence vitale sur les médias numériques, par exemple. Le financement public des énergies renouvelables a permis dans le passé l'éclosion de modèles économiques opportunistes qui ont disparu aussi rapidement que la ressource qui avait conditionné leur émergence. Quelles sont les variables externes qui permettent le bon développement de votre activité et qui, si elles devaient changer de quantité ou de nature, viendraient l'entraver jusqu'à la faire éventuellement muter ou disparaître ? La nature des variables, justement. Qu'est-ce qui caractérise un bon client ? On dit que l'argent n'a pas d'odeur, mais reconnaissons que les acteurs avec lesquels nous coopérons ont une saveur : celle du plaisir à travailler efficacement pour une cause commune ou celle de l'amertume à bûcher sans reconnaissance pour un client-roi. Bref, posez-vous la question de ce qui est réellement nécessaire et bon pour votre entreprise. Et n'oubliez pas les variables « qui vont de soi », celles qui semblent tellement évidentes que leur valeur en devient invisible dans nos sociétés développées : avoir de jeunes diplômés formés, accéder à des équipements publics, évoluer au sein d'écosystèmes sains et fonctionnels, etc.

Nous avons parlé tout à l'heure d'un intervalle de tolérance qui existait pour la plupart des dimensions de la niche. Cette loi de la tolérance a été formulée par le zoologiste Victor Ernest Shelford en 1911. On considère, par exemple, qu'au-delà d'un niveau de température humide de 35 °C Tw[21], le corps humain ne peut plus réguler sa température interne et l'individu est alors en danger de mort ; il court le même risque exposé pendant un certain temps à une température trop basse – l'autre borne de son intervalle de tolérance. Le processus biologique connaît un optimum à l'intérieur de cet intervalle : c'est la valeur pour laquelle son fonctionnement maximise son efficience[22]. À partir de l'identification de vos facteurs stratégiques externes, il est possible d'élaborer des scénarios associés au dépassement de certains seuils. « Que se passe-t-il si… ? » est la question vous permettant d'établir ces scénarios. L'atteinte d'un seuil (lequel fera bien sûr l'objet d'une veille stratégique de votre part) sera le signal déclencheur d'une prise de recul et de l'action. La loi de Shelford vous invite à vous poser la question de l'optimum : pour quelles valeurs le fonctionnement de votre entreprise sera-t-il au maximum de son efficience ? C'est-à-dire à une production maximale de valeur pour l'utilisation optimale des ressources ? Certains adeptes du *lean* management

21 C'est-à-dire une température de 35 °C avec 100 % d'humidité dans l'air.

22 Rappelons que l'efficience est le rapport entre le résultat obtenu et les ressources utilisées (est-ce que l'organisation a optimisé l'utilisation des ressources ?) alors que l'efficacité rend compte de la correspondance entre les objectifs et les résultats (est-ce que l'organisation a atteint les objectifs fixés ?).

vont se croire comme des poissons dans l'eau. Nous leur rappelons ici l'essence d'une stratégie bio-inspirée soutenable : l'entreprise doit produire le maximum de valeur pour l'ensemble de son écosystème. Autrement dit, toute stratégie qui consisterait à optimiser les bénéfices pour les uns (les actionnaires, à tout hasard) au détriment des autres (salariés et fournisseurs, par exemple) n'entre pas dans notre cadre de référence. Pour une raison simple, naturelle pourrait-on dire : une telle stratégie finira par épuiser ou assécher ces ressources, qui sont essentielles pour un succès durable de l'organisation. Oubliez la notion de maximum au profit de celle d'optimum. Il ne sert évidemment à rien d'avoir « trop de salariés » : l'essentiel est d'avoir les bons, ceux qui vont savoir délivrer le service pertinent, s'investir et évoluer avec l'entreprise. Rien ne sert non plus d'avoir « trop de clients » : on ne saura pas les servir correctement et on dégradera l'image de l'entreprise. Et même, posez-vous la question : que se passerait-il si mon marché explosait ? Beaucoup d'opportunités pour vous, certes, mais pas seulement. Attirés par l'aubaine, des concurrents d'un nouveau genre viendront peut-être vous supplanter parce que détenteurs d'avantages stratégiques que vous ne saurez pas intégrer. Plus n'est pas toujours synonyme de mieux. Dans un tel cas, adapter l'objectif aux moyens plutôt que de piloter aux résultats pourrait-il être une solution ? Décider de « rester petit » et extrêmement pertinent plutôt que d'accompagner la croissance ? Surveillez donc les facteurs stratégiques externes non pas seulement pour les effets qu'ils vont avoir sur vous, mais aussi pour ceux qu'ils vont avoir sur l'écosystème en général et sur votre environnement concurrentiel en particulier : ce qui ressemble à un formidable appel d'air pourrait finalement s'avérer fatal.

Dernière question à se poser ici : si une niche écologique ne correspond pas à une niche de marché, quel est son équivalent dans les représentations stratégiques ? La niche écologique décrit pour l'espèce l'ensemble des dimensions de son environnement nécessaires à son épanouissement (ses « exigences écologiques »[23])[24]. Si l'on cherche des analogies entre l'écologie et la stratégie, on peut comparer le concept d'espèce à celui de groupe stratégique, lequel réunit « les organisations[25] dont les caractéristiques stratégiques sont semblables, qui suivent des stratégies comparables ou qui s'appuient sur les mêmes facteurs de concurrence[26] ». Cela signifie une chose : du point de vue de la bio-inspiration, ceux que vous considériez jusqu'ici comme vos concurrents directs (votre groupe stratégique) sont en fait les membres de votre propre espèce, vos « cousins et comparses » en quelque sorte. Cela signifie que vous partagez un destin et donc des intérêts communs. Une loi change ? Une technologie évolue ? Vous en serez tous affectés de manière identique ! Cela signifie également que vous avez intérêt à ce que vos concurrents directs prospèrent (dans la juste limite de votre survie, évidemment !) : ils vont faire la promotion de vos familles de solutions, développer des technologies et des filières dont vous allez profiter…

---

23 François Ramade, *Dictionnaire encyclopédique des sciences de la nature et de la biodiversité*, *op. cit*

24 Ces facteurs écologiques sont très intimement liés aux caractéristiques morphologiques et comportementales de l'espèce, ce que l'on appelle ses traits biologiques.

25 Entreprises ou *business units*.

26 Gerry Johnson *et al.*, *Stratégique*, 9e éd., Pearson Education, 2011.

DÉPENDANCE ET IMPACTS : SUIS-JE PERTINENT ?

La stabilité d'un écosystème réside avant tout dans sa capacité à conserver en bon état ses fonctions essentielles : circulation de l'eau, stabilité et richesse des sols, pollinisation, etc. Pour identifier les zones de fragilité, les écologues étudient les espèces qui contribuent à rendre ces services. La caractérisation de groupes fonctionnels d'effet permet d'évaluer non seulement le nombre d'espèces qui jouent un même rôle, mais aussi la manière dont elles s'acquittent de leur tâche. Il devient dès lors possible de détecter d'éventuels trous dans la raquette, des phénomènes d'entonnoir dangereux, des déficits qualitatifs de la fonction écologique, etc.

Malgré tout, un écosystème est amené à vivre des déséquilibres transitoires liés, par exemple, à l'arrivée d'une espèce exotique envahissante, à la disparition de telle autre ou encore à la survenue d'un phénomène météorologique extrême. Dans ce cas, ce sont d'autres questions qui se posent. Quelles espèces vont être touchées par le phénomène ? Sont-elles nombreuses ? Comment vont-elles réagir ? Pour étudier cette dynamique, les écologues font appel à la notion de groupe fonctionnel de réponse, c'est-à-dire l'ensemble des espèces qui réagissent de la même façon à un changement de leur environnement et qui vont certainement réinterroger les équilibres de la même manière, voire amplifier les phénomènes.

Le groupe fonctionnel de réponse : une communauté de destin face aux changements

Le lièvre d'Amérique[27] constitue bien malgré lui le mets favori du lynx gris[28]. La population de ces lagomorphes[29] varie selon un cycle décennal. Il arrive en effet un moment où la multiplication des individus crée une trop grande pression sur les ressources alimentaires de ces herbivores en même temps qu'elle favorise la reproduction et la survie des lynx. La famine s'installe au moment même où les lynx intensifient la pression due à la prédation. Effondrement. Lorsque la population est au plus bas, seuls les lynx en sont affectés négativement : les plantes herbacées et certains arbustes, qui avaient été surexploités au moment du pic de population des lièvres, réapparaissent et croissent, et avec eux les cortèges de consommateurs. Le groupe de réponse « plantes herbacées » est conjointement affecté par les variations de population des lièvres. En revanche, le groupe de réponse « consommateurs de petites proies[30] » n'est pas concerné de manière homogène par l'effondrement des effectifs de lagomorphes : le grand-duc d'Amérique[31], le renard gris[32] ou le coyote[33], dont la nourriture est plus diversifiée que celle du lynx, continuent de bien se porter. Ainsi, une ressource marginale[34] peut-elle venir à manquer sans que la totalité des acteurs en soient affectés. Gare à ceux toutefois dont l'activité dépend exclusivement de cette ressource : en l'absence de substitut, la population concernée s'effondre.

---

27 *Lepus americanus*.

28 *Lynx canadensis*.

29 Ordre des *Lagomorpha*.

30 Oiseaux, rongeurs et lagomorphes.

31 *Bubo virginianus*.

32 *Urocyon cinereoargenteus*.

33 *Canis latrans*.

34 Attention : on parle bien ici d'un facteur écologique marginal qui viendrait à manquer, et non pas d'une ressource centrale utile à tous dont le déficit aurait alors un impact général (un stress hydrique massif, par exemple).

Pour bien comprendre les variations de contexte auxquelles est exposé un groupe de réponse, encore faut-il mesurer l'ampleur des phénomènes, quantitativement (de combien parle-t-on ?) et temporellement (pour quelle durée ?). Un stress hydrique de faible intensité peut forcer les arbres d'une forêt à s'adapter un temps : ils perdent leurs feuilles en attendant des jours meilleurs et leur cycle de reproduction, s'il en est affecté l'année de sécheresse, pourra reprendre l'année suivante. Un stress hydrique très intense ou répété peut avoir en revanche des conséquences globales irréversibles. Ainsi, on anticipe à l'horizon 2050 en France que les chênes sessiles[35] et les chênes pédonculés[36] pourraient voir un tiers de leur aire de répartition actuelle devenir inhospitalière, et les hêtres communs[37], les deux tiers[38]. L'ampleur d'un changement peut également être envisagée à différentes échelles spatiales. Un feu localisé au sein d'un très grand massif forestier s'avère localement dramatique mais globalement anodin[39].

Comment mesurez-vous votre exposition réelle aux changements en termes qualitatifs (que va-t-il se passer et comment puis-je l'anticiper ?) et quantitatifs (à quel degré mon activité et mon entreprise vont-elles être touchées– de façon marginale ou vitale ?) ? L'étude des groupes fonctionnels de réponse vous invite à observer attentivement ce qui risque de vous manquer demain, du fait d'un cycle ou par accident. Quelles sont les ressources stratégiques dont l'accès pourrait être compromis par des tiers ? Ou par vous-même, parce que vous et votre groupe stratégique êtes trop gourmands en matière première ou en ressource d'un autre type ? Quelle ressource, fragile ou rare, risque de venir à manquer si la pression

35 *Quercus petraea*.

36 *Quercus robur*.

37 *Fagus sylvatica*.

38 Source : réseau AFORCE.

39 Voire salvateur : c'est grâce aux feux localisés qu'une forêt se régénère peu à peu sans avoir à subir les mégafeux.

est trop forte ? Que lui substituer ? Puis interrogez-vous sur l'ampleur du phénomène. Peut-on espérer des lendemains meilleurs ? Auquel cas, il faut s'organiser pour patienter. Ou doit-on faire le deuil de la ressource ? Quels succédanés imaginer alors ? Toute votre activité va-t-elle être affectée ? Ou bien le changement va-t-il se restreindre à un périmètre géographique ? À un seul segment de marché ? Et inversement : quelles opportunités peuvent s'ouvrir tout près de vous ? Quelle clairière représente un territoire à explorer ?

En vous interrogeant sur votre groupe fonctionnel de réponse, vous pourrez également anticiper les mouvements stratégiques autour de vous. Qui d'autre que vous va être touché par cette évolution ? Comment ces acteurs vont-ils le plus probablement réagir ? Auront-ils la capacité de rester en réduisant la voilure ou vont-ils muter ? Comment vous en inspirer ? Vont-ils devenir plus agressifs ? Partir ? Et dans ce cas, comment cela va-t-il aggraver ou au contraire alléger votre problème ? Ainsi pourrez-vous prendre des décisions plus éclairées : résister, vous adapter ou quitter le terrain, ne serait-ce que pour une période limitée. Le vivant nous apprend que rien n'est définitif : pas d'ego mal placé dans le fait de déserter temporairement puis de revenir s'installer, du moment que les conditions de vie sont de nouveau pertinentes. Pourquoi ne pas regarder le verre à moitié plein ? Les acteurs de votre groupe fonctionnel de réponse partagent votre destin. Ils peuvent trouver un intérêt dans une alliance visant à sécuriser la ressource ou à réduire l'exposition à sa dégradation, à sa disparition. Allez chercher au-delà de votre périmètre de concurrence directe et posez-vous la question : qui partage mes inquiétudes concernant mes ressources stratégiques ? Qui y a un accès facilité ? Ou la capacité à investir pour se prémunir du risque ? Qui partage naturellement mon infortune et peut en définitive devenir compagnon de fortune ?

Le groupe fonctionnel d'effet : quelle pertinence pour durer ?

Un écosystème en bonne santé est celui qui gère correctement les cycles biogéochimiques essentiels[40] à une échelle acceptable. L'ensemble du réseau trophique[41], depuis les producteurs primaires (les plantes) jusqu'aux décomposeurs, contribue au fonctionnement de ces cycles. Les espèces présentes à un endroit donné, à une période donnée, le sont parce qu'elles ont trouvé réunies leurs conditions de vie, mais aussi parce que leur comportement participe à l'équilibre global de l'écosystème. Les pois[42], la luzerne[43] ou encore les trèfles[44] appartiennent tous les trois à une sous-famille des légumineuses[45]. Leur symbiose avec un certain groupe de bactéries[46] leur permet de fixer dans le sol l'azote qu'elles ont prélevé dans l'air. Or l'azote est un élément indispensable à la croissance des végétaux. Ces plantes appartiennent à un même groupe fonctionnel d'effet, le groupe de celles qui fixent l'azote atmosphérique et facilitent ainsi la production primaire sur un territoire donné. Les groupes d'effet dépendent des aptitudes particulières des espèces qui les constituent, de leur morphologie[47], de leur mode de vie. Par leur croissance ou leurs excrétions, des espèces apportent de la nourriture ; d'autres fouissent

---

40 Les cycles de l'azote, du carbone, de l'eau, de l'hydrogène, de l'oxygène, etc.

41 Le réseau (ou chaîne) trophique se définit comme l'ensemble des relations entre espèces par lesquelles circulent la matière et l'énergie au sein de l'écosystème, depuis les végétaux (producteurs primaires) jusqu'aux décomposeurs, en passant par les herbivores (consommateurs primaires) et les carnivores (consommateurs secondaires).

42 Du genre *Pisum*.

43 *Medicago sativa*.

44 Du genre *Trifolium*.

45 Les *Faboideae*.

46 Du genre *Rhizobium*.

47 Ainsi la teneur en lignine des feuilles du hêtre commun (*Fagus sylvatica*), trois fois supérieure à celle de l'orme champêtre (*Ulmus minor*), ralentit d'autant le cycle de retour de la matière au sol lors de la décomposition hivernale.

le sol et permettent ainsi aux graines de s'y enfoncer ou l'aèrent en creusant des galeries; d'autres encore décomposent les matières mortes qui vont servir à nouveau de ressource pour la production végétale, etc. Ne versons pas dans un romantisme naturaliste : le lion n'est pas utile à la gazelle qu'il vient de dévorer. Mais en s'attaquant à la plus lente du troupeau, il permet aux plus rapides de se reproduire et d'engendrer une descendance plus apte à échapper aux futurs prédateurs. En s'attaquant à l'animal malade, il évite la propagation de la maladie. Il régule également la population des gazelles, évitant qu'elles ne surexploitent les ressources du territoire, ce qui pourrait entraîner la perte de tout le troupeau. Bref, la notion d'utilité n'est pas affaire de morale, mais de pertinence à l'échelle de l'écosystème. Une espèce inutile, voire nuisible pour l'équilibre global, disparaîtra à plus ou moins long terme. Nous verrons cela plus tard…

Le concept de groupe fonctionnel d'effet vous invite à changer de regard. Vis-à-vis de votre propre activité en premier lieu. Devez-vous en limiter l'analyse à votre seule niche, votre groupe stratégique ? Ne serait-il pas plus pertinent de prendre en considération « tous ceux qui font la même chose que vous, mais différemment » ? Parce que oui, bien sûr, lorsque vous fabriquez des avions monocouloirs, vous allez vous comparer à vos concurrents directs, fabricants de jets ou de turbopropulseurs régionaux. Mais si vous réfléchissez à la fonction que vous remplissez pour les voyageurs business, ceux-là mêmes qui utilisent vos produits surtout pour organiser des réunions, la liste de vos concurrents s'élargit singulièrement : le train à grande vitesse, qui offre un meilleur confort de voyage et une productivité du temps de trajet intéressante, mais aussi la solution de la visioconférence qui, si elle ne réunit pas physiquement les personnes, présente, dans certains contextes, l'avantage de la souplesse et de l'efficacité et permet de réaliser des économies[48]. Vos véritables

48 Économies d'argent, de temps, de ressources naturelles et de fatigue.

concurrents sont peut-être et surtout les « espèces » apparentées, celles qui se comportent presque comme vous mais avec d'autres armes et d'autres contraintes. Un changement de votre environnement pourrait leur être très vite très favorable tandis qu'il vous serait fatal, à vous et à vos semblables. De même, ces « espèces » pourraient profiter très rapidement, et à vos dépens, d'un changement de fonctionnement ou de mode de vie de vos clients, puisque, contrairement à vous, elles proposent la nouvelle solution attendue[49]. Le vivant nous enseigne que vos concurrents les plus directs, ceux qui vous empêchent parfois de dormir, ne sont peut-être pas les plus dangereux ni ceux auxquels il faut que vous prêtiez le plus attention[50]. Intéressez-vous prioritairement à votre groupe fonctionnel d'effet, côté client : c'est de là que peut venir la prochaine menace.

Mais ce groupe fonctionnel d'effet nous invite à nous poser une question bien plus importante encore : en quoi votre entreprise est-elle pertinente pour son environnement ? Quelle utilité votre entreprise représente-t-elle pour ses bénéficiaires directs – généralement, ses clients – mais aussi pour l'ensemble de son écosystème ? Contribue-t-elle à faciliter l'accès à de nouvelles technologies ? À la mise en place de circuits de distribution ? À la sensibilisation de certaines populations à des enjeux sociétaux ? Posez-vous la question de tous les effets utiles, directs ou indirects, engendrés par vos produits ou services et la manière dont vous les produisez. Et posez-vous la question de leur pertinence : ont-ils une réelle valeur ? Quel est le service réellement rendu ? Fait-il sens pour la société ? Pour la planète ? Quels concurrents indirects rendent à peu

49 Songez à la crise de la Covid-19 et à son impact sur les nouveaux modes de réunion : les fournisseurs de solutions digitales ont immédiatement raflé la mise.

50 Il existe toutefois des situations qui entraînent une compétition intraspécifique (c'est-à-dire entre individus de la même espèce, entre vous et vos concurrents les plus directs). Vous verrez notamment dans le principe de transmission la question de la compétition pour l'accès à des ressources stratégiques telles que les talents, la technologie, des accords de distribution, etc.

près le même service[51] ? Est-ce fait de manière plus pertinente ? Plus désirable ? Avec moins de répercussions ? Posez-vous ainsi la question : si toutes les entreprises se comportaient comme vous, quels seraient les effets positifs ou négatifs de leur activité sur leur écosystème, c'est-à-dire l'ensemble des bénéficiaires – clients puis usagers –, les partenaires ou sous-traitants, les pouvoirs publics, etc. ? Quelle pression cela exercerait-il sur les ressources environnementales ou sociétales (les fameux « communs ») ? Car telle doit être la seconde série de questions que vous devez vous poser : pour durer, une activité doit être comptable de l'ensemble de ses impacts. Un groupe stratégique[52] qui, par la manière dont il produit ses offres ou par ses offres elles-mêmes, épuise son environnement ne devrait pouvoir perdurer – de même qu'une espèce qui épuise ses ressources disparaît : il sera remplacé par un groupe stratégique de proximité (une espèce cousine, autrement dit), plus pertinent celui-là. La question des effets intentionnels ou non (les externalités), positifs ou négatifs, est donc au cœur du principe de pertinence[53].

---

51 N'oubliez jamais qu'une offre (produit ou service) doit « rendre service ». C'est à partir de cette approche fonctionnelle qu'il est possible d'établir la valeur réelle de ce que fait votre entreprise, et d'y associer un prix.

52 Rappelez-vous la définition : « organisations dont les caractéristiques stratégiques sont semblables, qui suivent des stratégies comparables ou qui s'appuient sur les mêmes facteurs de concurrence. » (Gerry Johnson et *al.*, *Stratégique*, *op. cit.*).

53 On peut faire le pari qu'il faudra demain intégrer les coûts complets, directs et indirects, dans les prix de revient.

QUE FAIRE QUAND ÇA N'EST PLUS PERTINENT ?

Qu'est-ce qui fait qu'une espèce disparaît d'un habitat, voire s'éteint complètement ? Les causes les plus fréquentes sont de nature exogène : une ressource vient à manquer, la température ou le pH du milieu évolue, une espèce partenaire s'éteint, une concurrente apparaît, un virus sévit. La dispersion à l'échelle de la planète d'*Homo sapiens*, grand chasseur et ingénieur[54], est caractéristique : à chaque conquête de nouveaux territoires, les espèces de grands mammifères et grands oiseaux endémiques ont été soumises à une pression telle que beaucoup ont disparu ou sont aujourd'hui en danger. Pour d'autres raisons, des colonies de coraux branchus, victimes de la hausse de température et surtout de l'acidification des océans, blanchissent et meurent. Certaines espèces jouent un rôle particulier au sein du réseau écologique ; leur disparition peut alors avoir un impact gigantesque sur l'ensemble de l'écosystème. Les espèces « clés de voûte », par exemple, nommées ainsi pour le rôle structurant qu'elles jouent au sein du réseau trophique. Il peut s'agir d'espèces qui, par leur comportement de prédation, régulent des populations de proies qui, sans elles, exploseraient et exerceraient une pression insupportable sur leur environnement – en particulier sur les végétaux, qui sont à la base de la chaîne trophique. La disparition du loup du Canada[55] du parc de Yellowstone a permis de comprendre l'enchaînement des phénomènes. La pullulation des cervidés, débarrassés de leur prédateur, induit une augmentation du broutage des jeunes pousses d'arbres et d'arbustes.

54 Les espèces ingénieures sont celles dont les activités modifient fortement l'environnement. Tel est le cas des castors.

55 *Canis lupus occidentalis*.

Moins d'arbres, c'est moins d'abris pour les oiseaux et les insectes et donc une chute de leur population, mais c'est aussi moins de ressource arboricole pour les castors[56], ce qui entraîne immanquablement une baisse du nombre de retenues d'eau. La faune aquatique profitant de ces eaux calmes disparaît en proportion, entraînant l'effondrement de la population des loutres de rivière[57] qui se nourrissent des poissons, etc. Comme dit la comptine : « Et tout cela faute d'un clou de fer à cheval. » D'autres services au moins aussi structurants peuvent être rendus par une espèce. C'est particulièrement vrai dans le cas de relations mutualistes plantes-insectes[58]. L'effondrement actuel des populations d'insectes pollinisateurs pose de réels problèmes pour l'avenir de la flore et, par ricochet, des animaux qui s'en nourrissent, dont *Homo sapiens*. Parfois, lorsque le mutualisme est obligatoire, l'espèce appairée disparaît fatalement avec son symbiote[59]. Les espèces ingénieures, en modifiant ou en façonnant leur environnement, offrent elles aussi aux autres espèces des services incomparables. Ainsi le corail, lui encore, qui permet à la vie de se déployer à la place d'un fond sablonneux quasi désertique. Il y a enfin les espèces appelées « taille de guêpe » pour le rôle d'entonnoir qu'elles jouent dans le réseau trophique. Imaginez un réseau en forme de sablier : une grande diversité spécifique à la base et en haut, mais très peu d'espèces qui font le lien. Le faible nombre de ces espèces est généralement compensé par leur effectif pour que l'écosystème fonctionne. Mais que se passe-t-il lorsqu'elles subissent une pression particulière ? Un risque d'effondrement des espèces de niveau supérieur, qui ne trouvent plus de nourriture, et un

---

56 *Castor canadensis*.

57 *Lutra canadensis*.

58 Le mutualisme décrit une relation présentant un bénéfice pour les deux espèces. L'insecte se nourrit du nectar et du pollen et la plante s'assure une descendance.

59 On parle de symbiose lorsque la relation est intime et durable. Une symbiose obligatoire (ou stricte) signifie que le lien ne peut être rompu sans porter un préjudice mortel à l'une des deux espèces au moins, que l'on qualifie de symbiotes dans cette relation.

pullulement de celles de niveau inférieur, dont la population n'est plus régulée par la prédation. Un déséquilibre total de l'écosystème. Les sardines[60] et les anchois[61] sont des espèces « taille de guêpe » ; la surpêche dont elles sont victimes pourrait représenter une catastrophe pour les écosystèmes marins[62].

Un autre phénomène peut intervenir, de nature endogène : la surexploitation par l'espèce de son propre milieu. En temps normal, des régulations de population évitent ce phénomène, mais il existe des situations d'emballement qui font que l'espèce « se suicide » par excès. Rappelez-vous de notre lièvre du Canada : c'est exactement ce qui se passe puisque l'origine de l'effondrement de sa population se trouve dans sa surconsommation des plantes herbacées. Le problème ne concerne pas que les lièvres, mais l'ensemble des espèces animales qui dépendent de la ressource qui a été surconsommée : insectes, rongeurs, mammifères ongulés, etc.

Pourtant, l'ampleur du désastre n'est pas la même pour toutes les espèces. Ici, la question de la spécialisation entre en jeu. Exposées à une variation importante de l'un des facteurs écologiques dont dépend leur survie, les espèces ne réagissent pas toutes de manière égale[63]. Les moins spécialisées[64] disposent d'un large choix alimentaire, supportent des climats variés, ont peu d'exigences pour élever leur progéniture. Bref, elles sont très adaptables. Elles peuvent ainsi supporter des changements significatifs de leurs conditions de vie et montrent de bonnes aptitudes

60 *Sardina pilchardus*.

61 Famille des *Engraulidae*.

62 Bonne nouvelle toutefois : les populations de poissons jugées « en bon état » ou « reconstituables » en France sont passées de 15 % en 2000 à 49 % en 2019 (source : Ifremer). Les anchois et les sardines sont dans une situation encore très fragile, à la limite de la surpêche, et leur taille diminue sans cesse, signe d'une mauvaise santé écologique.

63 Le concept de « valence écologique » rend compte de cette tolérance au changement.

64 On parle d'espèces euryèces.

à coloniser ou repeupler un biotope donné. De là à penser que toutes les espèces devraient présenter ces caractéristiques de niche écologique à large spectre, et que les autres sont décidément trop bêtes... Sauf que là encore, cela dépend des conditions. Dans des environnements très contraints – comme les déserts chauds ou glacés, ou les extrêmes profondeurs océaniques – ou particulièrement stables, une prime est donnée aux espèces spécialisées et parfaitement adaptées[65]. Les espèces généralistes sont de remarquables conquérantes, mais les spécialistes sont les gagnantes sur le long terme, pour leur pertinence particulière dans un environnement spécifique – du moins, tant que celui-ci demeure stable.

Ces phénomènes interrogent votre entreprise de différentes façons.

Premier élément à analyser : comment évoluent les facteurs écologiques dont vous dépendez et dans quelle mesure ces évolutions peuvent-elles provoquer des effondrements systémiques ? On sait, par exemple, que si votre population pullule, autrement dit si le nombre de vos concurrents augmente, le risque de mortalité devient élevé car la ressource client a tendance à s'épuiser. On sait qu'une trop grande pression sur les emplois pose, en cascade, un problème de pénurie sur certaines offres, celles proposées par les entreprises les moins attractives qui, faute de main-d'œuvre, doivent baisser leur niveau d'activité. Quelles devraient être les variations prochaines des facteurs stratégiques structurants[66] pour vous-même ? Quels changements pourraient affecter fortement les espèces singulières de votre écosystème – espèces clés de voûte, espèces taille de guêpe qui sont en lien direct ou quasi direct avec vous ?

Interrogez-vous sur l'existence d'espèces clés de voûte dans votre écosystème d'affaires et sur votre niveau de dépendance à leur activité. Les espèces clés de voûte sont ainsi de très grands donneurs d'ordres dans un secteur oligopolistique, les créateurs d'un standard dans un

---

65 Une espèce est dite « sténoèce » lorsqu'elle ne peut supporter que des variations limitées de ses facteurs écologiques.

66 On parle parfois de « *drivers* d'activité ».

écosystème très interconnecté (les techniques de l'information et de la communication ou le secteur du divertissement en sont l'archétype), des plateformes dans des activités de partage et de mise en relation, etc. Identifiez-vous de tels acteurs ? Comment qualifieriez-vous leur impact sur vos activités ? Votre niveau de dépendance à leur survie, à leurs choix stratégiques ? Quel système de veille pouvez-vous mettre en place ? Comment pouvez-vous anticiper les évolutions possibles et probables de leurs activités, qu'elles soient choisies ou qu'elles résultent de pressions externes ? Quelles conséquences ces évolutions pourraient-elles avoir sur l'ensemble de l'écosystème d'affaires ? Sur vous directement ? Vont-elles entraîner des difficultés d'accès à certaines ressources ? La disparition de certains acteurs ? Mais peut-être aussi ouvrir de nouvelles opportunités ? Si vous vous considérez vous-même comme une espèce clé de voûte, y a-t-il des fragilités dans votre écosystème qui pourraient vous mettre en danger ? Êtes-vous dépendant d'une ressource ou d'un type de comportement en particulier ? Exposé à un risque réglementaire ou de financement ? Comment votre position vous oblige-t-elle vis-à-vis de votre écosystème ? En termes de coopération, par exemple, ou de transparence ?

Puis interrogez-vous sur la largeur de votre spectre écologique. Vous considérez-vous comme un acteur généraliste, présentant une forte tolérance à la variation des facteurs stratégiques dont vous dépendez, en particulier ceux qui sont susceptibles de fluctuer fortement ? Quelles sont vos zones de spécialisation, qui peuvent s'avérer être vos futures zones de fragilité[67] ? Quelles possibilités avez-vous de vous repositionner sur de nouveaux marchés, avec des offres similaires ou presque ? De faire appel à des ressources de substitution et de les intégrer rapidement et efficacement à vos processus et à votre organisation ? Ce réagencement exige toutefois d'en mesurer les impacts : soit la ressource sera de moins

67 Même si cette spécialisation se justifie pleinement au regard de votre activité et de votre environnement : il ne s'agit pas de dire que les généralistes sont la panacée.

bonne qualité, soit elle sera plus difficile à capter[68]. Ces réagencements sont-ils acceptables ? Vont-ils vous permettre de rester pertinent dans votre environnement ? Si vous faites le constat que votre entreprise présente un spectre écologique plutôt étroit, c'est à la fois une bonne et une mauvaise nouvelle. Une bonne nouvelle, parce que vous êtes très probablement ultra-pertinent dans votre environnement actuel et que vous possédez des ressources uniques et difficiles à copier. Mais une mauvaise nouvelle, car des changements significatifs dans votre environnement impliquent une stratégie assez binaire : fuir ou évoluer. Nous traiterons le second scénario dans le chapitre consacré au principe de transmission

68 Sinon, c'est cette ressource que la « sélection naturelle » aurait privilégiée au lieu de celle qui est en train de disparaître.

Du vivant au vivant : s'inspirer du principe de pertinence

Selon le principe de pertinence, les espèces, par leurs impacts, restent compatibles avec ce que peut supporter leur environnement. Pour garantir le maintien des cycles biogéochimiques, elles ne font appel qu'aux composés présents dans le vivant et ne relarguent que ce que le vivant peut recycler. En tant qu'espèce vivante, pouvez-vous renoncer à utiliser des produits dont les composants ne sont pas présents de manière native dans le vivant et, surtout, ne sont pas recyclables? Pouvez-vous éliminer de vos *process* et de votre consommation les dioxines, les PCB, les HAP, les pesticides, tous ces polluants organiques persistants (POP) qui demeurent *ad vitam aeternam* dans la nature faute de processus naturels de dégradation? Et les matières plastiques, qui peuvent désormais pénétrer la barrière cellulaire et dont les fragments nanométriques envahissent déjà tous les compartiments des écosystèmes terrestres et marins?

Dans l'immense majorité des cas, une espèce pertinente rend des services à l'écosystème qu'elle habite. Même les espèces superprédatrices jouent un rôle de rééquilibrage des populations. Comment votre organisation ou vous-même concourez-vous à maintenir les équilibres naturels au sein des écosystèmes que vous habitez directement ou que vous sollicitez indirectement par vos achats ou vos déchets? Comment prenez-vous soin d'*Homo sapiens*? Lequel de ses besoins fondamentaux[69] contribuez-vous à satisfaire? Qu'il s'agisse de vos clients, de vos partenaires ou des parties prenantes de votre territoire? Et les *Sapiens* qui constituent votre entourage direct - vos salariés, votre famille - : leurs besoins humains fondamentaux sont-ils également satisfaits? Et les vôtres? Comment votre entreprise ou vous-même, par vos actions ou votre organisation, pouvez-vous contribuer à améliorer la situation actuelle? Et bien évidemment, sans peser davantage sur les écosystèmes, voire en participant à leur régénération! Comment travailler le « et » au lieu du « ou »?

---

69 L'économiste Manfred Max-Neef identifie neuf besoins humains fondamentaux, sans hiérarchie entre eux et qui doivent être appréhendés comme un système : subsistance, protection, affection, compréhension, participation, loisir, création, identité et liberté.

Chapitre 2

LE PRINCIPE DE CRÉATIVITÉ

SE RÉINVENTER PAR L'ERREUR

LA CRÉATIVITÉ : MOTEUR ET CONDITION DE LA VIE

Éloge de l'erreur : recombinaison génétique

Les premières formes de vie sur Terre font encore l'objet de recherches et les différentes hypothèses ne sont pas encore tranchées. Mais imaginez un instant seulement que le « vivant numéro un » ait été doté de la capacité à se répliquer sans erreur aucune, jamais. Tant que rien ne change, tout va bien : une population de « mêmes » croît de manière exponentielle et colonise un grand nombre de milieux. Et soudain, patatras ! Un changement d'acidité de l'océan primordial, un refroidissement de l'atmosphère, des éruptions sous-marines, une inversion des pôles, un vent solaire plus puissant que les autres : les conditions de la vie ne sont plus favorables et les copies de notre « vivant numéro un » s'éteignent subitement. La vie disparaît, jusqu'à une prochaine fois, bien incertaine. La seule solution pour changer le scénario ? Introduire une part d'aléatoire dans la transmission entre les générations, afin de rendre possible une forme de diversité. Sur le temps long, cela augmente les chances qu'un quelconque lointain descendant du premier organisme vivant résiste à l'éruption, au vent solaire ou à n'importe laquelle des catastrophes que la Terre a connues au long de ses 4,5 milliards d'années d'existence. Depuis le commencement, le maintien de la vie sur Terre dépend de la capacité des organismes vivant à inventer des formes nouvelles. Longtemps[1], cette inventivité a reposé uniquement sur une compétence particulière : celle de commettre des erreurs.

1 Pendant les 2,6 milliards d'années de domination absolue des procaryotes sur le monde vivant, jusqu'à l'apparition de la reproduction sexuée il y a environ 1,2 milliard d'années.

Plusieurs facteurs peuvent favoriser cette forme d'innovation. Depuis l'origine, les mutations génétiques ont résulté des dommages subis par l'ADN au cours d'événements vécus par les cellules : erreurs de réplication lorsque les cellules se divisent pour se reproduire[2], erreurs de réparation lorsque l'ADN a subi des lésions, mais aussi rétrovirus[3] ou transposons[4] contribuent à cette réorganisation génétique. Elles sont très loin de toutes donner lieu à des changements physiologiques ou morphologiques. Lorsque c'est le cas toutefois, ces changements se révèlent le plus souvent délétères et sont donc éliminés en une génération, par sélection naturelle. Parfois le fortuit subsiste : une nouvelle caractéristique, un nouveau processus physiologique, une nouvelle fonction, un être nouveau. Peut-être une nouvelle espèce ?

Que nous dit le vivant en termes d'innovation dans nos entreprises ? Si l'on s'inspire des transposons, le vivant nous indique une voie à suivre : celle de la mobilité interne des ressources, qui permettent de recombiner les manières de faire les choses. Par exemple, un technicien chargé de l'installation des matériels chez les clients qui migre vers la fonction commerciale ou marketing produit aura énormément à dire sur la manière dont le service est vécu sur le terrain. Il pourra inspirer des modifications de design ou du processus de relation commerciale. Quels dispositifs pourriez-vous imaginer dans ce sens ? La mise en place de plateaux-projets[5] remplit cette fonction dans un temps borné. Comment institutionnaliser

2 Environ 20 millions de cellules se divisent chaque seconde dans le corps humain, en conséquence de quoi nous « changeons » de corps tous les quinze ans.

3 Famille de virus (les *Retroviridae*) qui, grâce à une enzyme spécifique – la transcriptase inverse (TI) –, parviennent à intégrer de nouvelles informations génétiques directement dans le génome de leur hôte. La TI génère de nombreuses erreurs de transcription, ce qui explique la variabilité de ce type de virus, et la difficulté à les combattre.

4 Un transposon est une séquence génétique qui peut se déplacer dans le génome. Les transposons seraient à l'origine d'une grande partie des mutations.

5 Ces espaces de travail communs permettent une meilleure coopération entre les acteurs et services chargés de développer un produit ou de déployer un projet.

le processus ? Peut-on tirer parti de nouvelles formes d'organisation des espaces telles que le *flex office* pour en faire un vrai outil de management ? Faut-il imaginer des systèmes de stages à l'intérieur de l'entreprise ? Des formes de « vis ma vie » ? Promouvoir la mobilité professionnelle interne ? Cette dernière solution mériterait d'être creusée à une époque où les questions d'employabilité des salariés se conjuguent avec une aspiration grandissante des collaborateurs à la réinvention professionnelle.

Erreurs de réplication, erreurs de réparation : comment ces phénomènes peuvent-ils nous inspirer ? Ils correspondent aux micro-innovations que tous les acteurs d'une organisation produisent au quotidien, lorsque le travail prescrit rencontre le réel, lorsqu'ils doivent s'accommoder des circonstances pour honorer la promesse faite au client, aux partenaires. Ce sont les écarts à la norme[6] qu'ils s'autorisent pour tenir compte de chaque situation singulière rencontrée sur le terrain : une ressource qui manque, un matériel non conforme, une différence entre le plan et la réalité… En permanence, les acteurs confrontés au terrain bricolent, trouvent des solutions, améliorent le service. D'une compétence ou d'une connaissance individuelle, l'entreprise doit faire des formes collectives de ressource. En l'absence de dispositifs de révélation puis d'apprentissage adéquats, ces informations sont perdues. La prochaine fois que vous constatez qu'un salarié s'est éloigné de la norme, interrogez-vous franchement : est-ce lui ou le cadre qui est à blâmer ? Et que pouvez-vous en retirer comme enseignement à propos des situations de travail réel ? De la pertinence du prescrit ? Là aussi, vous pouvez compter sur le hasard pour constater ces écarts. Ou vous pouvez choisir de mettre en place des dispositifs réflexifs pour vous permettre de repérer les micro-innovations et d'en faire des sources de création de valeur. Sachant que la valeur immatérielle de l'entreprise représente les deux tiers des valeurs de cession constatées par les banques d'affaires, un tel dispositif constitue probablement le meilleur investissement que vous puissiez faire ! À vous de voir…

---

6 Les procédures, les règles de l'art, les cadres normatifs.

L'erreur de réplication, radicale parfois, est source d'innovations, de rupture. Pouvez-vous organiser le hasard ? Provoquer les rencontres, l'étonnement, favoriser l'ouverture à l'altérité, créer les conditions de l'émergence, voire des fulgurances ? Il faudra que votre organisation accepte d'investir du temps pour cela. Et accepte le risque que ce temps ne soit pas immédiatement rentabilisé. Pouvez-vous institutionnaliser ces temps de créativité ? Multiplier les formats, depuis les *BarCamps*[7] jusqu'aux méthodes internes de créativité sous contrainte ? La connaissance est là ; comment la transformer en savoirs ? L'hybrider pour faire émerger de nouveaux concepts ? Les méthodes ne manquent pas ; le temps et la volonté, bien davantage[8].

Bonheur de la rencontre : transfert horizontal de gènes et reproduction sexuée

Lorsque les feuilles de tabac[9] sont attaquées par des insectes, des enzymes présentes dans la plante libèrent des glucosides phénoliques qui ont généralement un effet répulsif, voire toxique pour certaines espèces de ravageurs. L'aleurode du tabac[10], qui fait de cette plante son repas de prédilection, semble à l'abri de tels désagréments. Une bizarrerie du vivant. Ça n'est que très récemment que des chercheurs ont résolu l'énigme. L'aleurode a tout simplement intégré à son génome du matériel génétique issu d'un végétal, peut-être de sa principale victime[11]. Une sorte

7 Rencontres thématiques qui s'organisent sous la forme d'ateliers participatifs au cours desquels les participants sont invités à apporter leur regard, leurs compétences. Le principe fondateur est « aucun spectateur, tous acteurs » : l'auberge espagnole de la créativité en somme.

8 Un grand groupe a développé une culture de l'innovation au plus haut niveau en intégrant l'analyse de cas d'erreurs commis par les membres de son propre comité de direction. L'exemplarité fait le reste : cette « culture de l'erreur » a diffusé au sein de l'organisation.

9 *Nicotiana tabacum*.

10 *Bemisia tabaci*.

11 Heidi Ledford, « First known gene transfer from plant to insect identified », *Nature*, 25 mars 2021, doi.org/10.1038/d41586-021-00782-w

d'espionnage industriel qui lui permet de contourner les défenses chimiques produites par son hôte. Le transfert horizontal de gènes consiste à ce qu'un individu intègre du matériel génétique issu d'un autre individu, d'une espèce différente, sans que la notion de filiation n'intervienne. Le transfert horizontal plante-animal est exceptionnel, mais le phénomène aurait probablement joué un rôle central dans la diversification du vivant aux origines. Comme dans le cas de l'aleurode, il peut conférer des propriétés très intéressantes à celui qui en bénéficie.

Autre configuration de rencontre de matériels génétiques issus de sources différentes, la reproduction sexuée provoque l'appariement des gamètes mâle et femelle. Les espèces qui ont adopté la fécondation externe[12] sont celles qui tirent le plus profit du processus de recombinaison génétique. Plusieurs espèces de poissons marins, comme le hareng[13], maximisent le brassage génétique du fait que les ovules d'une femelle libérés dans l'eau peuvent être fécondés par la laitance de plusieurs mâles. Et réciproquement ! Toutes les plantes à pollinisation croisée[14] jouissent du même avantage. Dans un autre registre, quoique très proche, l'hybridation[15] modifie le matériel génétique d'une lignée par un apport venant de l'extérieur. Ces phénomènes sont amplifiés par le brassage de populations et la multiplication du potentiel de rencontres qui lui est associé. Dans les deux cas, il s'agit de donner naissance à une génération fille à partir du matériel génétique d'individus parents.

Les dynamiques de reproduction ou d'hybridation nous invitent à l'accueil d'éléments extérieurs permettant de recombiner les ressources stratégiques de l'entreprise.

---

12 À l'extérieur du corps.

13 *Clupea harengus*.

14 La pollinisation se fait entre les étamines d'une fleur et le pistil d'une autre fleur, contrairement aux plantes qui pratiquent l'autopollinisation.

15 Si on l'observe chez certains poissons ou amphibiens, l'hybridation demeure rare au sein du règne animal. Elle est davantage répandue chez les plantes.

Appliquer les principes de la reproduction sexuée consiste à attirer au sein de l'entreprise des ressources issues du même groupe stratégique[16]. Cela peut se faire à travers le recrutement de salariés, l'achat d'actifs, la veille stratégique ou produit. Comme dans le vivant, la question de la « compatibilité génétique » est au cœur du sujet. Assez souvent, les salariés ressemblent – d'un point de vue professionnel – aux organisations dont ils sont issus. Soyez donc attentif aux éléments révélateurs de la qualité de la ressource que vous vous apprêtez à intégrer dans votre entreprise. Quelle est la culture de l'entreprise qu'elle s'apprête à quitter ? Quel niveau d'éthique promeut-elle ? Quelle réputation a-t-elle auprès de ses clients ? Faites votre veille, établissez des critères. Un autre point attire ensuite notre attention : dans le vivant, une fécondation réussie résulte d'un mélange à parité d'un matériel génétique mâle et femelle. À parité, dit-on. Quelle entreprise pourrait imaginer qu'une nouvelle recrue, par ses compétences, ait immédiatement autant de valeur que ses salariés de niveau équivalent ? Quel investissement va-t-elle réellement consentir pour accueillir l'altérité et s'enrichir des méthodes de travail et de la culture des nouveaux arrivants ? Généralement, il est faible. Elle va au contraire investir du temps et des moyens significatifs pour que le nouveau salarié soit formé aux pratiques de l'entreprise et qu'il se fonde dans le moule[17]. Dans une logique bio-inspirée, le parcours d'accueil du nouveau salarié devrait permettre à l'entreprise de comprendre ce qu'il est à même de lui apporter en termes de pratiques et de connaissances. Celui-ci peut certes rédiger un rapport d'étonnement. Mais encore ? Devrait-il être investi d'une mission de conseil ? Faudrait-il analyser son CV pour voir auprès de quels services la nouvelle recrue pourrait apporter un éclairage nouveau, des méthodes différentes et éprouvées ? Ce questionnement doit être présent dès le processus de recrutement pour comprendre ce que

---

16 Ou, si l'on veut être plus réaliste, de groupes stratégiques qui maîtrisent des ressources stratégiques très comparables aux nôtres.

17 Cela aussi est important, évidemment.

l'autre pourra réellement apporter comme savoirs organisationnels, comment il pourra vous permettre de faire une analyse de vos ressources stratégiques à l'aune de ses expériences passées, bref, pour recruter davantage qu'une force de travail.

Le transfert horizontal de gènes nous invite à nous interroger sur la rencontre avec l'altérité radicale. Le « matériel génétique » n'est théoriquement pas compatible, et pourtant il apportera un réel avantage concurrentiel en termes de valeur sélective[18] ! Il s'agit d'accueillir un autre sans qu'il ne soit rejeté et de l'incorporer aux ressources afin qu'il donne naissance à de nouvelles capacités stratégiques. Peut-être aurez-vous intérêt à analyser le cadre propice à la greffe : dans quel environnement la ressource que vous vous apprêtez à recruter opère-t-elle pour activer des ressources stratégiques et les transformer en capacités dynamiques au sein d'organisations comparables à la vôtre ? Quels types de moyens complémentaires, matériels ou immatériels, y sont associés ? A-t-on recours à un écosystème coopératif particulier ? Y a-t-il des personnes clés associées à cette réussite ? Autant de questions qui permettront de caractériser l'environnement interne et externe susceptible d'accueillir au mieux ces ressources et de les faire grandir. Puis viendra la question du comment. Comment s'enrichir complètement de la différence ? Comment en faire réellement une ressource neuve, générant de nouvelles fonctions et capacités stratégiques ? Faut-il imaginer un statut particulier pour le « greffon » ? En faire un consultant interne ? Un chargé de mission, en lien avec le projet que représente son intégration ? Faut-il scénariser cette période, lui trouver un statut particulier ? Tout sauf le nivellement, l'absorption, l'effacement.

Et puis il y a tous ces transferts horizontaux qui pourraient se faire en permanence si l'on en percevait mieux l'opportunité. Ils prennent la forme

18 La valeur sélective mesure la capacité d'un individu à transmettre tout ou partie de son *pool* génétique en produisant des descendants viables. Cette performance est mesurée à l'aune de celles des autres individus de la même espèce, à conditions naturelles identiques.

d'une hybridation des idées davantage que de l'intégration d'un individu. Ainsi, comment faire en sorte qu'une formation suivie par un salarié profite à tous ? Peut-on systématiser le principe d'une mini-formation interne[19] ? D'un devoir de proposer au moins une application opérationnelle dans l'entreprise – une évolution métier, un changement d'organisation, de méthodes ? D'un récit de voyage, d'un rapport d'étonnement pour ceux qui sont allés participer à un forum ou à un salon ? Mais il y a aussi tous les acteurs avec lesquels vous êtes souvent en contact. Un consultant qui intervient pourrait être invité à transférer systématiquement des savoir-faire, des méthodes, à inspirer de nouveaux modes d'organisation. Ne pourrait-il pas, lui aussi, faire un rapport d'étonnement[20] ? Et quid des occasions de coopération ? Sur un marché gagné avec un partenaire, est-ce que chacun reste dans son périmètre ou cherche-t-on à organiser des transferts croisés de compétences ? Comment ne rater aucune occasion de faire d'une pierre deux coups ? Rappelez-vous que le vivant raffole de la multifonctionnalité.

19 La meilleure façon d'apprendre est d'enseigner aux autres ; point n'est besoin pour cela d'avoir acquis une maîtrise totale du sujet.

20 Dire ce qu'il observe de singulier et ce que cela lui inspire.

L'ÉVOLUTION PERTINENTE : SÉLECTIONNER L'INNOVATION

La dynamique génétique se situe à la convergence de deux forces opposées. Les forces d'évolution, que nous venons de voir, permettent des améliorations de l'espèce[21]. À l'inverse, les forces de conservation font qu'un génotype – le codage génétique – ne peut pas donner n'importe quel phénotype – son expression. Elles permettent de consolider ce qui fonctionne déjà (on parle de schéma corporel commun) et qui a été sélectionné par l'évolution comme les déterminants de l'espèce – sa morphologie, sa physiologie, etc. – qui conditionnent ce qu'elle peut faire (ses fonctions) et ce dont elle a besoin pour vivre (sa niche).

Identifier le rendement global de l'innovation : notion de « *trade-off* »

L'apparition et surtout la sélection d'un nouveau trait se justifient par le fait qu'il confère un avantage relatif aux individus qui en sont pourvus. Il peut toutefois arriver que ce trait apporte un avantage pour une certaine fonction de l'espèce concernée, mais qu'elle vienne en dégrader une autre. Par exemple, il est intuitivement logique que l'évolution favorise les oiseaux ayant une nichée la plus importante possible : leur descendance devrait être plus nombreuse et permettre la perpétuation de leurs gènes. Pourtant, le coût que représentent pour les parents le nourrissage et

21 Les choses peuvent également aller vers le pire ! Dans ce cas, le trait n'est pas retenu par la pression de sélection.

surtout l'apprentissage du vol joue en faveur de nichées limitées[22]. Les deux dynamiques sélectives opposées finissent par s'équilibrer au point de *trade-off* : le point de meilleur compromis évolutif possible.

L'arbitrage se fait parfois au niveau du matériel génétique. Certains gènes, dits « multicodants », déterminent plusieurs caractères phénotypiques de l'individu[23]. La mutation d'un tel gène peut apporter un avantage évolutif d'un côté, mais détériorer un autre caractère qu'il codait. Si la détérioration d'un trait est supérieure à l'amélioration de l'autre, la mutation ne sera pas sélectionnée (du fait que l'individu aura une faible descendance, voire aucune)[24].

En bref, si l'innovation par mutation génétique constitue l'une des dynamiques les plus puissantes du vivant, encore faut-il qu'elle permette une amélioration globale des performances de l'individu, sans quoi elle est le plus souvent jetée aux oubliettes. Il s'agit donc d'un jeu à somme positive.

Le phénomène des effets induits délétères nous invite à reconsidérer la gestion des ressources stratégiques et à opérer une cartographie plus précise de leurs liens avec les capacités dynamiques (ou stratégiques) de l'entreprise pour en saisir l'articulation[25]. Prenons l'exemple d'une entreprise reconnue par ses clients pour la qualité des relations qu'elle entretient avec eux – une capacité stratégique, donc. Au-delà des solutions informatiques de gestion de la relation client (GRC) existantes, cette dernière semble très fortement liée à des dispositifs d'implication des clients dans la vie de l'entreprise : conception de services avec des groupes

22 Jon Seger et J. William Stubblefield, « Optimization and adaptation », dans Michael R. Rose et George V. Lauder (dir.), *Adaptation*, Academic Press, 1996.

23 C'est le phénomène de pléiotropie.

24 Paul W. Andrews, Steven W. Gangestad et Dan Matthews, « Adaptationism – how to carry out an exaptationist program », *Behavioral and Brain Sciences*, vol. 25, n° 4, 2002, p. 489-553, doi.org/10.1017/S0140525X02000092

25 Rappelons ici que les ressources stratégiques sont activées pour produire des capacités dynamiques observables : la confiance des parties prenantes dans l'entreprise, la pertinence du service rendu, de l'usage d'un bien, etc.

usagers, invitation à des événements culturels ou scientifiques pour y rencontrer les collaborateurs, etc. Face à la croissance de ses activités, cette entreprise décide de réaffecter ses investissements dans le *community management*[26], afin de démultiplier les effets induits. Elle réduit en conséquence les budgets d'animation collaborative. On se trouve dans la configuration de la stratégie de nichée : le *community management* peut augmenter l'audience de l'entreprise mais dégrader l'attachement réel à la marque et donc l'engagement durable des clients. C'est la corrélation observée entre la ressource (ici, les méthodes d'engagement mises au point par l'entreprise) et les effets (ici, l'adhésion à la marque) qui permet d'identifier ce risque en amont et d'opérer les arbitrages. Un observateur moins éclairé aurait pu raisonner très différemment : l'entreprise bénéficie déjà d'une GRC et les dispositifs d'implication clients sont coûteux et limités à un périmètre : il est logique et synergique de renforcer la GRC par du *community management* et d'abandonner le reste. Tout sera alors question d'arbitrage, de *trade-off*. À l'inverse, il se peut qu'une mutation d'un gène multicodant ne présente que des avantages. Un changement dans l'organisation de vos ressources, dans la manière de les activer, va permettre des innovations dans plusieurs périmètres de votre jeu stratégique. Vous êtes à nouveau dans la multifonctionnalité : foncez !

Ces arbitrages ne pourront se faire en conscience que si la cartographie des ressources a été correctement dessinée. À vous de jouer.

La rupture sans rompre : la dépendance à la trajectoire

L'ADN présente théoriquement une infinité de combinaisons possibles, mais dans certaines limites fixées par la nature. Première de ces limites : le respect des lois de la physique, au sein desquelles les êtres vivants évoluent. Ainsi, il n'est pas pensable qu'un individu ait une

---

26 Ensemble d'actions qui visent à promouvoir l'entreprise et ses offres à travers les réseaux sociaux et à animer une communauté de clients ou partenaires.

croissance infinie[27] ou présente une masse nulle. Ou qu'il fasse exception aux lois de conservation de l'énergie[28].

Seconde loi : la conservation du schéma corporel commun. Une grande majorité des recombinaisons génétiques n'ont aucune conséquence visible du fait de la construction génomique de l'espèce[29]. Parfois, l'une d'entre elles peut faire apparaître une anomalie qui sera éventuellement retenue si elle présente un avantage sélectif. Pour autant, ces mutations vont concerner au premier chef la manière dont un caractère s'exprime[30]. On pourrait très bien imaginer qu'un individu naisse avec des yeux orange : il s'agirait d'un changement limité, une nouvelle variante du caractère « couleur des yeux ». Ou encore, qu'il naisse avec la faculté de voir dans le noir quasi complet. Mais il gardera les caractéristiques globales de son espèce[31], son schéma corporel commun. Ces caractéristiques sont conservées génétiquement sous une forme assez robuste, peu propice aux mutations, laissant une plus grande potentialité de recombinaisons pour toute la partie du génotype restant, codant pour des caractéristiques plus secondaires. « Les chiens ne font pas des chats » : les modifications interviennent à la marge et les dynamiques aboutissant à l'apparition d'une nouvelle espèce[32] ne se font que dans le temps long et sous une pression forte de l'environnement.

27 À partir d'une certaine taille, la structure – qu'il s'agisse d'une tige, d'un tronc ou d'une chaîne articulaire – ne peut plus supporter la masse de l'ensemble et rompt. Quelques espèces font exception. La fin de vie programmée ou accidentelle des êtres vivants limite dans tous les cas cette croissance. Reste la question des champignons : un *Armillaria ostoyae* couvrant une surface de près de 9 km^2 a été découvert à la fin des années 1980 en Oregon et il est toujours en pleine forme...

28 Paul W. Andrews, Steven W. Gangestad et Dan Matthews, « Adaptationism – how to carry out an exaptationist program », *op. cit*.

29 L'épistasie, par exemple, fait intervenir la combinaison de deux gènes pour coder un trait : la modification de l'un n'entraînera pas obligatoirement de changement du trait en question. Il y a par ailleurs un grand nombre de fragments d'ADN non codants dans le génome d'une espèce.

30 Et concerne donc les allèles.

31 Ou de son groupe taxonomique (espèce, genre, famille, ordre, etc.).

32 On parle de spéciation.

Dans le domaine du management stratégique et de la gestion de ses ressources matérielles et immatérielles, c'est ce que l'on appelle la dépendance à la trajectoire. Elle invite à penser la stratégie sous forme d'évolutions incrémentales plutôt que sous forme de virages stratégiques serrés. L'invention du Walkman par Sony a représenté une forme de rupture fonctionnelle. Mais Sony ne s'est pas mis à produire des yaourts : il s'agissait encore de matériel hi-fi, dont l'entreprise était déjà l'un des leaders mondiaux. La dépendance à la trajectoire s'appuie sur le « déjà-là ». Elle dit qu'un grand éventail de changements est possible, mais que l'on ne peut pas faire n'importe quoi. Ainsi, la première question que l'entreprise est invitée à se poser est celle du schéma corporel commun. Qu'est-ce qui fait que l'on va continuer à vous reconnaître en dépit de vos évolutions ? Que vous appartiendrez toujours au même groupe stratégique ? Quels sont vos invariants, en lien avec votre territoire de marque, vos domaines d'excellence technique ou organisationnelle reconnus, vos ressources matérielles ou immatérielles différenciatrices ? Et au contraire, qu'est-ce qui peut bouger sans trahir votre raison d'être, votre mission ? Dans quelles limites penser l'innovation, ce qui fait qu'elle apparaîtra osée, mais alignée avec votre culture ? Quelles sont les capacités de vos équipes à vous suivre ? Quelles sont vos propres limites au changement ?

Parfois, de vrais virages stratégiques s'imposent; des innovations de rupture se présentent à vos yeux. *Fortes fortuna juvat*[33] ! Rappelons qu'en matière de sortie de route, le problème n'est pas tant l'angle du virage que la vitesse et le poids du véhicule. Traduisez : l'impatience de vos actionnaires et la taille de votre entreprise. Si un changement radical s'impose, donc, le processus de spéciation vous inviterait plutôt à envisager un *spin-off.*

33 « La fortune sourit aux audacieux. »

LES FACTEURS EXTERNES QUI STIMULENT L'ÉVOLUTION

Quand le milieu se modifie ou quand on change d'habitat : la spéciation

Lorsqu'il revient de son deuxième tour du monde à bord du HMS *Beagle* en 1836, Charles Darwin rapporte avec lui nombre de spécimens, dont plusieurs pinsons, manifestement d'espèces différentes, mais appartenant à un même groupe, capturés aux Galapagos. En retraçant l'histoire de leur capture, Darwin se rend compte que chaque espèce peut être associée à une île, et une seule, sur laquelle les spécimens ont été prélevés. Puis il observe que telle espèce est munie d'un bec affuté pour percer la peau et manger la chair des cactus, telle autre d'un bec pointu et fin, qui permet d'attraper les insectes un par un, telle autre encore d'un bec robuste et court pour casser les noix. Il établit alors une corrélation entre les traits caractéristiques d'une espèce et la faune ou la flore spécifique à l'île qu'elle occupait. Et formule pour la première fois sa théorie sur l'évolution des espèces[34]. Ce que Darwin a observé correspond à l'une des multiples modalités de spéciation existant dans le vivant[35]. Pour schématiser, une espèce de pinson a colonisé par sauts de puce successifs un chapelet d'îles aux conditions de vie différentes les unes des autres. Progressivement, des

---

34 Charles Darwin, *L'Origine des espèces au moyen de la sélection naturelle*, 1873 [1859].

35 Ici, la spéciation allopatrique.

mutations bénéfiques de la forme du bec ont donné naissance à des lignées, puis à des espèces de pinsons parfaitement adaptées à leur milieu[36].

Le mode de spéciation des pinsons de Darwin peut vous inspirer d'un point de vue tactique, puisqu'il consiste à observer comment votre modèle économique s'adapte à des contextes différents. Il y a là des enseignements à retirer sur votre capacité à conquérir de nouveaux marchés et les moyens à mettre en œuvre pour y arriver. Cela suppose que vous disposiez d'au moins deux établissements pour organiser un retour d'expérience fondé sur le réel. Et que vous suspendiez votre jugement, ce qui est parfois difficile[37]. Quel est le socle commun entre les deux configurations ? En termes de capacités stratégiques, de production de valeur, de ressources, de contexte ? Analysez les corrélations entre ces quatre termes. Interrogez les salariés sur leur perception, faites-les échanger entre pairs pour comprendre les différences. Collectez les indices. Faites des hypothèses. Soyez les Darwin de votre organisation. Et expérimentez la multifonctionnalité là encore. Vos équipes identifieront certainement des « bonnes pratiques », des agencements astucieux de ressources, des idées inspirantes : relevez-les et organisez la fertilisation croisée en interne. Hybridez après avoir différencié.

Quand l'autre change, mieux vaut bouger : la coévolution

« Ici, vois-tu, on est obligé de courir tant que l'on peut pour rester au même endroit[38]. » Cette révélation de la Reine rouge à Alice s'applique

---

36 Parfois, les changements s'opèrent de manière plus dramatique et globale, comme dans le cas des extinctions de masse consécutives à des bouleversements écologiques majeurs. Elles sont toujours suivies d'une diversification du vivant à travers l'apparition de nouveaux taxons et, souvent, de nouvelles morphologies d'organismes. C'est ce que l'on appelle une radiation évolutive. Une explosion de créativité !

37 Et on le comprend : gérer la diversité, accepter la singularité de chaque situation est, à court terme, coûteux en énergie. On est souvent tenté par l'alignement et la standardisation. Mais à long terme ? La diversité permet de s'adapter au changement, d'augmenter les chances qu'une configuration au moins soit efficace dans un contexte inédit, d'explorer de nouveaux horizons. Tout est affaire de compromis stratégique, de pondération.

38 Lewis Carroll, *De l'autre côté du miroir*, 1930 [1871]. Au Pays du Miroir, tout est inversé : comme le paysage se déplace sans arrêt, il faut courir pour rester au même endroit !

à tous les systèmes vivants et explique la notion d'équilibre dynamique : il faut que tout change pour que rien ne change. Faisons l'hypothèse de ce qu'ont pu être les relations sur le temps long entre la tique et son hôte. Munie d'un rostre piqueur, une prototique était détectée par les petits mammifères qu'elle parasitait du fait de leur sensibilité épidermique. Ils s'en débarrassaient aisément par simple frottement contre un rocher ou un tronc d'arbre. Un système d'ancrage puissant[39] est apparu, qui a permis de pallier ce problème. Il n'a toutefois pas résisté aux griffes et aux becs de leurs hôtes, qui se sont sophistiqués avec le temps. Des descendants de notre prototique se sont vus dotés d'un système de contre-mesure chimique sous la forme d'une salive anesthésiante leur permettant de passer inaperçus. Dans cette course aux armements fictionnelle (personne n'était là pour documenter le phénomène), chaque problème trouve sa solution et chaque solution génère un nouveau problème en retour. La théorie dite « de la Reine rouge » décrit ces phénomènes de coévolution (ou créativité conjointe). Dans le cas de la tique, cela lui a permis de continuer de ponctionner ses hôtes. D'autres espèces ont entrepris de s'accorder avec leurs visiteurs. Ainsi, plus de 2 000 espèces de plantes ont recours à des techniques de pollinisation basées sur les vibrations. Elles ne libèrent leur pollen que lorsque l'insecte qui vient les butiner adopte un battement d'ailes qui émet les fréquences sonores adéquates, un chant de reconnaissance en quelque sorte. Cette stratégie élimine les opportunistes qui sont souvent généralistes et dont rien ne garantit qu'ils iront ensuite visiter les fleurs de la même espèce. Avec l'élimination de cette concurrence déloyale, les abeilles spécialistes de la plante multiplient les chances de trouver la table mise et adoptent une stratégie de fidélité en conséquence. De fleur en fleur, elles maximisent les probabilités de fécondation[40].

---

39 L'hypostome.

40 Michael Proctor, Peter Yeo et Andrew Lack,. *The Natural History of Pollination*, Timber Press, 1996, cité dans Monica Gagliano, « The flowering of plant bioacoustics: how and why », *Behavioral Ecology*, vol. 24, n°4, juillet-août 2013, p. 800-801, academic.oup.com/beheco/article/24/4/800/220018

Que peut vous inspirer la théorie de la Reine rouge en ce qui concerne l'évolution de votre écosystème d'affaires ? Tout d'abord à comprendre la nature du changement. Un rythme de floraison peut changer pour de multiples causes. Un événement de nature exogène et conjoncturelle, tel qu'un stress hydrique ou thermique, ne durera qu'un temps et ne nécessitera que des ajustements marginaux, tandis qu'une mutation génétique[41], de nature endogène et structurelle, risque d'être définitive si elle est transmissible. La réponse d'un pollinisateur sera de nature comportementale : adaptation au cycle, recherche de substituts… Pour la tique, on l'a vu, à un problème technique répond une solution technique. Pour produire la réponse adaptée et courir à la bonne vitesse et dans la bonne direction, la théorie de la Reine rouge vous invite à analyser le phénomène et ses causes chez les acteurs avec lesquels vous entretenez des liens d'interdépendance. De quoi une innovation technologique est-elle le signal ? D'un besoin pour eux de se différencier ? D'apporter de nouvelles fonctionnalités et donc un nouveau service ? De collecter des données ? Est-elle le signe d'un nouveau standard ? Ou d'une innovation pour l'innovation, qui ne trouvera peut-être pas son marché ? Que traduit un changement de partenariat ? Un élargissement de l'offre ? Passer derrière le miroir, c'est aussi refuser de s'arrêter aux apparences pour comprendre les raisons. Le plus simple parfois est d'aller à la source et d'interroger vos partenaires : tout n'est pas toujours secret ! Vient ensuite le temps des hypothèses. La temporalité, d'abord. Est-ce que le phénomène va se répéter ? S'inscrire dans le temps long ? L'étendue, ensuite. S'agit-il de tout remplacer ? De faire à côté ? Ou en synergie ? Les modalités, enfin. Comment les fonctions, l'organisation, les technologies et les processus de votre partenaire vont-ils muter ? Vers quelles autres solutions que les vôtres peut-il s'orienter à court terme ? Puis vient le

41 Certaines recombinaisons du gène AP2 peuvent entraîner des changements significatifs dans l'architecture florale et la floraison chez l'arabette des dames (*Arabidopsis thaliana*), une petite fleur blanche des bords de route.

temps de la réponse, centrée sur une seule problématique : de quoi ce partenaire va-t-il avoir besoin pour opérer sa mue avec succès et continuer de remplir efficacement ses fonctions essentielles[42] ? Enfin, mettez-vous au travail, mais surtout, en coopération[43] avec l'acteur ou les acteurs concernés. L'école du vivant nous appelle à l'humilité et à l'empathie, à reconnaître que l'on ne sait pas tout et à prendre en compte avec authenticité les contraintes et les besoins de l'autre.

42 Je me permets d'insister sur l'approche fonctionnelle de la réponse. Vous pouvez dérouler exactement la même logique si vous êtes demandeur des services de ce partenaire : est-ce qu'il pourra continuer de vous servir ? le voudra-t-il ? etc.

43 La pire des solutions dans le cas d'une mutation serait d'inventer la solution tout seul, comme si vous étiez un expert. Vous ne pouvez pas savoir exactement ce qui se passe puisque c'est nouveau ! Codéveloppez la solution, procédez par essais-erreurs. Ainsi agit le vivant : par l'expérimentation et l'interaction !

TOUJOURS PRÊT AU CHANGEMENT

La plasticité phénotypique : changer beaucoup avec le déjà-là

En fonction de la dureté des aliments disponibles dans son environnement, la mâchoire du poisson *Astatoreochromis alluaudi* va prendre une forme différente au cours de sa croissance, favorisant le broyage si la nourriture est plutôt dure, ou le déchiquetage dans le cas contraire. Une fois la forme finale atteinte, il n'y aura pas de retour en arrière. Le renard polaire[44], au contraire, change de pelage au fil des saisons. De blanc ou bleuté et épais en hiver, afin de se confondre avec la neige, celui-ci passe au brun blond l'été, pour que le renard puisse se fondre dans le paysage de la toundra. Il s'agit là d'adaptations saisonnières à des conditions qui certes changent, mais de manière cyclique, sur une base prédictible. On parle parfois d'acclimatation.

On voit bien tout l'avantage à pouvoir s'adapter aux conditions. Dans ce cas, pourquoi les espèces ne sont-elles pas toutes dotées de cette capacité si géniale, que l'on appelle « plasticité phénotypique[45] » ? Eh bien parce qu'elle présente des coûts, qui ne sont pas négligeables. Et, en premier lieu des coûts de maintenance : il faut pouvoir entretenir la machinerie moléculaire et physiologique qui permet au mécanisme de fonctionner. D'autres coûts sont liés directement au processus : coûts d'acquisition de l'information environnementale, coût de production des caractères adéquats. Enfin, des risques associés à des erreurs de codage peuvent intervenir lors du développement de l'individu ou de la réplication génétique. Bref, il faut que le jeu en vaille la chandelle. Dans quelles conditions

44 *Vulpes lagopus*.

45 Jean-Michel Gibert, « La plasticité phénotypique : une brève introduction », *Biologie aujourd'hui*, vol. 214, no 1-2, 2020, p. 25-31, doi.org/10.1051/jbio/2020004

cet investissement est-il rentable ? Sans surprise, les environnements variables favorisent la plasticité phénotypique puisqu'elle permet à l'individu de s'ajuster au mieux aux conditions extérieures. Cette variabilité peut se jouer à l'échelle spatiale. Lorsque l'environnement présente une forte hétérogénéité à une petite échelle, un individu va être confronté à des changements fréquents à mesure qu'il se déplace. L'échelle temporelle joue un rôle également : une saisonnalité des conditions, des situations de stress alternant avec des périodes stables favoriseront les phénotypes plastiques. Variabilité mais pas imprévisibilité absolue ni changements trop soudains, car pour être rentable, la plasticité phénotypique doit fournir un délai de réponse adéquat entre le phénomène perçu et l'adaptation des caractères. Avec le changement climatique, par exemple, des fluctuations subites de température peuvent leurrer des espèces « plastiques » et déclencher une réponse précoce, entraînant éventuellement la mort des individus. Fiabilité de l'information, capacité d'analyse, stabilité minimale et temps de réponse adéquat constituent ainsi d'autres conditions de succès de la plasticité phénotypique.

D'une manière un peu simplificatrice, nous avons vu que les informations génétiques d'un individu – son génotype – codaient intégralement et définitivement ses caractéristiques physiologiques – son phénotype. En réalité, l'intégralité des gènes ne s'exprime pas automatiquement : une partie[46] dépend des conditions auxquelles cet individu est exposé[47]. La plasticité phénotypique explique ainsi qu'un même individu peut être doté de caractères différents en fonction des particularités de son environnement[48].

Au sein d'une entreprise, l'articulation singulière des ressources matérielles et immatérielles donne naissance à ce que l'on appelle des

46 Une étude sur les drosophiles a permis d'évaluer cette proportion autour de 15 %. (Jean-Michel Gibert, « La plasticité phénotypique : une brève introduction », *op. cit.*)

47 Les mécanismes moléculaires à l'œuvre relèvent soit de l'épigénétique, soit des mécanismes hormonaux.

48 On parle de réponse adaptative.

capacités stratégiques : la pertinence de l'offre, la réputation de l'entreprise, etc. Ces capacités stratégiques confèrent des avantages concurrentiels à l'entreprise, la rendent pertinente dans son écosystème d'affaires, sur son territoire et au sein de la biosphère. Souvent, cet agencement des ressources résulte de processus non définis, issus de l'accumulation des expériences passées. En gros, on voit que ça marche, mais on ne sait pas trop comment. Le phénomène de plasticité phénotypique vous invite à vous pencher sur ce comment, à considérer que cela sera le seul moyen, au sein d'un même cycle stratégique de votre entreprise, d'adapter aux changements de contexte les effets produits par les activités. Et ceci, sans avoir besoin de renouveler vos ressources stratégiques ou d'en acquérir de nouvelles. L'adaptabilité à moindre coût, en somme.

À moindre coût ? Considérons cela. Organiser le management stratégique de votre entreprise à travers le prisme des ressources et des compétences est très intéressant, mais il suppose de mettre en place des processus adéquats d'évaluation et de management de ces ressources. Cela implique d'investir dans des modes d'organisation de l'innovation volontaristes et courageux, dans la mesure où le retour sur investissement – comme pour tout programme de recherche – n'est pas garanti. Aperçu… Pouvez-vous cartographier correctement les ressources matérielles et immatérielles de votre organisation ? Savez-vous expliciter à quoi devront ressembler vos nouvelles capacités stratégiques ? Les effets qu'elles sont censées produire ? Enfin, quel dispositif créatif pouvez-vous inventer pour imaginer des recombinaisons de vos ressources existantes, du déjà-là ? Comment mobiliser vos salariés dans une démarche de fertilisation croisée la plus poussée possible sur des temps et dans le cadre de dispositifs créatifs précis[49] ? Voilà pour les investissements. Le vivant nous

49 On oublie trop souvent que nos salariés ont un passé et une vie à côté de leur travail. Demandez-leur de mobiliser les compétences et connaissances acquises dans cet autre périmètre de leur existence : vous pourriez être surpris du résultat. Rajoutez une ou deux « personnalités qualifiées », dont le regard décalé peut éclairer vos travaux, et deux ou trois bénéficiaires (clients) : les ingrédients sont réunis. Il ne vous reste plus qu'à définir le dispositif d'animation.

invite à réfléchir aux conditions dans lesquelles le retour sur investissement sera au rendez-vous. Rappelez-vous : variabilité de l'environnement dans l'espace ou dans le temps pour que l'adaptabilité l'emporte sur la stabilité, prédictibilité minimale pour l'élaboration d'un catalogue de réponses adéquates. Autre point de repère : la plasticité phénotypique s'avère très intéressante pour conquérir de nouveaux milieux. Un excellent investissement si vous constatez que l'océan commence à rougir autour de vous. Dans ces cas-là, il peut être pertinent de vous lancer dans l'aventure de « l'entreprise agile ».

Les deux types de plasticité vous donneront alors deux directions à suivre. La plasticité réversible (saisonnière) est à lier à ce catalogue de réponses que vous pouvez imaginer face à différentes configurations escomptées de votre environnement[50]. Il va falloir vous atteler à les définir, à spécifier leur probabilité d'occurrence et à vous rappeler de situations identiques ou proches pour imaginer les bonnes configurations en réponse, les capacités stratégiques à privilégier. La plasticité irréversible, quant à elle, est à lier au concept de différenciation retardée[51] dans l'industrie, dont on peut s'inspirer dans le management des ressources stratégiques. Nous en reparlerons plus loin.

« Ça peut toujours servir » : l'exaptation, ou comment faire du neuf avec du vieux

Bipèdes carnivores pourvus de longues mains prolongeant des bras ridiculement courts en comparaison, excellents coureurs, les maniraptoriens forment un groupe de dinosaures qui a connu son heure de gloire au cours du Jurassique moyen, il y a environ 170 millions d'années.

50 En écologie, on parle de « norme de réaction ».

51 Ce mode d'organisation de la production consiste à concevoir une gamme de produits sur un socle standard et à différer le plus possible en aval de la chaîne de production les étapes de personnalisation.

Caractéristique remarquable : ces animaux à sang chaud[52] étaient équipés d'un système particulièrement performant qui permettait de les isoler du froid en piégeant l'air : les plumes[53]. En plus de la fonction de thermorégulation, il est très possible que le caractère tantôt chatoyant, tantôt cryptique de celles-ci leur ait assuré une meilleure descendance : dans le premier cas, parce qu'elles attiraient davantage les partenaires sexuels, dans le second, parce qu'elles dissimulaient l'animal à la vue de ses prédateurs. Malgré leurs plumes, il semble qu'aucune des espèces représentantes de ce groupe n'était en capacité de voler à l'époque de la grande extinction du Crétacé-Tertiaire[54]. Un sous-groupe[55] a cependant survécu : il s'agit d'Aves, les futurs oiseaux. Voilà comment les plumes, qui, au départ, avaient une fonction d'isolation et, peut-être, de parade ou de dissimulation, ont permis à certaines espèces d'acquérir une nouvelle capacité : le vol.

Le phénomène que nous venons de décrire porte le nom d'« exaptation ». Celle-ci consiste, à partir d'un caractère originel associé à une fonction, à développer une ou plusieurs nouvelles fonctions radicalement différentes mais fort utiles pour la valeur sélective de l'espèce[56]. Il s'agit en quelque sorte de faire du neuf avec du vieux. Au même titre que la recombinaison génétique, il est probable que l'exaptation soit un dispositif sélectionné par le vivant pour augmenter sa capacité d'adaptation face aux changements. Elle a donné naissance à deux innovations majeures : la conquête des milieux terrestres par le règne animal, puis la conquête de l'air. Cela justifie bien de lui consacrer un petit peu de temps.

---

52 Ou homéothermes, pour être plus précis, c'est-à-dire qui produisent leur propre chaleur. Car les lézards, crocodiles et autres reptiles, dits « à sang froid », ont le sang tout aussi chaud après des heures d'exposition au soleil.

53 Il n'a pas encore été démontré que l'intégralité des espèces appartenant à ce clade portaient des plumes. La probabilité qu'il en soit ainsi est cependant de plus en plus grande.

54 Il y a 66 millions d'années. La quasi-totalité des maniraptoriens a alors disparu.

55 En fait, une classe.

56 Un autre exemple d'exaptation est celui de l'apparition du poumon chez les tétrapodes amphibies qui ont colonisé la terre ferme : il s'agissait à l'origine d'une poche apparue chez certains poissons évoluant dans des milieux anoxiques afin d'assurer un apport complémentaire en oxygène.

L'exaptation fonctionne souvent en deux temps : l'émergence du trait associé à une évolution fonctionnelle (par exemple, l'apparition des plumes comme protection thermique), puis l'adaptation secondaire pour une nouvelle fonction (le durcissement des plumes et leur réagencement sur le corps pour le vol). Il est rarissime que l'exaptation se fasse d'emblée, sans transition. Ce processus débute par un stimulus comportemental : l'individu se met à détourner un attribut – organe, membre ou tissu – de sa fonction initiale. Puis vient le renforcement : des adaptations secondaires permettent de raffiner le dispositif pour augmenter la performance de la nouvelle fonction. Le premier vol d'un maniraptorien[57] a probablement consisté en des sauts et vols planés destinés à échapper aux prédateurs : il l'a fait « parce que c'était possible[58] ».

L'innovation peut globalement prendre trois formes : l'innovation-tradition, qui consiste à améliorer ce qui existe, l'innovation-ouverture, qui opère un transfert de solution d'un domaine à un autre, par fertilisation croisée ou *benchmark*, et l'innovation-rupture, qui correspond à l'invention radicale de quelque chose qui n'existait pas auparavant. L'exaptation correspond plutôt au deuxième type.

La sérendipité, quant à elle, c'est-à-dire lorsque l'innovation naît d'une erreur initiale, se situe aux frontières de l'exaptation. Le légendaire Post-it serait ainsi le fruit d'une colle qui, mal formulée, ne parvenait pas à coller définitivement (sa fonction initiale) mais gardait un pouvoir suffisamment adhésif pour que le support puisse être repositionné plusieurs fois. Pour arriver au succès que l'on connaît, il aura fallu que quelqu'un surmonte son échec et se remette dans une posture d'étonnement, d'observation objective, puis qu'il fasse le constat que l'on était en présence de quelque chose de nouveau qui pouvait avoir un intérêt (la nouvelle fonction). La sérendipité suscite une forme d'innovation reposant

57 En fait, un représentant du clade *Paraves*.

58 Paul W. Andrews, Steven W. Gangestad et Dan Matthews, « Adaptationism – how to carry out an exaptationist program », *op. cit.*

sur un état d'esprit – ou plutôt un *habitus* – davantage que sur une approche de type TRL[59] : une posture d'ouverture à la nouveauté, une capacité d'étonnement, mais aussi un plaisir à faire quelque chose « parce que c'est possible » et à voir ce que cela peut donner en termes de fonction créatrice de valeur.

Qu'il s'agisse d'innovation-ouverture ou de sérendipité, rendre possible ces processus suppose de mettre en place certaines modalités organisationnelles :

1) Favoriser les coïncidences en multipliant les occasions de rencontre, de croisement de points de vue, de coopérations à l'intérieur de l'entreprise et en dehors. (Comment pourriez-vous organiser, voire institutionnaliser, un tel dispositif de fertilisation croisée ? Faut-il imaginer des espaces-temps dédiés ? Comment inciter les collaborateurs à s'y engager volontairement ? Faut-il prévoir une reconnaissance des temps de contribution dans les évaluations annuelles ? Quoi d'autre ?)

2) Développer une culture de l'astuce[60], de l'invention couplée à un protocole d'étonnement vis-à-vis de toute erreur. (Comment reconnaître qu'une « erreur » a été commise ? Quelle détection des anomalies mettre en place ? Comment instaurer le cadre de confiance qui permet de dédramatiser l'échec et d'en discuter ouvertement ? Faut-il rétribuer l'échec[61] ?)

3) Détecter les nouveautés, qu'elles soient techniques ou technologiques (les plus simples à observer), mais aussi organisationnelles ou de savoir-faire (plus difficiles à débusquer). (Comment acquérir cette compétence qui constitue une ressource immatérielle de l'entreprise ? Comment la soutenir d'un point de vue organisationnel ? Doit-on mettre en place

59 Technology Readiness Levels, échelle à neuf niveaux qui qualifie la maturité d'une technologie, depuis le principe de base jusqu'à l'industrialisation.

60 À rapprocher de l'innovation « jugaad » promue par Navi Radjou.

61 Probablement pas. Mais comment apporter une forme de reconnaissance à la personne qui a pris le temps de présenter une analyse pertinente et transparente de son échec et qui va faire progresser le collectif ?

des dispositifs réflexifs facilitant l'apprentissage organisationnel continu ? Systématiser des retours d'expériences en cours ou en fin de projet ?)

4) Évaluer la nouveauté. (À qui et dans quelles circonstances cela peut-il être utile ? Peut-on imaginer des débouchés commerciaux ? Si non, peut-on la mettre à disposition d'une communauté, en Creative Commons, par exemple ? Ces questions peuvent être abordées par le biais de dispositifs de créativité (hackathons, Creative Problem Solving, etc.) réunissant des acteurs de différents horizons et autant que possible extérieurs à l'entreprise.)

L'exaptation nous incite aussi à nous demander régulièrement à quoi d'autre pourrait bien servir ce que l'on fait déjà. Les meilleurs partenaires de jeu dans ce cas sont hors de l'entreprise. Il s'agit de ceux qui, à partir de la description de vos métiers et de la façon dont vous générez de la valeur, vont savoir identifier l'intérêt que cela pourrait présenter dans leur propre contexte[62]. Il ne reste plus qu'à organiser ces tables ouvertes.

Un dernier conseil afin de favoriser l'exaptation : autant que possible, recherchez la multifonctionnalité potentielle. Cela signifie que pour tout changement (organisationnel, technique, technologique, procédural, etc.), plutôt que de viser la meilleure solution (stratégie de spécialisation), vous allez évidemment privilégier une solution qui fonctionne, mais en ajoutant deux critères : d'une part, qu'elle puisse être mise en œuvre dans diverses situations (multifonctionnalité) et d'autre part, qu'elle puisse résoudre au moins deux catégories différentes de problèmes (exaptation).

62 J'insiste : chacun est l'expert de son propre contexte et ne peut s'exprimer avec justesse que sur lui. Veillez à ce que les choses soient présentées de manière très concrète (le contexte d'utilisation, le vide que cela vient combler, la réalité du besoin, etc.).

Du vivant au vivant : s'inspirer du principe de créativité

Le principe de créativité repose sur des recombinaisons accidentelles, parfois issues de la rencontre de matériels génétiques différents. Des phénomènes naturels, tels que l'insularisation, peuvent diminuer le potentiel de créativité sur le long terme : l'isolement diminue le brassage génétique. Certaines activités humaines peuvent induire ce processus. Si vous contribuez à construire des bâtiments ou des infrastructures, pouvez-vous réfléchir aux discontinuités ou aux isolats écologiques que vous créez ? Qu'il s'agisse de zones d'activités grillagées ou de sites sensibles aux murs hermétiques, comment pouvez-vous imaginer une fluidification des échanges pour les espèces non humaines et favoriser ainsi la préservation du patrimoine génétique ?

Mais la principale bataille pour la diversité génétique se joue dans nos assiettes. Depuis des décennies, la filière agroalimentaire s'est lancée dans une course à la standardisation du vivant, pour des raisons de sécurité et de rendement, et donc de prix pour le consommateur. Mais qu'en est-il de la santé ? De la nôtre et de celle du vivant en général ? Si vous êtes décideur au sein de filières de restauration collective, pouvez-vous accepter les légumes et les fruits « moches », afin de soutenir la diversité génétique ? Pouvez-vous refuser les aliments industriels reposant sur une sélection génétique excessive ? Faire pression sur les marques qui créent des semences stériles, qui brevètent le vivant[63] ? Comment éduquer au goût, à la diversité, à l'imprévu ? Prendre le temps de transformer ?

Dans vos jardins ou les espaces publics également, pouvez-vous laisser vivre ce que notre culture juge laid ou inutile – jusqu'à ce qu'un changement de contexte, climatique, par exemple, en révèle un jour la beauté ou la pertinence ? Dans vos choix culturaux, pouvez-vous favoriser les espèces endémiques, introduire des espèces cousines pour favoriser le

63 Tout ceci a un prix. Celui d'une agriculture moins productive, d'un moindre recours aux produits industriels transformés, très pratiques d'utilisation, de risques sanitaires accrus. Mais que sont les risques très improbables d'empoisonnement par des plantes adventices toxiques au regard des risques associés aux allergies, aux pesticides ou autres médicaments ? Juridiquement, ces derniers sont diffus et différés. Donc moins coûteux pour l'agro-industrie, ce qui explique l'impasse actuelle.

brassage, voire les transferts horizontaux de gènes ? Si vous êtes chasseur, éleveur, cultivateur, technicien d'espaces verts ou simple jardinier, comment pouvez-vous revoir votre relation aux espèces que vous considérez comme nuisibles ? Quelle part ou proportion de votre récolte êtes-vous prêt à laisser à la nature ?

Chapitre 3

LE PRINCIPE DE PONDÉRATION

GASPILLER, UN LUXE IMBÉCILE

Un être vivant qui ne parvient plus à absorber d'énergie et de matière va immanquablement mourir. Une entreprise qui ne parvient pas à acheter des fournitures et des biens d'équipement ou à garder ses collaborateurs prendra le même chemin.

Dans ce chapitre, nous allons examiner la manière qu'ont les êtres vivants de procéder à des arbitrages entre leurs besoins du moment, les ressources disponibles et leur capacité à les transformer[1]. C'est la pondération au sens mathématique du terme : prioriser, affecter, renoncer. Nous ferons aussi de petits détours vers les stratégies mises en place pour économiser l'énergie et s'adapter aux situations plus ou moins inattendues. C'est la pondération au sens d'équilibre, de mesure dans l'action.

Pour commencer, je vous propose de redécouvrir pourquoi l'énergie-matière[2] est si importante pour le fonctionnement du vivant.

---

1 C'est-à-dire les métaboliser.

2 J'utiliserai souvent le terme d'énergie seul et parfois celui d'énergie-matière. Ce dernier est une manière de dire que les aliments absorbés par les consommateurs et les recycleurs contiennent à la fois l'énergie nécessaire à leurs activités et les composants indispensables à leur croissance.

LUTTER CONTRE L'ENTROPIE : L'ÉNERGIE AUX FONDEMENTS DE L'ORGANISATION DU VIVANT

« Mais qu'est-ce que c'est que cette pagaille ? » Les directives que vous aviez données avant de partir en congés étaient pourtant claires. Tout le monde semblait avoir compris. Alors pourquoi diable est-ce que tout est allé de travers ? Vous ne tardez pas à analyser : parce qu'untel ne s'est pas occupé du suivi de la commande, que telle autre était absente au moment de la réception et du contrôle des pièces, bref, parce que plusieurs n'ont pas pu mettre de l'énergie dans le système pour en maintenir la cohésion ou ont oublié de le faire. Et tout est allé à vau-l'eau. Bienvenue en entropie !

Les lois de la thermodynamique nous indiquent que le désordre régit l'Univers[3]. Ce que le vivant a inventé d'unique et d'extraordinaire, ce sont des structures complexes organisées, auto-organisées même, et qui savent maintenir leur état instable, très loin de l'équilibre thermodynamique. Depuis la cellule jusqu'aux écosystèmes, tout le vivant est éloigné du désordre et s'en éloigne même toujours plus, à mesure qu'il se complexifie. Les organisations vivantes dépensent de l'énergie pour assurer leurs activités spécifiques d'un côté et pour maintenir leur intégrité de l'autre[4].

3 Le « désordre » correspond en fait, selon les référentiels théoriques, à l'absence d'information ou de structuration, à la prédominance du chaos ou du hasard.

4 On dit que ce sont des systèmes dissipatifs.

À cette fin, elles doivent absorber de l'énergie et de la matière non dégradées, qu'elles pourront utiliser ou agréger[5]. Privé d'un apport extérieur d'énergie, un être vivant est voué à mourir, faute de pouvoir assumer ne serait-ce que ses fonctions basales : la respiration, la circulation des fluides, l'activation du système nerveux, etc. Voilà pourquoi la quête d'énergie représente l'activité la plus importante pour l'ensemble des êtres vivants. Elle dicte l'essentiel des relations entre espèces observées au sein des écosystèmes. Et voilà pourquoi les enjeux de gestion de l'énergie sont également au cœur du vivant, tout niveau hiérarchique et toutes organisations confondues[6, 7].

Avant de décrire de manière concrète comment le vivant collecte et gère l'énergie, attardons-nous quelques instants sur les processus anti-entropiques[8]. Un système complexe qui souhaite optimiser l'utilisation de l'énergie pour maintenir son activité présente notamment les caractéristiques suivantes :

- une organisation efficiente : ses composants sont disposés de manière à réduire les pertes en ligne et à favoriser leurs interactions à un niveau le plus local possible[9] ;
- des modes de régulation : les boucles de rétroaction positive permettent de conforter les fonctionnements les plus efficaces ou de

5 On parle parfois de néguentropie. Pour être plus rigoureux, il vaut mieux avoir recours à la notion d'anti-entropie, qui désigne toutes les actions par lesquelles le vivant lutte contre la tendance à l'entropie.

6 Y compris vous-même, organisme biologique unique qui lisez ce livre en ce moment, ainsi que les structures sociales auxquelles vous appartenez.

7 Une hypothèse voudrait que la sélection naturelle privilégie les organismes qui savent dissiper l'énergie le plus efficacement – c'est-à-dire en optimisant son utilisation et en minimisant les pertes – et la font le mieux circuler au sein du réseau trophique. (Alain Javeau, *L'Information en tant que lien essentiel entre les sciences de la nature et les sciences humaines*, thèse de doctorat, 2016.) La dissipation d'énergie correspond aux processus de conversion ou de dispersion contrôlée de l'énergie en une autre forme d'énergie ou en chaleur.

8 Voir Bernard Stiegler et Maël Montévil, « Entretien sur l'entropie, le vivant et la technique : première partie », *LINKs series*, 2019, vol. 1, p. 68-77, hal.science/hal-02398778

9 Nous reverrons cela au chapitre 8, consacré au principe d'auto-organisation.

reproduire à d'autres échelles certains schémas organisationnels qui se révèlent performants, tandis que les boucles de rétroaction négative permettent d'éviter les fluctuations excessives, coûteuses en énergie; les unes et les autres permettent d'ajuster les besoins en énergie du système en fonction des conditions internes et externes;

- la communication et la coopération entre les composants : elles permettent une meilleure coordination des fonctions à l'intérieur du système au profit de la performance de l'ensemble;
- l'économie de ressources : des processus de recyclage peuvent renforcer les facteurs que nous venons d'évoquer.

La question du fonctionnement optimisé des systèmes dissipatifs, qui joue un rôle clé dans la compréhension du vivant, interviendra régulièrement tout au long du chapitre et du livre. On peut en retirer dès à présent trois éléments d'inspiration.

Coordonner le système : le rôle de la raison d'être

Vous l'avez compris, une partie de l'énergie captée par un système est destinée à en maintenir la cohésion. Or il s'avère que plus ce système est hétérogène[10], plus complexe est la coopération entre ses sous-systèmes, et plus élevée alors sera la proportion d'énergie captée qu'il faudra affecter au maintien de l'ensemble. Comment optimiser cela? Dans les systèmes vivants autonomes, grâce à des règles du jeu simples, tantôt universelles – comme c'est le cas pour les cycles biogéochimiques –, tantôt particulières à une espèce – ainsi en est-il de l'affectation à certaines tâches des insectes sociaux ou des règles de coordination du mouvement au sein d'un banc de poissons. Tout le monde suit les mêmes instructions sélectionnées par l'évolution et l'ensemble y trouve sa cohérence et son équilibre.

Qu'en est-il de l'entreprise? Elle réunit des acteurs qui, certes, engagent leurs compétences dans une activité, mais sont également dotés d'une volonté autonome, subjective, potentiellement centrifuge. Comment

---

10 C'est-à-dire qu'il est constitué de composants de natures différentes.

faire alors ? En donnant au système une finalité claire et à laquelle ses sous-ensembles acceptent de contribuer. Retenez bien ce dernier aspect, qui est fondamental : pour maintenir la cohésion et la cohérence d'un système, l'ensemble de ses sous-systèmes doit concourir à la réalisation de sa finalité. Si l'un des sous-systèmes est animé principalement par un but[11] divergent, il dégrade la performance de l'ensemble et peut même conduire à son implosion. Pour l'entreprise, on parle de raison d'être et pour certaines d'entre elles, de mission. Comment se caractérise la raison d'être pour une entreprise dite « à mission » ? Elle précise notamment la contribution de son activité aux enjeux sociétaux, environnementaux et territoriaux. Certains économistes pensent que la raison d'être (la finalité) d'une entreprise consiste uniquement à faire gagner de l'argent à ses actionnaires. En élargissant le propos, d'autres y intègrent les salariés. La proposition que nous faisons ici est que, sous la raison d'être énoncée par l'entreprise à mission, se cache un double ressort qui fonde la durabilité de l'*affectio societatis*. D'une part, l'entreprise doit permettre à des individus (actionnaires, salariés, sous-traitants) de vivre en bonne santé physique et mentale – et donc de gagner de l'argent pour en avoir les moyens. D'autre part, elle leur donne l'opportunité de se réaliser à travers le sens qu'ils donnent au travail qu'ils accomplissent ou à travers l'éthique de leur investissement[12]. *L'affectio societatis* est donc cette force d'anti-entropie qui permet à chacun d'œuvrer en interne dans le sens d'un projet collectif. Changeons d'échelle à présent. Imaginons qu'une entreprise s'aligne avec les intérêts des autres parties prenantes de son territoire, humaines et non humaines. Elle pourra alors compter sur leur concours naturel dans la réalisation de sa propre mission. Cela peut prendre la forme d'écosystèmes productifs territoriaux[13]

11 Rappelons qu'un but se poursuit et qu'un objectif s'atteint. Le premier, qui relève d'un idéal, permet de générer le désir et lancer l'action. Le second, plus prosaïque, permet de lui donner une forme de réalité.

12 On est là très proche du concept japonais d'« ikigai », qui peut se résumer par le sens que l'on donne à sa vie pour y mettre de la joie et stimuler le désir d'agir.

13 Les symbioses industrielles en sont l'une des versions.

ou de solutions fondées sur la nature. Plus la raison d'être d'une organisation entre en résonnance avec les intérêts de chacun des contributeurs, plus la néguentropie y sera naturellement élevée.

La pertinence d'une « sous-optimalité »

Le rendement énergétique du vivant s'évalue par le rapport entre un flux énergétique entrant et un flux rendu disponible à chaque niveau de la chaîne de transfert, du soleil à la plante, de la plante à l'herbivore et de l'herbivore au carnivore. Or ce rendement n'est pas exceptionnel dans le vivant. Parce que produire de l'énergie demande de l'énergie : celle qu'il faudra pour la capter, celle qu'il faudra pour l'absorber/la transformer, celle qu'il faudra pour entretenir la mécanique elle-même (l'individu). Prenons l'exemple des plantes, que l'on appelle également « producteurs primaires » parce qu'elles créent de la matière à partir de composés abiotiques : l'énergie solaire, les nutriments extraits du sol et l'eau. Une partie de la lumière absorbée[14] est dissipée sous forme de chaleur, le reste constituant la photosynthèse brute, c'est-à-dire la production de matière. Mais une fraction de cette matière est elle-même détruite au cours de la respiration métabolique (le cycle naturel de la plante, c'est-à-dire le coût de maintenance des tissus et de la biosynthèse) ou exsudée[15], et c'est la partie ingérable restante, seule, qui est « mise à disposition » des herbivores sous forme de sucres. Résultat : sur 100 % d'énergie solaire incidente, seuls 2 % atteindront ce stade. Tout ça pour ça ? Mais pourquoi diable le vivant est-il resté si « inefficace » malgré ses 3,8 milliards d'années d'expérience ? Tout simplement parce que l'efficacité ne se mesure pas à l'aune d'un individu

14 Sur la totalité de la lumière disponible en théorie, seule 60 à 70 % est effectivement absorbée par les chloroplastes, le reste étant réfléchi par la plante.

15 L'exsudation consiste en la « sécrétion de gomme ou de résine par un végétal ligneux [qui] a souvent lieu en conséquence de l'attaque de ce dernier par des ravageurs ». (François Ramade, *Dictionnaire encyclopédique des sciences de la nature et de la biodiversité, op. cit.*)

sur une courte période de sa vie, mais de l'espèce sur plusieurs générations et même de la biosphère sur le temps long. Le vivant est efficace non pour lui-même seulement, mais parce qu'il permet à la vie de se perpétuer.

On sait que les mutations et le brassage génétiques entraînent immanquablement une multiplication des caractéristiques des individus à chaque génération, l'apparition de nouvelles espèces sur le temps long, bref, une complexification des réseaux écologiques. Or plus un système est complexe, plus coûteux sera, en termes d'énergie, son maintien à un état d'équilibre[16]. L'inefficacité apparente constitue donc la rançon du succès, le prix à payer pour la stabilité.

Autre facteur à l'origine de cette incurie : la recherche d'un équilibre entre la rigidité et l'anarchie. Trop de structure, donc trop d'ordre, peut entraîner une rigidité qui rend le système moins adaptable. Or l'adaptation aux conditions extérieures est la garantie de sa survie. Et l'ordre se paie à un prix énergétique élevé, comme nous l'avons vu. Pour autant, un désordre excessif peut nuire à la régulation du système et à la coordination entre ses composantes et mener finalement à son implosion. Ni trop ni trop peu de structuration : et voilà que le système, qui ne semble guère rentable en termes d'énergie, se révèle extrêmement durable.

Nous verrons que la redondance dans le vivant constitue une sorte de garantie. Or la redondance, dans nos représentations modernes, est synonyme de gaspillage. Du moins lorsque l'on doit à ses actionnaires des résultats au trimestre. Mais la vie a appris du chaos, et notamment des cinq extinctions de masse qu'a vécues la Terre. Et si la sélection naturelle a retenu des solutions énergétiquement « sous-optimales » dans les conditions habituelles et qu'elles perdurent, c'est parce qu'elles se sont révélées en fait optimales dans certaines situations limites et ont permis à la vie de dépasser des épisodes critiques dans un environnement devenu hostile.

16 Il s'agit évidemment d'un équilibre dynamique : les choses changent sans arrêt à l'intérieur d'une configuration relativement stable.

La prochaine fois que vous vous interrogez sur la manière d'« optimiser » ou de « rationaliser » les choses, de faire la chasse au gaspillage, d'augmenter la productivité, posez-vous les bonnes questions. Pouvez-vous améliorer la circulation de l'information plutôt que de mettre en place des règles ? Quel risque y a-t-il à tout miser sur le même service ? La même technologie ? Les mêmes circuits ? Comment votre environnement est-il susceptible d'évoluer demain ? Aurez-vous un plan B ? Si vous décidez de structurer davantage, quel sera le prix de la coordination par rapport aux bénéfices ? Celui d'une perte relative d'autonomie des acteurs ? De leur capacité d'initiative ? Sur quel périmètre êtes-vous certain qu'une meilleure organisation est possible ? Où pouvez-vous laisser encore la place à certaines formes d'auto-organisation ? Si vous pensez avoir tout fait pour optimiser l'efficacité énergétique de votre entreprise, posez-vous la question inverse : quel est le prix caché de cette perfection, que ce soit au quotidien ou dans les situations atypiques qui ne manqueront pas d'arriver ?

L'entreprise : un système dissipatif comme les autres

L'énergie est partout dans le vivant, sous forme stockée (sucres et lipides en particulier) ou sous forme de flux (énergie solaire, échanges permanents entre les individus, etc.). Comme dans le vivant, l'accès à l'énergie-matière, les dépenses d'énergie-matière et la transformation d'énergie-matière se situent au cœur des activités de l'entreprise. Ses locaux, ses équipements et leur fonctionnement, les matières premières et les consommables utilisés pour produire des biens et des services, les humains qui constituent son organisation : tous ces éléments suivent la même logique d'accès, de transformation et d'optimisation. En particulier, l'énergie portée par les humains permet de faire fonctionner le collectif, sans lequel l'entreprise (et son *affectio societatis*) perdrait tout son sens et glisserait vers son entropie.

Alors pourquoi la question de l'énergie ne se situe-t-elle pas au centre des réflexions et des discussions stratégiques ? Parce qu'elle a longtemps été abondante et bon marché ? Probablement. Parce que les salariés formés – autre forme d'énergie à haut rendement – étaient disponibles en période de chômage de masse ? Peut-être. Mais alors, qu'en est-il quand la fête est finie ? Que devient cette logique en période de plein-emploi ? Demandez-vous de quelles énergies vous avez besoin au sein de votre entreprise. Quelles sont celles dont l'accessibilité ou le coût vont probablement changer dans les années à venir ? Quels seront les impacts sur votre fonctionnement ? Votre survie ?

Et si l'énergie reprenait la place qu'elle n'aurait jamais dû quitter ?

Vous êtes vivant. Vos salariés aussi. Votre entreprise également, en tant que système créé par le vivant, fonctionnant grâce au vivant et intégré au vivant. Votre survie dépend de votre capacité à accéder à l'énergie et à en prendre soin. Alors ?

TRANSFORMER L'ÉNERGIE-MATIÈRE : UNE QUESTION DE RENDEMENTS

Le rendement écologique d'un écosystème, qui mesure la somme des écarts entre la matière organique produite à un maillon donné et celle produite au maillon suivant, résulte de trois types de rendements : le rendement d'exploitation, le rendement d'assimilation et le rendement de production nette. De niveau trophique en niveau trophique[17], la disponibilité d'énergie diminue jusqu'à n'être plus suffisante pour former un maillon supplémentaire. Cette loi de la thermodynamique explique la raison pour laquelle une chaîne alimentaire n'excède jamais six niveaux, les chaînes les plus longues étant observées en milieu marin[18].

Le rendement d'exploitation : choisir ses partenaires à travers la « valeur globale de coopération[19] »

Le rendement d'exploitation mesure la totalité d'énergie-matière absorbée à un niveau par rapport à celle disponible dans l'environnement. Cela correspond à tout ce qui a été « laissé dans la nature » soit parce que la ressource n'était pas physiquement accessible[20], soit parce qu'elle n'était

---

17 Pour rappel, la chaîne trophique est composée de différents niveaux, depuis les végétaux producteurs jusqu'aux décomposeurs, en passant par les consommateurs primaires et secondaires.

18 Il serait intéressant de voir si cette règle d'un maximum de niveaux de « valeur ajoutée » (d'autres parlent de « chaîne de valeur » – or on sait ce que vaut d'être enchaîné) se vérifie dans les activités économiques. Il est probable que le client final en fixe les limites à travers le « prix de marché » acceptable (autre mythe, autre totem).

19 Un clin d'œil à la notion de coût global de possession.

20 C'est le cas des végétaux qui se nichent dans des anfractuosités rocheuses, à l'abri du broutage.

pas d'assez bonne qualité, soit parce que ses prédateurs naturels n'évoluaient pas dans son environnement.

Schématiquement, la qualité d'une proie se mesure par l'écart entre la quantité d'énergie qu'elle apporte et celle dépensée pour sa recherche, sa capture et sa consommation[21]. Ne pensez pas que le temps de consommation ne soit qu'un détail. Demandez à l'huîtrier pie[22]. Comme son nom l'indique, cet échassier des rivages se nourrit préférentiellement de mollusques bivalves qu'il ouvre en martelant les coquilles ou en écartant les valves et en sectionnant le muscle adducteur. Cette dernière opération est de loin la plus coûteuse en énergie, ce qui amène l'huîtrier pie à privilégier les mollusques de taille intermédiaire, le meilleur compromis entre l'apport énergétique et la résistance de la coquille et des muscles ! Dans d'autres cas, comme pour les prédateurs de petits rongeurs, c'est la recherche qui peut s'avérer la plus coûteuse.

Chaque situation représente une consommation d'énergie spécifique, mais elle a également d'autres implications qu'il faut pouvoir évaluer. Le vivant doit opérer des arbitrages qui font intervenir plusieurs dimensions :

- le temps : celui que l'on consacre à mener ces opérations (de recherche et de consommation surtout) ne peut être employé à la quête d'autres proies, à séduire et à se reproduire, à apporter des soins (à soi-même ou à ses comparses), etc. ;
- le risque : rencontrer son propre prédateur, se blesser durant la recherche ou la capture, mettre sa progéniture en danger durant son absence sont autant de risques courus et il vaut mieux que le jeu en vaille la chandelle ;
- la probabilité de réussite : non seulement en termes de quantité (j'ai capturé une proie) que de qualité (elle est propre à la consommation et m'apporte l'énergie suffisante).

---

21 En écologie, on utilise le terme d'exploitation, qui recouvre la manipulation de la proie (la disséquer, l'ouvrir, etc.) autant que son ingestion et sa digestion.

22 *Haematopus ostralegus*.

Le temps de recherche constitue le point central de l'équation : on n'est jamais certain de trouver la cible idéale sur le territoire que l'on explore. Dans certains cas, il est préférable de consommer de multiples proies moins avantageuses énergétiquement que de prolonger une recherche hasardeuse : « un tiens vaut mieux que deux tu l'auras » est la devise à faire sienne dans des environnements changeants ou des territoires sur lesquels les cibles privilégiées sont en effectif trop réduit.

Cette équation ne serait pas complète si l'on n'y intégrait pas une variable supplémentaire : celle de l'état dans lequel se trouve l'individu. Un individu aux abois sera d'autant plus enclin à prendre des risques. Entre la solution sécurisée mais à rendement faible et celle plus aléatoire mais à haut rendement, il ira immanquablement vers la seconde. Qu'a-t-il à perdre en l'occurrence[23] ?

« Quand on veut, on peut ! » Et souvent, on veut ce qu'il y a de mieux. Injonction est donc faite aux collaborateurs d'essayer à tout prix de séduire la cible idéale pour prouver que l'on est les meilleurs, que l'on est à la hauteur des investissements marketing de l'entreprise. Le vivant propose des points de repère assez simples et sans doute pertinents pour catégoriser nos cibles et sélectionner nos moyens[24]. Il s'agit avant tout d'évaluer leur intérêt réel. On se focalise généralement sur le service rendu, les revenus générés, etc., c'est-à-dire le résultat. Mais l'on oublie parfois de considérer les coûts cachés, y compris durant la phase d'exploitation. Qui n'a pas un jour rêvé de n'avoir jamais contracté avec tel client, soit parce qu'il n'est pas fiable, soit parce que le client-roi s'avère être un tyran ? Pour mesurer l'intérêt réel d'un partenaire (client, fournisseur, futur salarié), pouvez-vous évaluer le bénéfice attendu (ce qu'il vous apportera réellement par rapport à vos besoins), mais aussi son coût global « d'exploitation »

23 Cette option du « tout ou rien » se présente au moins une fois au cours de la vie d'un entrepreneur. En écologie, c'est ce que l'on appelle la théorie de l'approvisionnement sensible au risque.

24 Rappelez-vous : les moyens sont tout ce qui permet à l'entreprise d'accomplir sa mission – clients compris bien sûr.

(le temps et les investissements qu'il a fallu consentir pour l'approcher et le convaincre de travailler avec vous ainsi que l'ensemble des investissements nécessaires à la mise en place et à la gestion de la coopération) ? À côté de l'approche « *best in class* », quelles tactiques opportunistes imaginer qui pourraient s'avérer plus payantes que la focalisation à outrance ? On parle de choisir ses clients : quelle heuristique[25] pouvez-vous élaborer[26] ? Et n'oubliez pas, si votre organisation se trouve un jour affaiblie, à la limite de la rupture, que le vivant vous invite alors à tout miser sur le marché du siècle[27] plutôt qu'à sauter sur les premières petites occasions, celles qui permettent de faire tourner les machines quitte à perdre de l'argent. Peut-être est-ce contre-intuitif, mais finalement plus raisonnable.

Le rendement d'assimilation : gaspiller, c'est pas bien !

Le rendement d'assimilation correspond à la quantité de matière effectivement exploitée par l'organisme, une fois que l'énergie-matière non assimilable est rejetée sous forme de déjections ou autres déchets. Le rendement d'assimilation dépend de trois paramètres : la qualité de la ressource absorbée, la capacité de l'organisme à la métaboliser[28] et la capacité à la stocker si le besoin est différé.

---

25 Considérez ici une heuristique dans le sens d'un protocole de prise de décision rapide en situation d'information incomplète.

26 Une équation montre qu'il existe un point de bascule entre la stratégie de focalisation et la stratégie opportuniste : au-delà d'une certaine fréquence de rencontre des proies les plus intéressantes énergétiquement parlant, il devient pertinent de se concentrer sur ces dernières uniquement au lieu d'attraper toutes celles qui se présentent. Voir Robert H. MacArthur et Eric R. Pianka, « On optimal use of a patchy environment », *American Naturalist*, vol. 100, no 916, novembre-décembre 1966, doi.org/10.1086/282454

27 Plutôt que de tout risquer, on peut aussi imaginer de réduire la voilure.

28 Dans ce chapitre, nous ne traiterons que du rendement d'assimilation chez les consommateurs, herbivores ou carnivores.

Une différence de taille existe entre les herbivores et les carnivores[29]. Les carnivores se sont spécialisés dans la prédation d'êtres vivants mobiles. Cela signifie au moins deux choses : la ressource est plus aléatoire et sa capture demande beaucoup d'énergie. Pour arriver à un solde énergétique positif[30], il est vital que les carnivores consomment des proies à haute teneur en protéines et à faible taux de matières pauvres. C'est ce qui leur permet d'atteindre des rendements d'assimilation très élevés, généralement supérieurs à 80 %.

Chez les herbivores, le coût de la capture est modique et l'aléa plus faible. Du fait des caractéristiques des matières ingérées[31], ces animaux ont en revanche un rendement d'assimilation faible, voire très faible[32]. Certains d'entre eux compensent la médiocrité de la ressource par d'ingénieux dispositifs de transformation. Chez les bovins[33], le rumen représente 90 % du volume stomacal. C'est dans cette « cuve de stockage » intermédiaire (pour une durée de trente à soixante heures tout de même !) que des micro-organismes symbiotes de l'animal – bactéries et champignons – font leur œuvre de décomposition des éléments végétaux, la cellulose[34] en particulier, et optimisent l'assimilation des matières azotées. Cet équipement singulier permet aux ruminants d'augmenter

---

29 Les herbivores présentent en moyenne un rendement d'assimilation 1,3 à 2 fois moindre que les carnivores selon qu'ils sont homéothermes (dont l'organisme conserve une température relativement constante, indépendamment des conditions extérieures) ou hétérothermes (dont la température du corps varie en fonction de la température ambiante – poissons, reptiles). D'après Brafield et Llewellyn, 1982, cité dans Robert Barbault, Écologie générale. *Structure et fonctionnement de la biosphère*, Dunod, 2008.

30 Ce solde est mesuré par le rendement de production nette ou le rendement de croissance. Le rendement de production nette rend compte des échanges entre niveaux trophiques tandis que le rendement de croissance est utilisé à l'échelle de l'individu. Par souci de simplification, ces deux concepts sont associés l'un à l'autre par la suite.

31 Les végétaux riches en cellulose ou en lignine, par exemple, très difficiles à digérer.

32 Il peut descendre jusqu'à 15 %. Les détritivores, dont la nourriture est très pauvre en éléments assimilables, ont des rendements encore plus faibles (5 à 10 %).

33 Sous-ordre des *Ruminantia*.

34 C'est le principal constituant de la paroi des cellules végétales (40 à 50 % de la biomasse végétale terrestre).

considérablement l'efficacité énergétique issue de la digestion en comparaison avec leurs congénères herbivores monogastriques.

Ces deux stratégies peuvent vous inspirer deux approches en fonction des caractéristiques des ressources[35] que vous cherchez à assimiler.

Certaines ressources stratégiques s'avèrent-elles à ce point volatiles que vous êtes condamné à remettre l'ouvrage sur le métier de manière quasi routinière ? Peut-être faut-il songer à vous inspirer du comportement carnivore. Compte tenu du coût énergétique de la capture, vous ne pouvez pas vous contenter du tout-venant. L'enjeu devient pour vous vital de développer des aptitudes particulières à repérer puis à attirer les ressources de bonne qualité[36].

Pour les ressources difficiles à intégrer (à « digérer »), posez-vous la question : comment puis-je augmenter la capacité de métabolisation de mon organisation ? La stratégie du ruminant peut être porteuse d'inspiration. Cela revient à comprendre comment vous pouvez modifier vos processus d'accueil et de transformation des intrants. En général, vous avez déjà optimisé les processus associés à l'achat d'équipements ou de consommables et leur intégration dans le processus de production. Quoi que… Avez-vous récemment vérifié que les achats correspondaient bien aux usages ? Avez-vous évalué le taux de déchets liés à la mauvaise qualité des fournitures ? La satisfaction des salariés vis-à-vis des équipements qu'ils utilisent tous les jours ? La poussière qui s'accumule sur des objets inutiles ? Si vous constatez des écarts, quelle organisation pouvez-vous imaginer qui permettrait aux personnes chargées des achats de mieux comprendre les usages et les besoins réels ? De responsabiliser les usagers sur la manière d'utiliser les biens pour améliorer autant que possible leur

35 Rappelons que les ressources émanent aussi bien des interactions avec les clients qu'avec les fournisseurs, les salariés, les actionnaires, etc.

36 Nous verrons comment dans le chapitre 5 consacré au principe d'interdépendance.

productivité[37] ainsi que leur durée de vie ? Il existe un autre type d'intrants, symbolisé par les nouvelles recrues. Pouvez-vous identifier des schémas types qui ont rendu difficile l'intégration de nouvelles compétences ? Tels profils de recrutement mal intégrés ou tels services d'accueil dans lesquels les départs se font trop rapidement ? Avez-vous, plus généralement, effectué un retour d'expérience sur le parcours des nouveaux arrivants et sa pertinence ? Analysé les coûts cachés liés à la manière dont les nouveaux sont ou non pris en charge, dont ils s'approprient ou non les aspects informels de votre organisation, dont les dossiers leur sont transmis, dont l'entreprise s'enrichit ou non de leurs différences et de leurs talents ?

La stratégie du ruminant soulève cette seconde question : quelles sont les caractéristiques des ressources les plus pertinentes compte tenu de la configuration de votre « équipement métabolique » ? Bien sûr, nous aurions tous envie de recruter les meilleurs, de disposer des technologies de pointe, de travailler avec les fournisseurs de premier rang. Mais avons-nous vraiment l'organisation adéquate pour assimiler correctement ces ressources ? Ne risque-t-on pas d'en gaspiller une grande partie ? Combien de PME se sont noyées dans l'installation d'un progiciel de gestion intégré dont elles peinent à retirer tout le potentiel ? Ou recrutent des salariés qui, faute de trouver leur place, quittent l'entreprise alors qu'ils viennent d'arriver ? Quelles ressources vous conviennent ? Lesquelles saurez-vous assimiler ?

37 Par productivité, j'entends l'augmentation de la valeur créée à partir d'une unité d'objet ou d'énergie. Avec l'allongement de la durée de vie des biens, elle constitue l'une des clés de la durabilité de nos modèles économiques.

DÉPENSER L'ÉNERGIE : UNE QUESTION DE PONDÉRATION

Le rendement de croissance[38] : priorités et nécessaires arbitrages

« Vaut mieux être riche et en santé que pauvre et malade.[39] » Certes. Dans la nature aussi, chaque individu cherche à cumuler les avantages afin de garantir son succès reproducteur et ainsi la pérennité de sa lignée. Mais certains avantages peuvent s'avérer encombrants et les ressources sont, en tous lieux, limitées.

La morue de l'Atlantique[40] évolue dans les eaux froides et riches en oxygène du Labrador et de Terre-Neuve. Particulièrement vorace, elle se nourrit de poissons, de mollusques et de crustacés en grand nombre. Comme pour tous les poissons de sa famille, une grande taille confère généralement à l'individu une meilleure aptitude à la prédation, le rend moins vulnérable, permet aux mâles d'être dotés de plus gros muscles vibrants, rendant ainsi leur chant plus attirant pour les femelles, et représente des réserves nécessaires à la survie en temps de disette. Mais une grande taille peut aussi présenter des handicaps, comme le fait d'être plus visible et attrayant pour les prédateurs ou parce que le métabolisme

---

38 Le rendement de croissance évalue l'efficacité avec laquelle un organisme convertit les ressources qu'il consomme en matière corporelle sous toutes ses formes : tissus, excrétions (lait, mucus, soies, etc.), gestation. À l'échelle de l'écosystème, la somme des rendements de croissance des individus donnera le rendement de production nette.

39 Yvon Deschamps, *L'Argent… ou le bonheur*, Polydor, 1969.

40 *Gadus morhua*.

basal mobilise davantage de ressources en énergie et en oxygène. Confrontées à la pêche sélective et au réchauffement des océans[41], les morues de grande taille se trouvent finalement défavorisées. Alors, en définitive, quelle est la taille idéale ? C'est la question à laquelle la notion de *trade-off*, ou compromis, propose de répondre, en association avec le concept de traits d'histoire de vie.

À tout moment, l'énergie totale captée par un organisme est allouée à différentes fonctions : le métabolisme basal, qui garantit la survie de l'individu au repos[42], la fonction de croissance, qui correspond à la prise de masse et à l'arrivée à maturité sexuelle, les fonctions de défense et de maintenance, qui permettent d'éviter les agressions ou de pallier leurs conséquences, et la fonction de reproduction. Or les besoins associés à chacune de ces fonctions vont évoluer dans le temps et au rythme d'éventuels accidents de parcours. Cette évolution dans le temps porte un nom : les traits d'histoire de vie. Ils permettent de décrire les caractéristiques physiologiques et les activités d'un individu à certaines étapes clés de son développement, de sa naissance jusqu'à sa mort, caractéristiques et activités qui contribuent directement à l'arrivée et à la survie des descendants. Chaque étape exige des arbitrages en termes d'allocation des ressources en fonction des aptitudes de l'individu[43] et de la priorité du moment (croissance, guérison, reproduction). Il peut s'agir d'un arbitrage entre la croissance de l'individu et sa longévité. Une croissance rapide permet à un individu d'être moins longtemps vulnérable et d'être plus rapidement attractif pour un partenaire sexuel. Mais cette croissance

41 Le réchauffement accélère le métabolisme des animaux hétérothermes, et donc leur besoin en oxygène. Or les branchies des morues ne grandissent pas proportionnellement au corps. Arrive un moment où la capacité de capture de l'oxygène ne suffit plus à satisfaire les besoins d'un corps trop volumineux : la croissance s'arrête. (Daniel Pauly et William W. L. Cheung, « Sound physiological knowledge and principles in modeling shrinking of fishes under climate change », *Global Change Biology*, vol. 24, no 1, 2017, p. 15-26, doi.org/10.1111/gcb.13831)

42 Système sanguin, système nerveux, respiration, digestion, maintien de la température, etc.

43 Il peut s'agir d'aptitudes singulières, associées à son génotype : plus grand, plus fort, etc.

rapide a un prix : celui du vieillissement accéléré des cellules et donc de tout l'organisme, ce qui réduit finalement sa durée de vie. Pour augmenter les chances qu'un individu ait une descendance viable[44], une croissance rapide doit s'accompagner d'une arrivée plus précoce à l'âge de maturité sexuelle et, éventuellement, d'un raccourcissement des cycles de reproduction afin d'augmenter leur fréquence. Si les stratégies ont été inscrites dans le génome de l'espèce au cours du temps, il arrive que des accidents obligent l'individu à réorganiser l'ordre des priorités et à réallouer les ressources en conséquence. On voit ainsi des espèces de plantes accélérer leur germination en période de stress hydrique, quitte à mourir une fois que leurs graines auront été dispersées. À l'inverse, un animal malade ne pourra pas se reproduire immédiatement : l'ensemble de son énergie sera concentré sur la fonction de réparation, ce qui l'empêchera de revêtir ses plus beaux atours ou de pousser le plus joli cri et l'éliminera *de facto* de la compétition sexuelle pour un temps.

Dans l'entreprise aussi, l'énergie-matière est disponible en quantité limitée et doit être affectée au bon endroit au bon moment. Ce principe interroge fondamentalement l'intégration et la répartition des ressources matérielles, immatérielles et financières. On peut imaginer un parallèle entre les postes d'affectation des ressources d'un organisme vivant et ceux d'une entreprise. Ainsi, le métabolisme basal, qui assure la bonne marche des fonctions vitales de l'organisme, peut-il être comparé aux coûts fixes de l'entreprise – ce qu'elle doit engager comme moyens quel que soit son niveau d'activité. C'est la fameuse voilure que l'on réduit au maximum lorsque les vents sont mauvais. La fonction de croissance (à laquelle on associe le nourrissage dans le vivant) correspond à l'ensemble des activités de production de l'entreprise et aux effets que celle-ci aura sur son environnement par ses produits et services, généralement sous forme de création de valeur. Les fonctions de maintenance et de défense

44 Autrement dit pour augmenter sa valeur sélective.

(auxquelles l'on rattache les activités d'aménagement de refuge) peuvent être associées aux activités réflexives de l'entreprise et à l'ensemble des processus d'organisation de la qualité. Enfin, la fonction de reproduction correspond comme on le sait aux enjeux d'investissement à moyen et long terme dans les ressources matérielles et immatérielles de l'entreprise et aux processus d'innovation associés. Vous reconnaissez dans les deux premiers postes d'affectation les investissements de type Opex[45] et dans les deux derniers ce qui est davantage rattaché aux Capex[46]. Le vivant nous invite à optimiser les choix stratégiques que nous allons opérer dans l'affectation de l'énergie-matière à ces quatre catégories de fonctions. Il nous rappelle que la finalité de tout être vivant réside dans la fonction de reproduction : il ne peut être question de renoncer à investir dans les ressources matérielles et immatérielles de long terme, cette activité étant une condition de succès sur la durée. Le vivant nous dit également qu'il ne peut y avoir de survie sans un bon fonctionnement du métabolisme basal : cela nous invite à considérer les postes de coûts fixes comme intouchables. D'un point de vue évolutionniste, cela nous invite également à nous assurer que ces postes ont été conçus et dimensionnés pour donner à l'entreprise le maximum d'efficience dans l'accomplissement des autres fonctions, en libérant le maximum d'énergie pour ces activités. S'en assurer sans toutefois sauter à pieds joints sur une solution simpliste consistant à « dégraisser le mammouth ». Homéotherme, ledit mammouth[47] dépensait une partie importante de son énergie à stabiliser sa température corporelle. De l'énergie apparemment non productive, sauf que cette régulation thermique, tout comme la couche de graisse emmagasinée, lui permettait de résister aux températures glaciales du Pléistocène. Enfin, entre ces deux bornes, les activités de production et d'organisation réflexive

45 Les dépenses d'exploitation (de l'anglais *operational expenditure*).

46 Les dépenses d'investissement (de l'anglais *capital expenditure*).

47 Le mammouth laineux (*Mammuthus primigenius*) en particulier.

du travail[48] sont les fonctions qui permettent la bonne mise en œuvre au quotidien de ce qui constitue la raison d'être de l'entreprise. Garantes de son succès, elles sont également les lieux d'arbitrages possibles quant à l'affectation des ressources captées par l'entreprise. La notion de *trade-off* nous invite à considérer le fonctionnement de l'entreprise sous ses quatre fonctions clés et surtout à opérer des arbitrages stratégiques en les articulant entre elles sur le long terme. On peut considérer, par exemple, que l'entreprise a intérêt, dans un contexte incertain, à réduire structurellement son «métabolisme basal» en s'appuyant sur des partenariats stratégiques (ou des fournisseurs) pour faire les choses à sa place. Il faudra alors garder en tête que ce choix a pour contrepartie directe un investissement conséquent dans l'organisation de la coordination et de la réflexivité. Ceci afin de pallier le risque de défaut de la part du partenaire et de défaillance stratégique de l'ensemble. Une économie d'un côté, des investissements de l'autre. Du moment que le jeu demeure à somme positive…

«Travailler, c'est trop dur…»[49] : quand la frugalité est récompensée

Immobile, gris sur fond gris, le lézard des murailles[50] se réchauffe au soleil du matin afin de récupérer l'énergie que son corps a dissipée durant la nuit. Arrivé à une température suffisante pour assurer ses fonctions basales en activité, il va pouvoir se mettre en chasse de ses mets favoris : mouches, fourmis, araignées, chenilles, etc. D'une grande vivacité, il parvient souvent à se jouer de ses prédateurs, oiseaux ou hérissons, en se faufilant entre deux pierres. Revenez à un moment où le soleil est beaucoup moins généreux : vous verrez alors notre petite flèche bien en peine de trotter se mettre à l'abri.

---

48 Dans certains contextes, elle se limite au management de la qualité.

49 Titre d'une chanson traditionnelle acadienne.

50 *Podarcis muralis*.

Nous avons déjà évoqué la différence fondamentale entre les organismes hétérothermes et homéothermes : l'adaptation thermique au milieu ou le choix de l'indépendance[51]. La vie et la mort du lézard fournissent une bonne illustration de ce qu'est un *trade-off* évolutif concernant un trait spécifique – en l'occurrence, la thermorégulation. Faire en sorte que le soleil fasse le travail à votre place est un système de régulation très économe. Il présente néanmoins trois inconvénients majeurs. Le premier est que l'individu hétérotherme dépend complètement de la température ambiante et peut se retrouver victime d'épisodes exceptionnels de froid ou de chaleur intense. C'est la raison pour laquelle leur aire de répartition privilégie les régions chaudes[52]. Le deuxième inconvénient est qu'il ne peut chasser durant les périodes de léthargie qui coïncident malheureusement parfois avec les moments d'activité de ses proies – le *foodtruck* passe, mais il est impossible pour le client de se déplacer. Enfin, ces périodes de léthargie l'exposent à un risque de prédation très élevé. Mais globalement, se chauffer au soleil, se laisser porter par l'eau ou les courants thermiques sont des stratégies qui permettent de sacrées économies d'énergie. Croyez-en l'expérience des rapaces ou des oiseaux migrateurs.

Il n'y a qu'une chose de certaine dans le vivant : c'est que rien n'est jamais certain. La meilleure énergie est donc celle que l'on ne consommera pas. Ce à quoi vous invite le lézard, c'est à réfléchir aux dépenses d'énergie que vous pourriez caler sur des flux extérieurs, les sources d'énergie accessibles « gratuitement ». On peut penser aux modèles du partage et de la mutualisation. C'est le cas de la propriété intellectuelle partagée, des Creative Commons, des logiciels Open Source. L'utilisation

---

51 Pour rappel, les homéothermes sont des organismes dont le corps conserve une chaleur relativement constante, indépendamment des conditions extérieures, tandis que celle des hétérothermes varie en fonction de la température ambiante.

52 À l'inverse, les homéothermes ont pu coloniser des milieux plus variés, ce qui a favorisé l'apparition de nouvelles espèces par radiation adaptative.

suppose une réciprocité : tenir informé le créateur de l'usage que vous faites des ressources qu'il a mises à disposition de tous. Et des éventuelles améliorations que vous y apportez. C'est également vrai des actions menées dans le cours des choses. Servir de cas à une recherche doctorale vous permet, par exemple, d'accéder à un état des connaissances dans votre domaine d'activité, d'améliorer vos pratiques professionnelles et de nourrir une image d'entreprise innovante. Les chantiers menés en coopération avec des partenaires sont autant d'occasions pour vos équipes de se perfectionner autrement que par la formation. Cela suppose un mode de gestion particulier consistant à choisir les bons partenaires de chantiers, à expliciter l'objectif afin que tous les acteurs (le salarié, le manager, le partenaire) voient un intérêt à mettre en place un mécanisme d'apprentissage, etc. Demandez-vous systématiquement : que puis-je faire avec les autres ? Avec ce qui est mis à la disposition de tous, les ressources déjà là ? Comment puis-je faire travailler les autres à ma place, parce qu'ils y ont un intérêt ou que cela fait de toute façon déjà partie de leur mission ? Cette question, le vivant se la pose sans arrêt, en témoignent les infinis réseaux de coopérations qui se déploient au sein des écosystèmes[53].

Quand les conditions de vie ne sont plus favorables : réduire la voilure

Peu après l'équinoxe d'automne, les campagnes et les forêts des régions tempérées se transforment à vue d'œil. Les arbres flamboient avant de se dépouiller de leurs feuilles, des oiseaux migrent, les insectes semblent disparaître. Certaines espèces qui ne savent pas réguler elles-mêmes leur température sont particulièrement préoccupées par l'approche des grands froids[54]. Parmi elles, les plantes et, à de rares

53 Nous y reviendrons au chapitre 5 consacré au principe d'interdépendance.

54 On les qualifie d'ectothermes ; elles sont entièrement tributaires des conditions extérieures.

exceptions près, les arthropodes[55] et les annélides[56]. La plupart sont génétiquement programmées pour transformer leur métabolisme ou leur apparence à mesure que les jours raccourcissent. À l'approche du froid, les lombrics communs[57], par exemple, prennent leurs quartiers d'hiver. Pour bien vivre, ces ingénieurs du sol ont besoin d'un milieu humide dont la température varie entre 2 et 12 °C. Lorsque le sol commence à geler, les lombrics s'installent à la limite du gel et entrent en léthargie. Si la couche de gel continue de descendre, les vers se réveillent et se déplacent verticalement de quelques dizaines de millimètres tout au plus. En restant ainsi toujours aux conditions limites sans jamais les dépasser, les lombrics réduisent leurs besoins métaboliques au strict nécessaire pour se maintenir en vie.

Pour le chêne comme pour le lombric, à défaut de pouvoir migrer, il faut abaisser le besoin en ressources. On appelle ce phénomène la quiescence. À partir d'une certaine température, les espèces quiescentes entrent en léthargie, mais peuvent reprendre une activité dès que les conditions extérieures le permettent ou le nécessitent, pour se rendormir ensuite si nécessaire. Mouche domestique[58], bourdon terrestre[59] et nombre d'autres insectes adoptent ce type de stratégie. Elle leur permet non seulement d'échapper aux rigueurs du froid, mais offre également l'avantage de synchroniser leur période de reproduction avec celle de l'abondance de ressources, du début du printemps à la fin de l'été. La marmotte[60] ou l'ours[61] hivernent[62] eux aussi et peuvent de même se réveiller en cas de

55 Embranchement des Arthropoda, les araignées, mille-pattes et autres insectes lui sont rattachés.

56 Embranchement des Annelida, ceux que l'on nomme les « vers », marins surtout et terrestres parfois.

57 *Lumbricus terrestris*.

58 *Musca domestica*.

59 *Bombus terrestris*.

60 Du genre *Marmota*.

61 De la famille des *Ursidae*.

62 L'hivernation correspond au phénomène de quiescence ; l'hibernation à celui de diapause, que nous verrons plus loin.

danger. Avant son entrée en léthargie, l'animal va constituer des réserves de sucres et de graisses. L'entrée en quiescence est marquée par l'arrêt du nourrissage. L'organisme va recevoir l'information et stopper les processus énergivores (croissance, reproduction) ainsi que la synthèse des molécules non essentielles ; seules continuent la production de protéines spécifiques à cette phase et les activités permettant au corps de maintenir ses fonctions vitales. En sortie de quiescence, l'animal reprend d'abord l'activité de synthèse moléculaire, puis celle de nourrissage.

On considère trop souvent le portefeuille d'activités d'une entreprise sous une forme binaire. Soit l'activité fonctionne à plein régime, soit on décide d'y mettre fin pour des raisons internes – problèmes financiers, technologiques, de ressources humaines – ou externes – un environnement non favorable. Ne peut-on envisager un stade intermédiaire qui serait celui de la diapause[63] ou de la quiescence ? Ainsi, au lieu de s'acharner sur un projet qui ne peut pas fonctionner dans les conditions actuelles ou d'y renoncer définitivement, on pourrait imaginer une configuration de « mise au repos » dont il conviendrait de définir les conditions de succès en s'inspirant du fonctionnement du vivant.

En quoi consisterait alors la mise en sommeil d'une activité ? Avant tout dans le fait de conserver en bon état les ressources matérielles et immatérielles nécessaires à la reprise d'activité. Imaginez que vous sortiez d'un sommeil dans un état de complète amnésie : qu'est-ce qui vous permettrait de retrouver les informations pour reprendre le cours des choses ? Dans le vivant, ces informations sont intégrées dans le code génétique des cellules, les tissus et les organes, le squelette et les circuits

63 La diapause est un phénomène plus radical que celui de la quiescence. Dans ce cas, les êtres vivants ne sortent de leur sommeil que sur un signal ou après une durée précise. Une modification des conditions extérieures ou la survenue d'une catastrophe – une inondation, par exemple – ne changent rien à l'affaire : ils gardent cet état léthargique tant que le signal clair et attendu ne leur est pas envoyé. Non seulement ils passent ainsi à côté d'opportunités de nourrissage liées à un redoux hivernal, mais ils s'exposent à d'éventuels dangers. Un phénomène intéressant pour la survie de l'espèce, qui économise au maximum ses ressources, mais qui offre très peu de flexibilité.

nerveux. Dans l'entreprise, quels processus et procédures ayant trait au périmètre mis en sommeil doivent-ils faire l'objet d'un effort de mise en mémoire ? Qui seront les acteurs chargés de les mettre en œuvre, dans et hors de l'organisation ? D'où pouvez-vous repartir ? De quels plans, quels prototypes, quelles images, quels livrables ? C'est là l'investissement qu'il faut consentir pour un réveil réussi.

Vient ensuite la question du maintien en l'état des ressources matérielles et immatérielles nécessaires au redémarrage du projet. Contrairement au vivant, une entreprise peut décider de réaffecter ses ressources humaines vers d'autres projets ou fonctions. Tout se joue en amont, dans la perception même de votre activité et des implications du fonctionnement en mode projet. Comment vous assurer d'un minimum de polyvalence ou de plasticité des ressources que vous avez dédiées à l'étude et au lancement d'un projet ? Comment les nouvelles fonctions occupées par les collaborateurs concernés pourront-elles renforcer le projet à son redémarrage ? Comment prévoir dès l'origine un scénario de mise en sommeil ? Et comment faire en sorte que cela ne soit pas perçu comme la prophétie autoréalisatrice d'un échec à venir ? Comment faire en sorte que cela soit au contraire considéré comme un mode de management pragmatique, qui cherche à rentabiliser au maximum l'investissement de l'entreprise sans jouer l'entêtement inutile ? Il en va différemment des ressources matérielles, qui sont parfois destinées exclusivement au projet mis en sommeil : des équipements spéciaux, par exemple, ou des infrastructures dédiées. Dans ce cas, des solutions comme la mise à disposition à des tiers ou une reconfiguration partielle peuvent-elles être envisagées ? En amont, peut-on imaginer une polyvalence de ces ressources ? Un système de différenciation retardée ? Dans tous les cas, une question prévaut : comment s'assurer que les ressources réallouées seront disponibles au redémarrage du projet ?

Puis posez-vous la question : quel système de veille allez-vous mettre en place qui vous indiquera qu'il est temps de réactiver le projet ?

Les variables à surveiller sont évidemment en lien avec les facteurs stratégiques qui ont conduit à sa mise en sommeil. Comment obtenir les informations ? Qui doit se charger de les collecter ? Qui contribuera à les analyser ?

Enfin vient le temps du réveil du projet. Comme nous l'indique le vivant, les fonctions essentielles doivent reprendre en premier. Les processus et les structures sont concernés d'abord : le projet est réévalué et financé, les guides et procédures sont remis à jour, les équipes sont réaffectées. Puis viennent les activités clés : reprise de contact avec les partenaires, avec le marché. Et enfin le lancement de la production et de la commercialisation. Dans tout ce cycle, la question du financement est cruciale. Elle sera traitée dès la décision de mise en sommeil, même de manière approximative. Ceci afin de s'assurer qu'au moment propice, les fonds ne viennent pas à manquer, toutes choses égales par ailleurs.

Du vivant au vivant : s'inspirer du principe de pondération

De la plante au carnivore, chaque étape de transformation du vivant consomme et gaspille énormément d'énergie. Comment pouvez-vous rediriger votre propre consommation ou les achats de votre entreprise vers des matières faiblement transformées ? Privilégier les ressources d'origine végétale à celles d'origine animale ? Parmi ces ressources, identifier celles qui ont le meilleur ratio énergétique global. Dans le domaine alimentaire, par exemple, vous découvrirez que des repas végétariens équilibrés présentent non seulement un très haut rendement de production en amont, mais facilitent également la digestion par votre organisme.

Comment favoriser par ailleurs la production primaire[64] ? Pourriez-vous entre autres contribuer à préserver la productivité des sols ? En achetant des produits bio ou issus de procédés culturaux respectueux des rythmes naturels (assolement, jachères) ? Pouvez-vous financer des associations ou des fonds qui promeuvent une agriculture réellement durable ? Pouvez-vous acheter des produits issus de filières gérées durablement, dont la labellisation environnementale est reconnue ? Comment contribuer à préserver la ressource en eau ? À en limiter sa consommation par vos activités ? Ou à limiter l'émission de composants dommageables pour la qualité de l'eau et, à terme, pour la production végétale ?

Comment pouvez-vous limiter le gaspillage de ressources naturelles, y compris renouvelables, sachant que leur production a sollicité les capacités productives du vivant, mobilisé des surfaces agricoles utiles, consommé de l'énergie pour la production, le transport et la transformation[65] ?

Le vivant nous invite à être économes de l'énergie. Pouvez-vous adopter un principe de « sobriété heureuse[66] » dans votre vie privée comme dans le fonctionnement de votre entreprise ? Ceci afin de préserver les ressources naturelles dès l'origine ?

64 Il s'agit de la « biomasse végétale produite par unité de surface » (François Ramade, *Dictionnaire encyclopédique des sciences de la nature et de la biodiversité*, *op. cit.*).

65 Bruno Lhoste, *La Grande (Sur-)bouffe. Pour en finir avec le gaspillage alimentaire*, Rue de l'échiquier, 2012.

66 Pierre Rabhi, *Vers la sobriété heureuse*, Actes Sud, 2010.

Chapitre 4

LE PRINCIPE DE TRANSMISSION

PERDURER DANS LE TEMPS

Un phoque commun femelle[1] peut nourrir son petit en jeûnant plusieurs jours d'affilée et y sacrifier jusqu'à la moitié de son poids. L'araignée *Stegodyphus lineatus,* qui évolue dans des régions désertiques pauvres en ressources protéinées, pousse le dévouement maternel plus loin encore : après avoir nourri ses petits de sucs qu'elle sécrète, elle se laisse dévorer pour leur permettre de parachever leur croissance[2]. Tout individu est programmé pour s'assurer une descendance, quel qu'en soit le prix. Le vivant est entièrement tendu vers cet objectif : transmettre son patrimoine génétique. « La sélection naturelle augmente toujours l'efficacité avec laquelle un organisme engendre des descendants capables de survivre assez longtemps pour laisser à leur tour des descendants[3]. » Toute espèce qui n'obéirait pas à cet impératif se dirigerait immanquablement vers une impasse évolutive et disparaîtrait. Richard Dawkins utilise la notion de véhicule pour décrire le fait qu'un individu est doté d'une enveloppe corporelle vivante afin de transmettre un *pool* génétique d'une génération à l'autre (dans sa théorie, ça serait même sa seule raison d'être : cela remet chacun à sa modeste place)[4].

Le biomimétisme stratégique voudrait que toute l'organisation soit tendue vers un unique but : perdurer d'une configuration stratégique à l'autre. Cette règle souffre quelques exceptions : ainsi en est-il des fonds vautours, qui peuvent vider une entreprise de sa substance ou la dépecer vivante (on appelle ça élégamment la vente par appartement). Ainsi en est-il encore du dirigeant fondateur qui, n'arrivant pas à se défaire de son bébé, va finalement provoquer sa mort faute de repreneur. Dans le vivant aussi, un accident physiologique tel que la stérilité ou des parasites zombies[5] empêchent parfois certains individus de se reproduire. Là encore, il s'agit d'exceptions.

---

1 *Phoca vitulina*.

2 Mor Salomon *et al.*, « Dramatic histological changes preceding suicidal maternal care in the subtropical spider *Stegodyphus lineatus* (Araneae: Eresidae) », *The Journal of Arachnology*, vol. 43, n° 1, avril 2015, p. 77-85, doi.org/10.1636/b14-15.1

3 Jared Diamond, *Le Troisième Chimpanzé*, Gallimard, 1992.

4 Richard Dawkins, *Le Gène égoïste*, Odile Jacob, coll. « Poches sciences », 2003.

5 En prenant le contrôle du système nerveux de leur hôte, ces parasites pilotent leurs actions pour leur propre bénéfice (généralement, le cycle de reproduction).

ACQUÉRIR DE NOUVELLES RESSOURCES EN VUE D'UNE NOUVELLE CONFIGURATION STRATÉGIQUE

Reproduction sexuée, reproduction autogame[6] : quand le renouvellement des ressources stratégiques dépend de l'autre... ou pas

En matière de reproduction, comme dans de nombreux autres domaines, tous les goûts sont dans la nature.

Syllis amica, un petit ver marin de 2 à 6 centimètres, niche dans les fentes de rochers ou dans les massifs d'algues coralligènes. À une certaine période de l'année, une seconde tête pousse sur le corps de ce drôle de petit animal, puis se sépare jusqu'à former un clone quasi parfait. Il s'agit là d'une forme de reproduction par scissiparité[7], que l'on observe assez fréquemment chez les organismes unicellulaires, en particulier chez les bactéries[8]. Le monde végétal est riche en reproduction (ou multiplication) asexuée. Chez l'iris, le rhizome[9] de la plante mère se développe et donne

---

6 Les végétaux autogames ont la faculté de s'autopolliniser (le pollen vient de la même fleur ou d'une autre fleur de la même plante), au contraire des végétaux allogames dont la fécondation n'est possible que par la rencontre de l'ovule avec le pollen d'un autre individu de la même espèce.

7 Un mode de reproduction qui s'effectue par division de l'organisme.

8 Et plus rarement chez certains protistes ou levures.

9 Tige souterraine qui porte à la fois les racines et les multiples tiges aériennes « filles » de la plante.

naissance à des plantes filles identiques l'année suivante. Le bouturage[10] constitue un autre procédé observé parfois chez les plantes grasses telles que le figuier de Barbarie[11], un cactus très implanté dans le bassin méditerranéen : qu'une «raquette[12]» caractéristique de cette plante tombe à terre et elle aura de très grandes chances de s'enraciner pour donner naissance à un nouvel individu. Côté animal, des espèces ont recours à une technique de reproduction asexuée moins originale que celle retenue par notre petit *Syllis amica*. Il s'agit de la parthénogenèse : un individu se développe à partir d'un ovule non fécondé. Les pucerons des céréales[13], certains lézards[14] ou certaines abeilles[15] utilisent ce mode de reproduction.

Le grand avantage de la multiplication asexuée est la facilité avec laquelle un organisme peut donner naissance à une descendance. Point n'est besoin de rencontrer un partenaire : il suffit que les conditions du milieu soient réunies pour que la descendance advienne. Elle présente en revanche un très gros inconvénient : si les conditions extérieures changent de manière trop radicale, les clones courent le risque de se retrouver dans un cul-de-sac évolutif. Pour autant, dans des contextes où il est rare de croiser un partenaire de reproduction – comme les milieux aux températures, au pH ou au niveau de salinité extrêmes –, la multiplication asexuée peut s'avérer gagnante. Idem lorsqu'un individu solitaire part à la conquête de nouveaux milieux : avant de rencontrer sa moitié, il peut se passer… une vie !

À l'autre bout du spectre, la reproduction sexuée fait intervenir deux individus, mâle et femelle, dont la descendance va hériter d'une partie

10 Le nouvel individu naît d'un fragment de la plante mère : rameau ou feuille tombés à terre, racine ou tige.

11 *Opuntia ficus-indica*.

12 Un « cladode » pour employer un terme plus botanique.

13 *Rhopalosiphum padi. Rhopalosiphum padi.*

14 *Aspidoscelis cozumela* ou *Gekko gecko*, par exemple.

15 Dont *Apis mellifera*, l'abeille mellifère, en l'occurrence pour donner naissance aux ouvrières.

du génotype de chacun. Bien que plus complexe et aléatoire que la multiplication asexuée, ce mode de reproduction s'est progressivement imposé dans le vivant. Pourquoi ce goût du risque ? Pour la bonne raison qu'il favorise le brassage génétique et donc la diversité. En cas de changement drastique des conditions de vie, les lignées issues de ce mode de reproduction ont statistiquement plus de chances de compter en leur sein des rejetons adaptés à leur nouvel environnement. Bref, il est beaucoup plus créatif.

Certaines espèces ont choisi de ne pas choisir. Les hermaphrodites possèdent à la fois des organes reproducteurs mâles et femelles. Leur reproduction est toujours sexuée, mais en fonction des contraintes, ils ont tantôt recours à un partenaire pour se reproduire, tantôt peuvent s'en passer[16]. C'est notamment le cas du riz[17], du froment[18] et d'un très grand nombre de plantes à fleurs ou, au sein du règne animal, de l'escargot[19] et du lombric[20]. L'hermaphrodisme présente les avantages réunis de l'autonomie et du brassage, en fonction de la présence ou non de partenaires. Des avantages, mais un coût très significatif, puisque les hermaphrodites investissent de l'énergie dans la production et l'entretien des organes reproducteurs des deux sexes.

De manière un peu simpliste, on peut dire que la reproduction asexuée est plutôt intéressante dans des environnements peu variables, puisque le brassage génétique n'apporte pas forcément d'avantage sélectif pour qui est déjà adapté au contexte existant.

La reproduction sexuée, plus coûteuse et plus aléatoire, s'avère toutefois payante sur le long terme, du fait des réagencements génétiques et donc de l'adaptabilité des individus et des espèces qu'elle permet. Elle

16 On parle de fécondation allogame dans le premier cas, et de fécondation autogame dans le second.

17 *Oryza sativa*.

18 *Triticum aestivum*.

19 Ordre des *Stylommatophora*.

20 Sous-ordre des *Lumbricina*.

impose son succès dans les environnements fortement changeants, qui réinterrogent sans cesse l'adaptation de l'espèce au milieu. Mais sa configuration diffère selon les chances de rencontrer un partenaire. Lorsqu'elles sont faibles, parce que les partenaires, les pollinisateurs ou les disperseurs sont en trop petit nombre, l'autofécondation présente un avantage. Il y a recombinaison génétique tout de même. Mais en la matière, rien ne vaut la reproduction allogame, qui fait intervenir deux individus : le brassage génétique est alors à son niveau le plus élevé et de nouvelles configurations ont d'autant plus de chance d'apparaître. Une application biologique de la maxime : « Tout seul, on va plus vite ; ensemble, on va plus loin » ?

Le vivant nous pose une première question concernant la stratégie de renouvellement des ressources matérielles et immatérielles : celle de l'impératif à changer. Quel niveau de stabilité connaît réellement votre environnement ? Est-il finalement si nécessaire que ça d'évoluer, de passer à une configuration différente ? Pourriez-vous vous contenter d'une simple réactualisation de votre dernier plan d'action stratégique, qui s'est avéré très pertinent[21] ? Dans ce cas, la stratégie du clone peut très bien vous convenir.

Au contraire, vous faites peut-être l'analyse que vos capacités stratégiques ne seront pas adaptées aux conditions nouvelles que vous voyez venir. Une reconfiguration de vos ressources s'impose alors, et c'est plutôt la reproduction sexuée qui va convenir.

L'autre question que nous pose immédiatement le vivant, c'est celle de notre capacité à rencontrer et attirer des ressources externes. Mais aussi notre capacité à les accueillir, à les intégrer, et à accepter la différence. En fonction de la réponse, vous privilégierez une stratégie d'autofécondation ou d'allofécondation.

---

21 L'injonction au changement à tout prix ne débouche pas toujours sur les situations les plus économes ni les plus pertinentes. Du moment que votre choix est conscient et éclairé, vous pouvez très bien assumer le *statu quo*.

N'oublions pas qu'il est possible de se renouveler en partie (en développant de nouveaux produits, en affichant de nouvelles capacités stratégiques) grâce au réagencement des ressources matérielles et immatérielles de l'entreprise et sans que celles-ci changent fondamentalement de nature. C'est à cela que peut ressembler l'autofécondation. Elle permet de gagner en vitesse et d'abaisser l'aléa de l'altérité. La condition *sine qua non* toutefois : que lesdites ressources, immatérielles en particulier, soient suffisamment riches pour offrir une variété de configurations[22]. Et que l'entreprise maîtrise les compétences organisationnelles qui lui permettront de réagencer le déjà-là. Avez-vous recensé vos ressources stratégiques différenciantes[23] ? Quelles sont celles qui présentent un potentiel de réagencement et vous permettront de réinventer vos offres, de faire évoluer les relations que vous entretenez avec votre écosystème, les techniques que vous utilisez, etc. ? Pouvez-vous imaginer des processus de réagencement, des dispositifs créatifs d'innovation sous contrainte ?

Rien ne vaut cependant la reproduction allogame pour changer en profondeur et innover. Cette stratégie peut s'avérer gagnante dans des environnements incertains : en dépit de son coût, elle offre un potentiel de configurations et de réajustements stratégiques à nul autre pareil. Certes, mais alors comment procéder ? Comment décider de ce qui sera ou non une bonne ressource ? Et comment attirer celles dont on aura effectivement besoin pour se renouveler à travers une configuration stratégique fille ? Qui pourra jouer le rôle de pollinisateur ? Quel sera le coût de la conquête ? Et le risque d'échec, puisque l'on dépend de l'autre pour faire advenir ce nouveau cycle de vie de l'entreprise ? C'est à ces questions que tente de répondre la suite de ce chapitre.

---

22 Ou plutôt de capacités stratégiques.

23 Les ressources différenciantes sont créatrices de valeur, rares, inimitables et non substituables (Jay B. Barney, « Firm resources and sustained competitive advantage », *Journal of Management*, vol. 17, n° 1, mars 1991, p. 99–120, doi :10.1177/014920639101700108).

J'ai parlé de stratégie à privilégier entre l'autofécondation et l'allofécondation. Mais la chance d'une entreprise, c'est de pouvoir les combiner. On peut très bien adopter la première dans certaines *business units* ou sur certains projets qui ne requièrent pas de grands changements, et inversement pour la seconde.

Choisir son « âme sœur » : similitudes et dissemblances

Depuis l'apparition de la reproduction sexuée, le vivant a déployé des trésors d'inventivité pour faire se rencontrer les deux *pools* génétiques qui vont engendrer un nouvel individu. Pour les entreprises également, il va s'agir de capter d'autres ressources matérielles et, surtout, immatérielles pour donner naissance à une nouvelle configuration stratégique.

Tout commence par une rencontre. Et pour qu'il y ait rencontre, il doit y avoir signal émis et signal reçu.

Une souris grise[24] ou un hamster[25] sont capables d'évaluer à l'odeur leur proximité génétique avec un partenaire potentiel. L'évolution a sélectionné deux traits complémentaires chez la souris : pour l'accouplement, la dissemblance domine, qui garantit un renouvellement du patrimoine génétique et éloigne les risques associés à la dépression consanguine[26] ; pour le partage du nid et de la nourriture, la proximité prévaut au contraire, puisqu'elle maximise les chances de transmettre une partie de son *pool* génétique par les descendants directs ou les individus apparentés[27]. Chez les vertébrés à mâchoire, un ensemble de gènes[28] permettent à l'organisme de distinguer le soi et le non-soi et de détecter ainsi rapidement

24 *Mus musculus*.

25 Sous-famille des *Cricetinae*.

26 Ainsi se nomme le phénomène d'appauvrissement génétique consécutif à l'endogamie (le fait de se reproduire à l'intérieur d'un même groupe).

27 Des frères et sœurs présentent statistiquement une similarité génétique d'environ 50 %.

28 Appelé « complexe majeur d'histocompatibilité » (CMH).

les cellules pathogènes lorsqu'elles envahissent l'organisme. Ces mêmes gènes codent une très grande partie des phéromones émises par le corps, lesquelles sont déterminantes dans le choix d'un partenaire sexuel. « Sentir l'autre » ou « ne pas le piffer » joue un rôle non négligeable chez les mammifères, humains[29] et non humains, dans le choix de leur moitié : plus celle-ci est éloignée génétiquement, plus elle se révèle attirante.

La différence crée l'attractivité, certes. Mais dans certaines limites fixées par les lois de la génétique, à savoir qu'à de très rares exceptions près, deux individus doivent appartenir à la même espèce pour donner naissance à une descendance féconde. Leur patrimoine génétique doit être fondamentalement compatible.

Que nous disent toutes ces considérations sur les manières dont l'entreprise peut hybrider ses ressources ? L'attirance pour un génotype éloigné conjuguée à l'impératif de reproduction au sein d'une même espèce nous invitent à rechercher la différence dans le semblable. Le vivant entame la démarche par la question des similitudes. Car pour s'accoupler, il faut être génétiquement compatibles. Quels types d'agencement de ressources caractérisent fondamentalement le groupe stratégique auquel peut s'identifier l'entreprise ? Existe-t-il des ressources ou des capacités stratégiques seuil sans lesquelles il est impossible de devenir l'un des acteurs du jeu ? Qui sont communes à tous vos concurrents ? Quelles sont celles que les investisseurs ou banquiers regardent généralement à la loupe avant de prendre une décision ? Ou vous-même, si vous envisagez d'acheter une entreprise ? Qu'est-ce qui caractériserait une ressource compatible avec votre organisation ? Existe-t-il des marqueurs spécifiques concernant les savoir-être attendus de vos salariés, par exemple ? Des contraintes liées aux configurations matérielles

---

29 Bien que chez *Homo sapiens*, l'organe voméronasal qui permet de détecter et d'analyser les phéromones se soit quelque peu atrophié. Martha K. McClintock, « On the nature of mammalian and human pheromones », *Annals of the New York Academy of Sciences*, vol. 855, no 1, novembre 1998, p. 390-392, doi.org/10.1111/j.1749-6632.1998.tb10596.x

existantes – équipements, protocoles informatiques, procédés spéciaux, etc. ? Faut-il maîtriser des gestes du métier, des manières d'innover ? Identifiez tout ce qui contribue à incarner la vraie « nature » de l'entreprise : son activité et ses valeurs. Car si l'on s'éloigne trop de l'un ou de l'autre, la greffe a peu de chances de prendre.

À partir de ce portrait chinois, l'étape suivante consiste à rechercher les ressources compatibles tout en cultivant la différence[30]. En stratégie, cela correspond aux méthodes de *benchmark*[31] et aux pratiques de fertilisation croisée, qui sont très bien documentées dans la littérature managériale. Dans cette démarche, le vivant vous invite à jouer particulièrement de cette tension novatrice entre ce qui vous caractérise le mieux (la compatibilité) et ce qui vous est le plus différent, à vous interroger sur ce qui pourra créer de véritables ruptures dans vos modes de faire, ce qui va réinterroger votre organisation, bousculer vos habitudes, sortir du consensus, déranger. Quand vous vous dites : « On ne l'a jamais fait », ou : « Ça me semble bien compliqué », peut-être est-ce le début de la bonne réponse ?

Rencontrer son âme sœur : parades et mutualisme dispersif

La traîne du paon bleu[32] permet d'indiquer à une femelle, sans erreur possible, les qualités de vigueur, de bonne santé, bref, de bon géniteur de celui qui l'exhibe. À la regarder, on se dit pourtant que cette parure doit être bien encombrante pour fuir les prédateurs[33]. Ce paradoxe apparent

30 C'est le fameux « changement dans la continuité » : l'entreprise ne change pas de nature, mais elle réinvente ses manières de faire.

31 Ou parangonnage, en bon français.

32 *Pavo cristatus*.

33 En réalité, il a été démontré que la traîne du paon ne le dessert ni pour courir ni pour voler. Elle représente en revanche un coût énergétique considérable, non seulement pour la repousse annuelle, mais pour son entretien, le paon consacrant deux fois plus de temps que la moyenne des oiseaux à ces soins quotidiens.

résulte d'un compromis évolutif entre la sélection naturelle, qui recouvre l'ensemble des signaux favorisant la survie de l'individu (accès à la nourriture, défense, etc.) et la sélection sexuelle, qui recouvre les signaux lui assurant une plus grande descendance (parade nuptiale, soin aux petits, etc.). Certains signaux retenus par la sélection sexuelle peuvent se transformer en indices pour un prédateur, mais, les avantages primant sur les inconvénients, auront tout de même été conservés à l'échelle de l'espèce. Depuis l'extraordinaire parade nuptiale du paradisier superbe[34] jusqu'au brame du cerf[35], en passant par les combats rituels des éléphants de mer[36], nombre d'espèces adoptent ce type de comportements coûteux permettant de se mesurer aux rivaux et d'attirer dans le même mouvement les candidates à l'accouplement. On peut partir du principe que la plupart des signaux de bonne santé sont des signaux « honnêtes » : étant coûteux à produire, ils ne peuvent être le fait d'un individu affaibli. C'est ce que l'on appelle le principe du handicap[37].

La sélection sexuelle est exacerbée chez les espèces ayant un petit nombre de descendants et qui doivent donc investir davantage dans la survie et le développement de leur progéniture[38]. Impossible dans ce cas de s'en remettre au hasard concernant la qualité du partenaire : il doit d'entrée de jeu présenter les dispositions génétiques qui augmenteront la robustesse des descendants ainsi qu'une santé permettant d'assumer la protection et le nourrissage. Se tromper une fois, c'est prendre le risque de trop. D'où l'exigence de la preuve.

---

34 *Lophorina superba*.

35 *Cervus elaphus*.

36 Du genre *Mirounga*.

37 Ici, un avertissement s'impose. L'analogie se limite strictement au management stratégique de l'entreprise, en tant qu'entité autonome au sein d'un écosystème d'affaires. En aucun cas ce principe ne peut servir de base à des réflexions sur l'organisation ou les ressources humaines. Le darwinisme social n'est jamais loin ; bien imprudent qui l'oublie.

38 Voir la stratégie K ci-après développée.

Avant d'aller plus loin, interrogez-vous sur le fait d'être ou non concerné par cette question. Est-ce que les configurations stratégiques successives nécessitent généralement que vous ayez recours à de nouvelles ressources ? Celles-ci sont-elles difficiles à maîtriser ? À intégrer à votre organisation ? Dans le passé, se sont-elles avérées décisives dans le succès de votre nouveau plan d'action stratégique ? Oubliez le passé pour un temps : pouvez-vous anticiper que, pour votre prochaine étape stratégique, il vous faudra compter sur un type de ressource rare et critique ? Dans ce cas, il va vous falloir investir dans la parade amoureuse. Si vous devez acheter la ressource, positionnez-vous en femelle. Qu'est-ce qui vous prouve que l'autre est digne d'intérêt ? Comment vous assurer que le signal est honnête, qu'il n'est pas surjoué ? Quels sont les indices incontestables de bonne santé[39] ? Si vous devez intégrer la ressource, comme c'est le cas pour un recrutement, ou construire un partenariat, la posture complémentaire du mâle va vous servir à attirer à votre tour. Quels signaux devez-vous envoyer, qui soient à la fois honnêtes – le gage d'une relation durable – et attirants ? Quel goût ou quelle aversion avez-vous pour les fonctions communication ou marketing ? Pensez-vous que votre éthique, vos valeurs de coopération et l'intérêt retiré par vos partenaires à travailler pour ou avec votre entreprise se voient d'eux-mêmes ? Apprenez à faire le paon : trop nombreuses sont les entreprises de qualité qui ne savent pas communiquer sur leurs atouts, pensant que « ça se voit pour qui sait regarder ». Peut-être, mais ça n'est pas ce que nous enseigne le vivant.

Et chez les plantes, direz-vous ? Elles ont inventé et généralisé les mêmes stratagèmes, non pas pour séduire directement des partenaires potentiels, mais pour envoûter les « associés » qui vont faciliter la dissémination des graines dans l'environnement. C'est ce que l'on appelle le mutualisme dispersif.

39 Qui va, par exemple, interroger un partenaire ou un client de son futur partenaire ou fournisseur ? Qui va regarder ses comptes pour évaluer sa santé financière ?

La roussette de Madagascar[40] a un péché mignon : chaque fois que possible, cette chauve-souris fait bombance de figues juteuses portées par un ficus[41] qui mûrissent à la saison sèche. Chaque fruit recèle en moyenne 180 graines : autant de promesses d'un arbre futur. En parcourant parfois plusieurs kilomètres à la recherche de leur pitance, les roussettes rendent au ficus un service de dispersion grâce à la fonction naturelle digestion-expulsion. L'animal frugivore, comme les insectes pollinisateurs, joue le rôle d'entremetteur. Ici, il fait se rencontrer un terrain propice et une graine là où les autres apparient des partenaires sexuels. Et vous, sur qui pouvez-vous compter pour vous emmener dans les endroits où dénicher vos ressources stratégiques ? Pour rencontrer les bonnes personnes ou le bon contexte ? Comment pouvez-vous attirer ces entremetteurs ? Quel intérêt vont-ils trouver à jouer ce rôle ? Et si vous voulez que cela dure, quel intérêt vital ?

40 *Pteropus rufus*.

41 En l'occurrence, le *Ficus sakalavarum*.

MAXIMISER LES CHANCES D'AVOIR UNE DESCENDANCE VIABLE : STRATÉGIE R OU STRATÉGIE K ?

Petit crapaud familier de nos latitudes, l'alyte accoucheur[42] apprécie les zones humides des campagnes et des basses montagnes. Après que la femelle a pondu deux chapelets comptant au total une cinquantaine d'œufs et que ceux-ci ont été fécondés, le mâle les porte entortillés autour de ses pattes postérieures. Chargé de maintenir leur taux d'humidité[43] et de les protéger des prédateurs, il en prendra grand soin pendant plusieurs semaines. Lorsque les têtards commencent à remuer dans leur gangue protectrice, le crapaud se dirige vers un point d'eau où ils pourront éclore et se développer. Bien plus gros et robustes que les têtards des espèces cousines, près d'un rejeton sur deux attendra l'âge adulte. Ce mode de reproduction est tout à fait exceptionnel chez les batraciens[44]. Dans la quasi-totalité des autres cas, la femelle[45] pond des chapelets de plusieurs milliers d'œufs que le mâle va féconder dans l'eau. Accrochés à la végétation aquatique, les œufs sont abandonnés à leur sort, exposés à de multiples prédateurs et aux caprices de la météorologie[46]. Idem pour les

---

42 *Alytes obstetricans*.

43 En creusant un terrier dans un sol humide ou en se rendant régulièrement à un point d'eau, qui n'est pas son habitat par ailleurs.

44 Super-ordre des *Batrachia*.

45 Du genre *Bufo*.

46 Des cycles de précipitations ou de sécheresse peuvent affecter la disponibilité en eau et en nutriments.

têtards, dont la naissance intervient plus précocement que chez l'alyte accoucheur et qui sont bien plus petits que la descendance de ce dernier. Le taux de mortalité juvénile de ces espèces avoisine les 99 %.

Ces exemples illustrent deux stratégies de reproduction qui résultent d'un compromis entre l'étendue de la progéniture et l'investissement des parents dans la survie de leur descendance. Toutes les espèces oscillent entre ces deux pôles, les conditions extérieures constituant le facteur de succès déterminant.

Le dilemme est simple : vais-je affecter l'essentiel de mon énergie à produire un grand nombre d'œufs – et dans ce cas, il ne m'en restera plus beaucoup pour la suite des événements ? Ou bien puis-je au contraire investir cette énergie pour un nombre réduit de descendants, qu'il s'agisse de la production de ressources directes destinées à ces derniers – les réserves de nourriture stockées dans l'œuf ou la graine, par exemple – ou des soins qui leur sont prodigués ?

Les espèces adoptant la stratégie du très grand nombre, que l'on appelle « stratégie r », sont adaptées à des environnements soumis à de fortes amplitudes climatiques, à des phénomènes extrêmes (feu, éruption, raz de marée, tempête, etc.) ou à une compétition intense pour l'accès aux ressources. Dans de tels environnements, on ne sait jamais vraiment de quoi demain sera fait. Mieux vaut miser sur le nombre et la vitesse. Le rythme de croissance rapide[47] des descendants, autosuffisants dès leur plus jeune âge, augmente les chances qu'un certain nombre d'entre eux arrivent à maturité sexuelle avant d'avoir été exposés à un risque mortel. Leur vulnérabilité est associée à leur petite taille, qui en fait des proies privilégiées, et à leur relative fragilité due aux faibles réserves d'énergie disponibles à la naissance. Dans cette configuration, les adultes s'investissent très peu dans les soins parentaux. Vulnérabilité encore. La stratégie r présente toutefois un certain nombre d'avantages. Le nombre de descendants et la rapidité de renouvellement entre deux générations

47 En écologie, on parle de taux de croissance élevé.

favorisent la diversité génétique des espèces concernées. Cela leur permet de s'adapter à un spectre assez large de conditions externes[48].

Ces espèces font d'excellentes colonisatrices de nouveaux milieux, y compris ceux plutôt pauvres en ressources. Elles sont en revanche de piètres compétitrices : face à une espèce spécialiste du milieu d'accueil, elles risquent de ne pas réussir à se maintenir sur leur niche écologique et seront remplacées à terme. On retrouve en proportion davantage d'espèces autogames dans ce groupe que dans l'autre : l'autofécondation permet en effet à l'individu de se reproduire plus vite.

À l'autre bout du spectre, la stratégie K est particulièrement adaptée aux milieux relativement stables. Les espèces, souvent spécialisées[49], comptent y trouver réunies l'ensemble des conditions nécessaires à leur développement et à celui de leurs rejetons. On observe un faible taux de fécondité par femelle. Mais il est compensé par une moindre mortalité infantile du fait de l'énergie investie dans la fabrication de l'œuf ou de la graine d'une part, et dans les soins parentaux d'autre part. Les individus ont un cycle de vie plus long et présentent souvent une morphologie plus complexe ou une plus grande taille. Bref, on mise plus gros, sur moins de cases, mais parce que la probabilité de gain est bien plus élevée.

Comment s'inspirer de ces préférences stratégiques ? Il suffit de se rappeler qu'une génération symbolise un cycle stratégique de l'entreprise ou d'une activité. En environnement incertain, ou dans le cas où elle est faiblement spécialisée, une entreprise pourrait avoir une préférence pour une stratégie r. Cela suppose qu'elle soit capable de porter une grande diversité de configurations stratégiques potentielles. Un cycle stratégique se traduit dans les faits par quelques projets d'importance qu'il faudra mener à bien sur la période. En stratégie r, on peut concevoir des processus d'incubation-expérimentation de projets frères, potentiels candidats à une

48 C'est ce que l'on appelle des espèces généralistes.

49 Jusqu'à devenir parfois des espèces spécialistes championnes de leur catégorie tant que leur contexte ne change pas, mais quasiment incapables de s'adapter à un nouveau milieu en cas d'exode forcé.

survie future en fonction de celui ou ceux qui seront les mieux adaptés au contexte[50]. Que vous faut-il pour réussir une gestion de projets de ce type, pour distinguer rapidement ceux qui vont survivre et ceux qui vont mourir ? Comment pouvez-vous atteindre le plus vite possible le point d'équilibre des projets ? Faut-il pour cela privilégier les petits projets ou les preuves de concepts[51] ? Vos ressources sont-elles assez plastiques[52] pour produire un grand nombre de configurations ? Comment pouvez-vous soumettre les projets à des *stress tests,* ce qui permet d'éliminer les plus fragiles ? Quelles dimensions faut-il alors observer en priorité pour réaliser ces *stress tests* ? Valider, par exemple, que les ressources stratégiques sont disponibles, ou au moins accessibles ? Que des partenaires ou des clients clés se sont formellement engagés dans l'aventure ? Comment pouvez-vous vous assurer que votre projet est autosuffisant dès son lancement ? Qu'il n'exigera plus d'investissement exceptionnel dès lors qu'il sera sur les rails ? Vous avez décidé de parier sur le nombre, pas sur l'investissement initial. Comment limiter alors l'énergie investie dans chaque projet et dans le pilotage d'ensemble ? Pouvez-vous miser sur l'autonomie des équipes chargées de la mise en œuvre des projets[53] ? Comment développer une culture de l'expérimentation sobre au sein de votre entreprise ? Faut-il récompenser l'échec rapide[54] ? Développer les réflexes de type « *quick and dirty*[55] », connus des informaticiens ? Travailler

---

50 *A minima*, un plan cœur, inspirant, un plan de raison, pragmatique, et un plan de secours.

51 Un projet de diversification peut être validé à travers une approche de type Scrum au cours de laquelle sa faisabilité est testée rapidement en interne (congruence des ressources) comme en externe (validation de l'offre, voire codéveloppement avec des clients ou des partenaires de confiance).

52 C'est-à-dire que leur réagencement permet de faire émerger assez facilement plusieurs capacités stratégiques différentes.

53 Une « agora des projets », solution plus souple et moins coûteuse qu'un pilotage centralisé, permettrait d'en suivre la viabilité et d'arbitrer en faveur de leur poursuite ou de leur arrêt.

54 Autrement dit : faire en sorte que le projet révèle très rapidement ses fragilités congénitales. L'équipe n'est pas responsable de l'échec, c'est le projet qui n'était pas viable.

55 Littéralement « vite fait, mal fait ». Il s'agit de simplifier les procédures pour arriver très rapidement à une solution que l'on peut tester dans des conditions réelles d'usage.

en coopération restreinte avec des partenaires afin d'amortir et même de transférer le coût de l'expérimentation[56] ?

La stratégie r présente un coût organisationnel et psychologique relativement élevé. Il vaut mieux la réserver aux entreprises ou aux *business units* qui sont réellement confrontées à des turbulences : marchés en profonde réorganisation, arrivée d'offres ou de technologies de rupture, contraintes nouvelles et fortes (pression sur des ressources, loi inattendue). Posez-vous la question : est-ce que mon marché est régulièrement soumis à un risque de l'ampleur d'un tsunami ou d'un mégafeu ? Si la réponse est non, peut-être faudrait-il privilégier la stratégie K[57].

Dans ce cas, vous allez parier sur la longévité. Et investir bien davantage sur la « gestation » de votre nouveau projet stratégique. Ainsi que sur ses premières années d'existence. Considérons la longévité d'abord. Sur quelle durée le retour sur investissement stratégique peut-il être envisagé ? Peut-on imaginer que vous rallongiez un peu le cycle ? La gestation ensuite. Pouvez-vous vous assurer que vous préparerez ce projet suffisamment en avance pour intégrer des ressources stratégiques manquantes, par exemple ? Quel est le bon timing d'anticipation ? Comment pouvez-vous protéger le projet en incubation des risques extérieurs ? Qu'est-ce qui risquerait de le faire échouer ? Une fuite d'informations ? Le départ d'une personne clé ? Le retrait d'un investisseur ou d'un partenaire industriel ? Avez-vous fait le tour de cette question ? Enfin, vous êtes-vous assuré d'avoir encore suffisamment d'énergie en interne pour protéger votre projet stratégique durant sa première année d'existence ? Avez-vous constitué des ressources humaines, financières ou autres affectées spécifiquement à cette tâche de soutien ? Pour apporter une énergie nouvelle nécessaire à la réussite du lancement, devriez-vous confier le pilotage de cette phase à une autre équipe que celle qui

56 Chaque partenaire pourrait prendre en charge un nombre équivalent de projets menés en parallèle.

57 Même si rien ne vous empêche de panacher les deux, ou au moins de tester la stratégie r sur certains segments de marché : elle développe des compétences organisationnelles intéressantes au sein de l'entreprise.

a contribué à son incubation ? Comment imaginer un processus d'ajustement-reconfiguration de projet tout au long de la première année[58] ?

Rappelez-vous enfin que la plupart des stratégies du vivant ne sont pas binaires (l'un ou l'autre). Elles se situent généralement dans un entre-deux. Soyez à dominante r ou K selon les projets ou les cycles stratégiques. Et soyez toujours un peu r et K pour renforcer votre capacité organisationnelle.

58 En référence à l'apprentissage à l'autonomie au sein du monde animal.

CHANGER À TEMPS, CHANGER TOUT LE TEMPS : STRATÉGIES DE RENOUVELLEMENT DES RESSOURCES

Changer à temps : horloge interne et conditions extérieures du renouvellement stratégique

Vous le savez désormais : tout, dans le vivant, est affaire de compromis[59]. Chaque individu est doté d'une quantité d'énergie qu'il va affecter à différentes catégories de dépense : s'autoréguler et s'autoréparer, se défendre, se nourrir, croître et se reproduire. Chacun va donc devoir choisir à quel moment il est le plus rentable[60] d'assurer une descendance et comment il doit s'y prendre pour optimiser ses chances de réussite. Cet âge optimal de la maturité sexuelle correspond au moment idéal pour basculer l'énergie vers la reproduction, au détriment de la croissance[61].

Un individu a tout intérêt à allouer son énergie à son développement. En accumulant de la masse et de l'énergie, il maximise son attractivité

---

59 Les écologues parlent de *trade-off*, comme nous l'avons déjà vu.

60 La « rentabilité » prend la forme d'un ratio entre l'investissement (ainsi que les risques encourus) et les chances d'obtenir une descendance viable (la valeur reproductive) ; c'est ce que l'on appelle l'allocation à la reproduction.

61 Jan Kozłowski et Richard G. Wiegert, « Optimal age and size at maturity in annuals and perennials with determinate growth », *Evolutionary Ecology*, vol. 1, juillet 1987, p. 231-244, doi.org/10.1007/BF02067553

sexuelle et sa capacité de soin parental. Certes, mais tant qu'il peut survivre jusque-là. C'est-à-dire, tant qu'il n'est pas trop exposé aux aléas de la disponibilité des ressources[62] ou aux risques de prédation, de maladie, etc. Dans le cas contraire, soumis à des pressions extérieures fortes, les individus atteignent la maturité sexuelle plus précocement. Ils sont alors certes moins séduisants, mais compensent ce handicap par le nombre de cycles de reproduction[63].

Pour l'entreprise, quel sera le meilleur moment pour commencer d'investir dans le cycle stratégique suivant ? Pour renouveler ses ressources stratégiques afin de s'y préparer ?

Tout débute par une question de dimension. On peut imaginer qu'il sera plus facile à une entreprise ayant atteint une certaine taille critique d'attirer ressources et partenaires nouveaux. Qu'elle disposera d'un meilleur cadre organisationnel pour intégrer ces nouvelles ressources et incuber les projets stratégiques qui formeront l'ossature de l'étape suivante[64]. Mais comment savoir que vous avez atteint ce point de bascule, qu'il est temps de passer à autre chose ? Abordons tout d'abord la question des ressources accessibles pour votre configuration actuelle. Quelle perception avez-vous de votre environnement stratégique ? Est-ce qu'il vous semble suffisamment stable pour les deux années à venir ? Pensez-vous que la demande va augmenter ? Que vous pourrez continuer de financer votre besoin en fonds de roulement (BFR) sur la base de votre positionnement actuel ? Que vos partenaires clés vont continuer de miser sur cette activité ? Si les réponses sont plutôt positives, le vivant vous invite à consolider votre organisation, à vous « remplumer » pour

---

62 Et, dans le cas de la reproduction allogame, tant que les partenaires sont présents en nombre suffisant.

63 Du fait de l'allongement de leur durée de vie reproductive.

64 C'est toute la difficulté des très petites entreprises (TPE) en phase de croissance, qui doivent trouver le bon compromis entre la consolidation (on recrute des salariés pour la configuration stratégique présente, on renforce l'organisation) et l'évolution (on prépare la configuration stratégique à venir grâce à de nouvelles ressources et à de nouveaux partenariats).

augmenter votre potentiel d'attractivité et votre capacité d'incubation. Mais attention, plus un individu se reproduit tard, plus ses chances d'avoir une descendance se réduisent : il peut être tué, tomber malade, rencontrer des difficultés à accéder à un partenaire, à des ressources, etc. L'observation du vivant nous conduit à méditer le précepte suivant : une entreprise qui s'attarde dans une configuration stratégique s'expose à disparaître, faute d'alternative[65]. Attendre indéfiniment n'est pas pertinent. Le vivant vous incite à anticiper une configuration future tant que l'énergie de la jeunesse est encore en vous. Les signes qu'il faut changer ? Un marché qui s'essouffle, une difficulté grandissante à recruter des clients, à fidéliser les salariés, des conditions d'achat qui se tendent, une forme de fatigue organisationnelle qui dégrade les performances visibles – la rentabilité de l'entreprise, par exemple – et moins visibles – l'état de vos ressources et capacités stratégiques –, etc. Les signes que vous pouvez changer ? Des équipes stabilisées, prêtes à renouveler l'aventure, une organisation en bonne santé, capacitante et attractive, des ressources matérielles et immatérielles grâce auxquelles on peut construire une nouvelle aventure, une intuition du futur qui donne envie, des discussions engagées avec de nouveaux partenaires, un *business plan* qui plaît à des financeurs, etc.

À chaque décideur de réaliser le compromis entre maturation et reproduction, consolidation et changement[66], en étant conscient que les temporalités ne sont pas immuables : chaque espèce favorise des stratégies optimales, certes, mais l'environnement joue un rôle essentiel dans l'accélération ou le ralentissement des processus. Un cycle stratégique ne doit pas obligatoirement durer trois ans. Donnez-vous des repères et observez le réel.

---

65 Comme un organisme se fatigue en fin de vie, le risque est grand qu'elle voie ses ressources immatérielles se « ringardiser », son offre devenir obsolète, son marché se rétrécir ou, la concurrence s'exacerbant, se tendre.

66 Cela demande un certain courage et une bonne dose de conviction. Comment préparer une nouvelle configuration stratégique alors qu'il est déjà difficile de travailler à la réussite du plan d'action actuel ? Pourquoi changer alors que tout semble fonctionner ? Justement : c'est quand tout fonctionne qu'il est temps de penser à la suite.

Changer de configuration stratégique : choisir son moment ou multiplier les occasions ?

Deux stratégies concernant la fréquence de reproduction coexistent au sein du vivant. D'un côté, une logique du « tout ou rien » : c'est celle adoptée par les espèces qui ne se reproduisent qu'une seule fois au cours de leur existence. De l'autre, la « tactique du Petit Poucet », avec plusieurs cycles de reproduction répartis durant la période de maturité sexuelle des individus.

La première stratégie correspond à celle des espèces dites « sémelpares ». Elle est assez répandue parmi les plantes annuelles : leur cycle de développement suit celui des saisons, de la naissance au printemps à la mort à l'automne, et les graines préfigurent la génération de l'année suivante. Même logique pour nombre d'insectes dont la vie ne dépasse pas l'horizon d'une année, telles certaines espèces de papillons[67], d'éphémères[68] et de cigales[69]. Assez rare chez les vertébrés, cette stratégie s'impose à certaines espèces dont le coût de reproduction est tellement élevé qu'il entraîne irrémédiablement la mort. C'est le cas du saumon rouge[70] qui vit un à quatre ans dans l'océan Pacifique avant de remonter le cours d'eau douce qui l'a vu naître pour frayer. Ce parcours est tellement épuisant que l'adulte va mourir peu de temps après la reproduction.

La logique est la suivante : puisqu'une seule occasion de se reproduire se présentera au cours d'une existence, attention à bien en choisir le moment. Dès que l'individu a atteint sa maturité sexuelle, il va devoir se synchroniser au mieux avec les conditions optimales de son environnement. Celles-ci sont liées à la population de partenaires potentiels, à la quantité de nourriture disponible pour les descendants, ainsi qu'aux conditions de température et d'humidité qui, pour certaines espèces, conditionnent la survie de ces derniers. Comme dans le cas des stratégies r,

67 Ordre des *Lepidoptera*.

68 Ordre des *Ephemeroptera*.

69 Famille des *Cicadidae*.

70 *Oncorhynchus nerka*.

l'apparition de conditions défavorables à la survie de l'individu peut avoir un effet déclencheur : à risquer de mourir prochainement, autant investir toute l'énergie encore disponible dans la reproduction[71].

Comment savoir si vous êtes sémelpare ? Observez d'abord le degré d'alignement de votre cycle de vie aux rythmes de votre environnement. Votre cycle de renouvellement d'offre est peu ou prou aligné à celui de votre secteur[72] ? Sémelpare. Vous n'aurez pas deux fois l'occasion d'être au rendez-vous du changement. Autre question : celle de votre capacité organisationnelle à générer de l'innovation stratégique. Vous avez le sentiment que l'activité de tous les jours ne vous laisse pas assez de ressources pour organiser votre réorientation stratégique au fil de l'eau ? Ou que ça n'est tout simplement pas dans votre culture ? Sémelpare. Il ne vous reste plus qu'à trouver le bon rythme – pour vous-même et pour ne pas être distancé par la concurrence.

Qu'en est-il des conditions extérieures ? Les conditions favorables à la « reproduction » sont, par exemple, la capacité d'accès aux ressources matérielles et immatérielles nécessaires pour vous renouveler, les cycles d'investissements public ou privé, les évolutions de la demande incitant au renouvellement de l'offre, etc. Bref, le premier talent que doit maîtriser le dirigeant d'une entreprise sémelpare est celui de l'observation. Il doit de préférence avoir le sens du rythme, afin de savoir intégrer dans son pilotage stratégique le *kairos* grec, ce temps de l'accélération, du basculement. Un management sensitif, tourné vers l'extérieur. Et mené collectivement, pour démultiplier les capteurs et limiter les erreurs

71 On constate d'ailleurs une relative corrélation entre la sémelparité et les stratégies r de reproduction : la quantité permet de contrebalancer un taux de mortalité élevé des jeunes.

72 C'est le cas des secteurs soumis à une forte saisonnalité des produits, tels que la mode ou l'automobile (quoique sur des durées différentes), de ceux favorisant les comportements mimétiques – tels que la banque-finance, le conseil, les opérateurs de télécommunications –, ou de ceux dépendant de cycles d'innovation produit. C'est également le cas des organisations en lien étroit avec des cycles politiques ou administratifs et qui doivent le renouvellement de leurs crédits à la présentation de nouveaux projets, telles les entreprises de l'économie sociale et solidaire ou les structures associatives d'intermédiation.

d'analyse. Quant à son entreprise, elle devra développer des compétences organisationnelles spécifiques. N'oublions pas que la sémelparité correspond souvent à une stratégie de reproduction basée sur une descendance nombreuse. Autrement dit, basée sur une multiplicité d'options stratégiques testées en parallèle, et dont la gagnante ne pourra se révéler qu'à l'usage. Pourriez-vous gérer votre portefeuille d'activités stratégiques en vous inspirant des processus de différenciation retardée mis en œuvre dans l'industrie ? Quelles seraient alors les ressources matérielles et immatérielles qui constitueraient le tronc commun ? Les expérimentations stratégiques peuvent-elles se concentrer sur les étapes de différenciation et sur l'agencement des ressources matérielles et immatérielles dont s'est dotée l'entreprise en phase de transition ? La compétence singulière du dirigeant dans ce cas consiste à savoir distinguer les ressources pertinentes dans lesquelles l'entreprise va investir, soit en renforçant celles qu'elle maîtrise, soit en en acquérant de nouvelles. Là encore, il gagne à organiser cette compétence de manière collective.

À l'autre bout du spectre, une stratégie de renouvellement continu des ressources matérielles et immatérielles au cours d'une même configuration stratégique est possible. Elle correspond aux stratégies mises en place par les espèces itéropares, celles qui connaissent plusieurs cycles de reproduction. Il s'agit d'un modèle qui alterne des pics de dépense énergétique dévolus à la procréation et aux soins parentaux et des périodes consacrées à la récupération et au développement. Un peu comme si, au sein d'une même configuration stratégique, naissaient et étaient incubés au fil de l'eau les projets potentiellement porteurs de la configuration stratégique future. Cela suppose que chaque projet fera l'objet de soins particuliers pour augmenter ses chances d'émerger. Et éventuellement, que l'entreprise pourra basculer dès lors que le projet, arrivé à maturité, aura prouvé sa pertinence et son autonomie dans le contexte présent et à venir. À l'inverse, il faut savoir prendre la décision d'arrêter le projet dès qu'il montre des signes de « débilité » : à ce stade, on sait qu'il ne représentera pas un potentiel de bascule suffisant pour l'ensemble du modèle économique. Cette décision requiert une certaine dose de courage managérial.

La principale compétence du dirigeant consistera à faire émerger puis à reconnaître la meilleure configuration stratégique possible. L'approche collective est encore plus sensible que précédemment. Bien sûr, elle augmente les chances de générer la bonne analyse des conditions de succès futurs. Mais surtout, elle facilite l'acceptation par chacun que l'organisation détourne des ressources productives vers l'incubation de projets et que ces derniers puissent être voués à l'échec. Elle permet d'arbitrer les éventuels arrêts de projets en protégeant le décideur contre ses propres biais de confiance ou de confirmation, qui pourraient le conduire à s'acharner sur un projet mort-né. Mais attention : il existe dans le vivant le concept de valeur reproductive résiduelle. Quand un individu investit beaucoup sur un cycle de reproduction[73], cela compromet les cycles futurs. Il faut donc veiller à bien doser l'investissement dans chaque projet et en comprendre les conséquences, car il dégrade les chances de succès des suivants. Le jeu épuise les joueurs.

73 Par exemple, parce que les conditions climatiques sont moins favorables, les ressources plus rares, la bataille pour un partenaire plus coûteuse, etc.

Du vivant au vivant : s'inspirer du principe de transmission

Pour les espèces à reproduction sexuée, le succès du principe de transmission repose sur la rencontre entre deux individus de sexe différent. Encore faut-il que cette dernière ait lieu !

Quelle que soit votre activité, comment pouvez-vous contribuer à la survie et au développement des insectes pollinisateurs ? Pouvez-vous planter des fleurs ou des arbres fruitiers dans les espaces dont vous êtes responsable ? Vous assurer que les floraisons se chevauchent d'avril à octobre ? Remplacer la pelouse par une prairie sauvage ? Préserver les habitats, en laissant s'installer localement des friches, en plantant des haies buissonnantes ou des massifs, favorables à l'hibernation de la petite faune ? À l'inverse, les monocultures, les pesticides ou l'artificialisation des milieux exercent une pression sur les pollinisateurs, la faune du sol et les oiseaux. Avez-vous la moindre influence sur l'une de ces causes ? Si oui, comment pouvez-vous peser sur le cours de l'Histoire ?

De manière plus générale, le nombre crée la rencontre. En dessous d'une taille critique, une population présente sur un territoire va immanquablement s'éteindre. La pression exercée par l'exploitation des milieux par les humains génère ce genre d'affaiblissement. Comment pouvez-vous vous assurer que les espèces qui produisent les matières premières animales ou végétales que vous utilisez sont issues de territoires durablement gérés ? Qu'elles ne sont pas inscrites sur la liste des espèces en danger ? Qu'elles ne risquent pas de faire l'objet de trafics, comme cela peut être le cas pour des bois rares ou des espèces protégées ? Avez-vous réellement besoin de ces matières premières ? Pourriez-vous identifier des substituts ? Réemployer des matériaux lorsque cela est possible ?

Enfin, pour se rencontrer, il faut se voir, s'entendre ou se sentir, selon le mode de relation de l'espèce. Là encore, *Homo sapiens* génère par ses activités tout un tas de composants ou de signaux qui saturent le milieu et créent comme un brouillard à l'intérieur duquel les partenaires se croisent sans se rencontrer. À quel point les produits ou systèmes que vous fabriquez ou que vous utilisez génèrent-ils de la pollution lumineuse, sonore ou chimique ? Avez-vous conscience de ces impacts ? Pouvez-vous en réduire l'intensité ou la durée ?

Chapitre 5

LE PRINCIPE D'INTER-DÉPENDANCE

GRANDIR PAR ET AVEC LES AUTRES

Transmettre son patrimoine génétique constitue la visée ultime de tout être vivant. Pour cela, encore faut-il survivre au quotidien et grandir jusqu'à arriver à la maturité sexuelle. Ici, l'énergie et la matière jouent un rôle central. Comment l'acquisition et le transfert d'énergie s'opèrent-ils au sein des écosystèmes vivants ? Pourquoi, alors que 160 milliards de tonnes de matière sèche sont produites annuellement sur Terre[1], est-il si compliqué pour chaque être vivant de manger à sa faim ? Ce comment et ce pourquoi, c'est ce que le principe d'interdépendance va tenter d'éclairer.

1 Source : Encyclopédie Larousse en ligne, article « Biomasse ». Les plantes représentent approximativement 82 % de cette biomasse, les bactéries 13 % et les animaux uniquement 0,37 %, parmi lesquels *Homo sapiens* avec ses 0,009 % (soit 2,5 % de la biomasse animale). Le reste correspond aux champignons et aux micro-organismes non bactériens.

ÉCHANGER OU TRANSFÉRER LA VALEUR : LES TERMES DE L'ÉQUATION

Manger ou être mangé : quel équivalent en stratégie ?

Ce qui circule au sein des écosystèmes, c'est la valeur, comme on l'a vu : valeur énergétique pour les écosystèmes naturels, valeur symbolique, matérielle, d'usage, etc., pour les écosystèmes d'affaires. Mais ce transfert de valeur ne dit rien du type de relation créé entre les acteurs. Les aliments achetés dans une Amap[2] sont détruits dès qu'ils sont consommés. Relation prédateur-proie ? Non, puisque ce qui unit sur le temps long les membres de l'association aux producteurs est un lien de coopération. La théorie des jeux[3] nous permet de sortir de la confusion. Trois configurations émergent des modélisations : le jeu à somme positive, le jeu à somme nulle et le jeu à somme négative.

Un jeu à somme positive correspond à une situation où l'ensemble des joueurs retirent un gain de la relation[4]. Cette situation incite à poursuivre le jeu, mutuellement avantageux. C'est le royaume de la coopération, des échanges qui créent une valeur authentique pour l'ensemble des parties prenantes.

---

2 Association pour le maintien de l'agriculture paysanne.

3 Cette branche des mathématiques étudie les interactions entre agents et les stratégies mises en œuvre par chacun pour optimiser ses gains.

4 Le gain n'est pas nécessairement égal pour tous. L'essentiel est que chacun y trouve un intérêt.

Les écologues ont pris l'habitude de symboliser les interactions entre espèces différentes par des signes (+, 0 ou –) correspondant au bénéfice ou à la perte pour chaque partie prenante. Un jeu à somme positive peut correspondre à deux configurations. La première désigne les relations à bénéfice réciproque (+/+) : on parle donc de coopération[5]. Dans la seconde configuration, une seule des deux espèces retire un avantage, la relation n'ayant aucun effet sur l'autre (+/0). Le commensalisme – le fait de manger les restes – ou la phorésie – le fait d'être transporté par l'autre – relèvent de ce type d'interaction[6].

Dans un jeu à somme nulle, les gains d'un côté sont contrebalancés par des pertes équivalentes de l'autre. Cette relation incite le perdant à tout faire pour arrêter de jouer, dès lors qu'il se rend compte de la situation. Dans les relations économiques, cela correspond à une situation où, certes, on gagne un peu, mais où les gains à court terme se font au prix d'une perte sur d'autres plans ou à plus long terme. La malbouffe en est une illustration : plaisir régressif et unités d'énergie à bas coût d'un côté, mauvaise santé et perte d'estime de soi de l'autre[7]. Au sein du vivant, les relations trophiques telles que la prédation et le parasitisme constituent l'exacte traduction du jeu à somme nulle : ce que l'un perd, l'autre le gagne (+/–)[8].

---

5 Le mutualisme est une forme « obligatoire » (on dit « symbiotique ») de coopération : les deux espèces dépendent l'une de l'autre pour leur survie. Le terme de coopération désigne également des relations à bénéfice réciproque à l'intérieur d'une même espèce.

6 On peut considérer cette configuration (+/0) comme une extension d'un jeu à somme positive, même si ça n'est pas exact mathématiquement. On verra que cela pose des enjeux de fidélisation de la part du joueur neutre, qui n'a pas envie de se retirer mais n'a pas non plus de motivation à rester : il se considère comme libre de tout engagement.

7 Manfred Max-Neef qualifie cela de réponse « inhibitrice » ou « destructrice », ou encore de « pseudo-réponse » : un besoin d'un individu est satisfait, mais en portant atteinte à d'autres de ses besoins fondamentaux. Max-Neef donne l'exemple des anxiolytiques, lorsqu'ils constituent la seule réponse à un état dépressif : on répond à la détresse de l'instant, mais sans remettre le patient en bonne santé.

8 En réalité, ce sont plutôt les autres qui gagnent : carnassier pour les morceaux de choix, charognards pour les autres, détritivores pour le reste…

Un jeu à somme négative est un scénario où les gains totaux des joueurs diminuent à mesure que le jeu progresse. Une victoire à la Pyrrhus, au coût si important pour le vainqueur qu'elle équivaut presque à une défaite, constitue une bonne illustration de cette configuration. Dans le vivant, le jeu à somme négative est associé à des relations un peu « idiotes ». L'amensalisme décrit une interaction négative pour une espèce et neutre pour l'autre, qui n'en retire aucun bénéfice (–/0). Il peut s'agir, par exemple, de composés chimiques sécrétés par une plante qui vont inhiber la croissance d'une autre avec laquelle elle n'est pourtant pas en compétition[9]. La compétition constitue la seconde catégorie de relations « idiotes ». Les effets sont négatifs pour les deux parties affectées l'une et l'autre par l'affrontement (–/–). Elle n'est pas sélectionnée de manière durable par le vivant parce que cela signifierait à terme un risque d'extinction.

Typologie des relations interspécifiques

	+	0	-
+	**Coopération (aide bilatérale)** *Mutualisme*	**Bénéfice unilatéral** *Commercialisation, phorésie, etc.*	**Exploitation** *Prédation, parasitisme*
0		**Neutralisme**	**Amensalisme**
-			**Compétition**

Le vivant, à travers la théorie des jeux, nous invite à repenser l'ensemble de nos relations économiques à l'aune de la valeur créée pour l'autre ou de celle qu'il crée pour nous. Objectivement. Radicalement[10]. La question n'est plus « combien ça coûte ? », mais « combien ça vaut ? ». Vous verrez comme ce simple changement de regard redonne du sens

9 Ce gros balourd d'*Homo sapiens* semble être l'unique espèce à entretenir si assidûment ce genre de relation idiote avec le vivant. On ne gagne rien à rouler sur un hérisson, tandis que lui y perd beaucoup…

10 Du latin *radix*, la « racine ». Désigne tout ce qui vise à agir sur une cause première.

à votre entreprise, peut vous inciter à la reconnecter avec son essence si elle s'est quelque peu égarée en chemin.

Et vous, dans quelle configuration vous trouvez-vous le plus souvent ? Avant de répondre, rappelez-vous qu'une entreprise n'est pas monolithique. Y compris au sein d'un même service, deux acheteurs peuvent se comporter de manière différente : l'un aura une approche de quasi-coopération là où l'autre se comportera en prédateur dans sa relation aux tiers. Dans le même ordre d'idée, un dirigeant peut demander à ses collaborateurs d'adopter une posture authentique de coopération vis-à-vis de ses clients et chercher par tous les moyens à échapper à l'impôt – logique de parasitisme vis-à-vis des services publics qui fournissent des ressources (infrastructures routières, éducation, etc.) que l'entreprise utilise « gratuitement ». Joies et surprises de nos « biodiversités internes[11] », auxquelles chacun de nous est confronté à divers degrés.

Dans tous les cas, dites-vous bien que vous ne serez jamais complètement libre de votre choix. Il existe des dominantes culturelles propres à un secteur ou à des entreprises – la vôtre ou celle de vos partenaires : certains suivent à l'envi des logiques d'ultracompétition. Gare à qui est colombe au milieu des faucons[12]. Ce choix dépendra également de vos capacités stratégiques : il se peut que vos ressources immatérielles soient plutôt caractéristiques d'un comportement « colombe ». N'essayez pas d'être autre chose que ce que vous êtes. Agissez plutôt selon votre nature, en connaissance de cause. Vous verrez enfin que les choses ne sont pas figées. La culture dominante elle-même peut évoluer dans le temps en fonction de la rareté des ressources, de leur qualité, du nombre et de la performance des concurrents, etc.

---

11 Autrement dit nos contradictions.

12 Référence à la théorie des jeux évolutionniste élaborée par le biologiste et mathématicien John Maynard Smith pour décrire les stratégies visant à s'approprier ou à partager une ressource sur un territoire. Un comportement pacifique partagé par deux colombes est le scénario le plus payant. Mais si vous rencontrez un faucon, comportez-vous comme un faucon. Vous gagnerez moins – parce que vous aurez dépensé de l'énergie à combattre –, mais vous ne perdrez pas tout.

Guerre et paix : quand la coopération ou l'affrontement s'imposent-ils ?

Il semble loin le temps où une supposée « loi de la jungle » renvoyait à un imaginaire occidental de sauvagerie et du chacun pour soi. Tellement loin, même, que par un curieux effet de balancier, la vision romantique d'une nature essentiellement bonne et coopérative semble avoir remplacé, terme pour terme, le dogme violent des temps obscurs. Qu'en est-il, finalement ? La nature n'est ni complètement l'une, ni tout à fait l'autre. Ou plutôt les deux : le vivant coopère tant qu'il n'est pas obligé de combattre. Finalement, il en va de la nature comme des stratégies d'entreprise : ça dépend. De quoi ? Essentiellement du contexte.

Cela arrangerait pourtant bien nos affaires de biomiméticiens, mais il n'existe pas une règle universelle qui s'appliquerait à tous et en tous lieux permettant de décrire les facteurs favorables à la coopération.

Prenons l'exemple de la disponibilité des ressources. Intuitivement, on se dit que lorsque la ressource est rare, l'affrontement l'emporte sur la coopération. Dans les régions arides proches du cercle arctique, on observe pourtant l'inverse. La pauvreté du sol, la pénurie d'eau, les températures extrêmes et le faible éclairement font que chaque espèce se spécialise dans une « compétence » qu'elle peut ensuite apporter au collectif. Résultat : un réseau de services hautement interdépendants. La coopération, donc. Qu'en est-il des écosystèmes où il y a abondance ? Les stratégies qui prévalent alors ne sont pas la compétition (qui pourrait être le contraire de la coopération), mais le chacun pour soi : la cohabitation la plus pacifique possible d'une somme d'égoïsmes. Point n'est besoin de coopérer puisqu'il suffit de se pencher pour accéder à la ressource. Aucune nécessité à s'affronter, puisque chacun trouve son compte dans cette nature opulente.

Pour autant, en conclure que la rareté crée la solidarité serait aller un peu vite en besogne. Il suffit d'observer l'affrontement entre prédateurs lorsque la ressource vient à manquer pour comprendre que certaines formes de pénurie peuvent générer de l'agressivité. Pour dépasser ce paradoxe, il faut se pencher sur les échelles de temps. Avant d'atteindre la maturité, les écosystèmes passent par une succession parfois chaotique[13] de stades écologiques : des espèces à croissance rapide colonisent le milieu et monopolisent la ressource, d'autres apportent un parasite ravageur, etc. Résultat : des déséquilibres ponctuels, une compétition pour les ressources, un faible niveau de coopération[14]. Y compris au stade de la maturité, au sein d'écosystèmes fertiles, l'arrivée d'une espèce invasive, la survenue d'un événement météorologique extrême ou d'un feu de forêt peuvent provoquer des pénuries qui, sur des échelles de temps et d'espace limitées, vont provoquer des tensions importantes. La rareté est alors synonyme de concurrence. Mais à l'autre bout de la planète, lorsqu'une tempête crée une trouée au sein d'une forêt, c'est l'abondance de ressource qui crée la compétition. Le végétal qui croît le plus vite vers la lumière aura la part belle. Les coups de coude sont nombreux dans cette course effrénée aux photons. Alors, est-ce la rareté ou la richesse qui stimule la compétition ? Nous l'avons déjà dit : tout dépend du contexte.

De ces paradoxes apparents, on peut finalement tenter d'énoncer trois principes[15]. Lorsqu'elle est durable[16], la rareté stimule la solidarité. Lorsqu'elle est durable, l'opulence incite à l'indifférence. En situation anormale, l'affrontement prend le dessus.

Quels principes de management stratégique peut-on retirer de l'observation du vivant en termes de relations au sein de votre écosystème ?

Tout d'abord, que l'inclination à la coopération dépend en grande partie du degré de maturité d'un marché. En phase d'émergence et de développement, l'étendue du champ des possibles fait que le chacun pour

---

13 Voir le chapitre 1 consacré au principe de pertinence.

14 On dit pourtant que les espèces pionnières sont des « facilitatrices » dans la mesure où elles préparent l'implantation progressive des espèces climaciques. Comme quoi, rien n'est jamais tout blanc ou tout noir.

15 Qui trouveront des centaines de contre-exemples dans le vivant. Mais vous commencez à y être habitués.

16 C'est-à-dire structurelle.

soi ou l'affrontement prévalent. Des logiques de complémentarité voient le jour, mais les coopérations restent essentiellement opportunistes. En phase de maturité, la tendance à la spécialisation rend la coopération indispensable dans les milieux pauvres en ressources – les marchés de niche, par exemple. On ne peut s'en sortir seul et les liens d'interdépendance durables sont à privilégier. Vous pensez lancer un partenariat ? Observez le niveau de maturité de votre segment de marché : il vous donnera peut-être des indices sur l'appétence des acteurs en place pour des formes d'entreprise étendue. Opportunistes en phase d'émergence et de développement, les alliances revêtiront un caractère plus structurel à mesure que l'activité mûrit. Arrivé à ce stade, voyez quelle est l'attitude dominante. Le marché est plutôt dur, les clients rares, l'activité confidentielle ? Coopération. On ne sait plus où donner de la tête ? Il y en a pour tout le monde ? Égoïsme raisonnable. Ne cherchez pas un partenaire pour la vie dans ce cas : il dira oui, puis tournera les talons à la première opportunité.

L'autre enseignement à retirer est que la coopération est affaire de situation. Rencontrons-nous un épisode de pénurie ? On aura tendance à privilégier sa propre survie – et celle de sa descendance, c'est-à-dire tout ce qui pourra augmenter les chances des configurations stratégiques futures – au détriment des autres. Ne vous étonnez pas qu'un partenaire vous fasse défaut sans crier gare : c'est peut-être signe que vous n'aurez pas su ou pu vous tenir au courant de ses propres contraintes stratégiques. Pour une coopération durable, pouvez-vous envisager des principes de transparence et de solidarité entre partenaires ? Jusqu'où cette transparence peut-elle aller ? Comment pouvez-vous rester vigilant sur l'état de santé de vos coopérateurs, leur niveau de stress, leurs propres contraintes ? En cas de tension passagère, de bouleversement temporaire des équilibres au sein de votre écosystème, pourriez-vous imaginer un dispositif d'alerte mentale qui vous incite à prendre très rapidement contact avec vos partenaires pour resserrer les rangs ? Tous, vous allez devoir réagir. Mais en prenant le temps de l'observation et des discussions, vous vous laissez une chance d'anticiper et de gérer sans colère les probables « relâchements ».

Enfin, comme nous le verrons plus loin, l'inclination à la coopération dépend aussi des caractéristiques morphologiques et physiologiques de l'espèce : peu mobile, vous avez tout intérêt à cohabiter pacifiquement avec les acteurs de votre territoire. À cet égard, les plantes sont des championnes.

LES JEUX À SOMME POSITIVE : QUAND TOUT LE MONDE GAGNE

La coopération : troc de services ou projet commun

Lorsqu'il se met en quête de nourriture, le ratel[17], un mustélidé à fourrure noir et blanc, garde toujours les oreilles grandes ouvertes. Un peu plus haut dans les arbres, il se peut qu'un grand indicateur[18] émette un chant saccadé, signe que l'oiseau vient de faire une découverte d'importance : un essaim d'abeilles mellifères[19] en pleine activité. Le ratel raffole du miel. Mais dénicher seul un tel trésor ? Autant chercher une aiguille dans une botte de foin. Le grand indicateur se régale des larves et de la cire, et repère facilement sa cible depuis le ciel. Mais comment éloigner les abeilles, mortelles pour lui ? Voletant de branche en branche, il va mener son compère jusqu'au site. Protégé des piqûres par son épaisse toison, le ratel va déchirer l'essaim à coups de griffes et déguster le miel. Le volatile n'a plus qu'à attendre que les abeilles aient déserté les ruines pour faire bombance. Détection puis alerte par l'oiseau, destruction par le mustélidé, festin pour les deux.

La coopération – puisque c'est ce dont il s'agit – consiste en une relation à bénéfice réciproque : chaque espèce investit un peu au profit de l'autre, mais pour un bénéfice largement supérieur pour elle-même. La production de corolles aux couleurs chatoyantes et de pistils aux

17 *Mellivora capensis.*

18 *Indicator indicator.*

19 *Apis mellifera adansonii.*

parfums enivrants représente un coût significatif pour les plantes à fleurs. Celles-ci représentent pourtant 90 % du règne végétal, en dépit de cette débauche de luxe inutile. Inutile ? Non, puisque ces artifices rendent la fleur irrésistible aux insectes pollinisateurs. Et cette stratégie coopérative s'avère être la forme la plus efficace de reproduction parmi les plantes. Sexe contre nourriture : une alliance à succès. La coopération est donc présente à très large échelle au sein du vivant. Rappelons-nous du principe de pondération : tout ce qui peut être fait par ou avec les autres représente autant d'économies pour soi.

La coopération est heureusement la configuration majoritaire dans les activités économiques déployées par *Homo sapiens*[20]. Il peut s'agir d'échanger la valeur apportée par un bien ou un service contre une valeur argent, ce qui équivaut au rapport entre les fleurs et leurs pollinisateurs. C'est une relation marchande, la plus classique. Il peut s'agir de mettre en commun des moyens au service d'une œuvre collective comme le font le ratel et le grand indicateur pour s'occuper de l'essaim. C'est alors une collaboration dans le cadre d'un projet, que l'on retrouve fréquemment dans des relations interentreprises (B to B).

Quelles sont, selon les exemples du vivant, les conditions pour une coopération réussie ?

Tout d'abord, la complémentarité des compétences. Il faut l'alliance du ratel et de son acolyte pour assurer l'ensemble des composantes du nourrissage : la recherche, la capture et la consommation. Complémentarité, mais aussi besoin de l'autre. Seul, la recherche est moins rentable, plus aléatoire ; seul, le projet n'est tout simplement pas réalisable – comme c'est le cas pour le grand indicateur qui ne peut pas manger tant que les abeilles sont là. Seul, on ne sait pas faire, parce que ça n'est pas notre cœur de métier. Une complémentarité nécessaire donc, sans laquelle il n'y a pas

20 Lequel doit d'ailleurs son succès évolutif à sa capacité à inventer des modes de coopération plus que toute autre espèce au monde. Une question alors : l'hyperindividualisme représenterait-il une forme de régression évolutive ? Avec quels risques pour le succès de notre espèce à terme ?

symétrie d'engagement – le partenaire autonome quitte la table dès qu'il le souhaite. Il peut être intéressant pour vous de recenser les véritables coopérations que vous mettez en place pour ne pas les confondre avec des alliances de circonstances et prendre soin de vos véritables partenaires. Avec qui avez-vous l'habitude de travailler ou d'échanger de la valeur ? Quels sont les partenaires dont vous avez besoin pour réaliser votre raison d'être ? Ceux qui, réciproquement, ont besoin de vous pour mener à bien leurs projets ? Sur quelles compétences respectives votre relation se construit-elle ? Votre partenaire pourrait-il acquérir votre compétence ? Ou s'en passer ? Et réciproquement : pourriez-vous réussir sans lui ? Pensez-vous que le niveau de dépendance est équitable entre vous ? Si non, comment mettre ce point en discussion, pour vous prémunir contre un défaut d'engagement ou de confiance ?

Autre point de repère : la conjonction des besoins. Si le ratel a faim mais qu'aucun grand indicateur au ventre creux ne volette à proximité, il ne se passera rien[21]. Il faut que les cycles soient ajustés. Dans la nature, c'est affaire de hasard. Mais dans les relations économiques ? Comment pouvez-vous, par exemple, dialoguer avec vos partenaires et vos clients pour comprendre leurs propres cycles ? À quels signes reconnaissez-vous qu'ils ont besoin ou envie de commercer[22] à nouveau avec vous ? De même nos fleurs doivent-elles éclore en même temps que l'arrivée à maturité des pollinisateurs, sinon pas de reproduction. Comment aligner votre cycle de production ou de projets à celui de vos clients ou partenaires ? Faut-il l'élaborer ensemble, comme on le fait dans certaines organisations coopératives ?

21 Nous verrons un peu plus loin comment optimiser le repérage des opportunités avec la théorie des affordances.

22 Un joli verbe, quand on le prend sous son sens originel : « Entretenir des relations affectives, culturelles ou spirituelles avec une ou plusieurs personnes. » (CNRTL)
Si seulement on pouvait commercer davantage quand on fait du commerce !

Vient enfin la question du coût acceptable. Pour que la stratégie soit évolutivement stable, que la coopération perdure, il faut que le bénéfice sur le temps long soit significativement supérieur au coût engagé à court terme. C'est-à-dire que le jeu s'avère à somme positive pour les deux joueurs et que cette valeur ne se dégrade pas dans le temps. Pouvez-vous en discuter avec vos partenaires, vos clients ? Pensent-ils que la création de valeur est équitable[23] ? Seraient-ils prêts à renoncer à cette relation ? Pour aller vers quoi ? Envisagez la valeur sous tous ses angles : les bénéfices directs, mais aussi les effets induits par votre collaboration. Comment votre relation nourrit-elle la compétence ? L'image ? Les connaissances ? La réalisation de soi ? Donne-t-elle accès à d'autres réseaux ? Pensez au temps long : est-ce que votre relation permet de faire des économies ? De dégager des gains plus tard ?

L'accès aux services gratuits : inquilinisme, commensalisme et phorésie

Le poisson-perle[24] chasse de nuit de minuscules crustacés et de petits poissons qui constituent l'essentiel de son régime alimentaire. Le jour, pour se protéger de ses prédateurs, il trouve refuge dans le tube digestif de l'holothurie[25]. Pourquoi une si curieuse cachette ? Parce que le concombre de mer – l'autre nom de l'holothurie – s'est doté de systèmes de défense quasiment imparables. En plus de libérer des toxines mortelles, il est capable de rétracter ses fibres collagènes au point que son corps, devenu complètement dur, ne peut être dévoré par le prédateur. Une sorte de château fort pour le poisson-perle. Son hôte n'est en rien affecté par sa présence, ni en bien, ni en mal.

23 C'est là une notion subjective. Mais sur une échelle de 1 à 10, chacun peut dire à quel point cela crée de la valeur pour lui.

24 *Encheliophis homei*.

25 En l'occurrence, celle appartenant au genre *Bohadschia*.

Nous rentrons dans l'univers des relations à sens unique (+/0) : l'une des deux espèces retire un avantage du comportement ou des attributs de l'autre, sans que cela ne présente ni un coût ni un bénéfice pour cette dernière. Dans le cas du poisson-perle, il s'agit d'une relation axée sur la protection, appelée « inquilinisme ». Une autre forme – la plus répandue en fait – de relation unilatérale est le commensalisme : une table ouverte chez autrui. De nombreuses espèces sont commensales de la nôtre. On les croise souvent dans nos villes et nos maisons : le moineau domestique[26], le pigeon biset[27] ou la blatte[28] en font partie. La phorésie, qui consiste pour un individu à se faire transporter « gratis » par un autre, constitue une forme supplémentaire de relation à bénéfice unilatéral. Le transport de graines ou de micro-organismes par des animaux (oiseaux, mammifères) relève quasi exclusivement de la phorésie. Dans la plupart des autres cas, le transport représente un coût énergétique. Soit la relation évolue alors vers la coopération[29], soit elle s'interrompt : le passager clandestin est proprement éjecté !

Comment s'inspirer des espèces qui trouvent le gîte ou le couvert auprès d'autres ou qui se font transporter sans contrepartie ? Dans le domaine économique, cette gratuité est souvent le fruit d'une démarche consciente et consentie. Des entreprises en création ou des micro-entreprises trouvent ainsi des ressources pour leur démarrage auprès de sociétés plus installées : elles peuvent disposer de moyens de stockage ou d'hébergement ou bénéficier des études de marché réalisées par leurs aînées, qui embarquent parfois des partenaires dans des salons internationaux. L'information constitue l'une des ressources dont le

26 *Passer domesticus.*

27 *Columba livia.*

28 Sous-ordre des Blattaria.

29 Le rémora, un poisson (de la famille des Echeneidés), dont la tête est munie d'une sorte de ventouse, s'accroche à la peau ventrale d'un requin hôte qu'il va débarrasser de ses bactéries et parasites. Une coopération transport plus nourriture contre santé.

partage ne coûte rien mais qui présente une grande valeur. Comment pouvez-vous alors convaincre des partenaires de vous transmettre leurs informations ? Y a-t-il des acteurs autour de vous qui accepteraient de prêter des ressources matérielles lorsqu'ils n'en ont pas l'usage? Pouvez-vous identifier, au sein de leurs cycles d'activité, les moments où la ressource serait potentiellement disponible pour vous ? Quels sont les indices marquants auxquels vous allez rendre vos équipes attentives ? À l'inverse, avec qui pourriez-vous partager vos informations ou vos ressources sans que cela présente un coût pour vous ? C'est cela aussi, être une entreprise responsable.

Mais attention, tout ce qui est gratuit est risqué. Car contrairement au cas de la coopération, l'espèce « partenaire » ne va pas chercher votre compagnie. Au mieux est-elle indifférente, au pire, elle vous tolère. D'où un premier enseignement : pour vivre heureux, vivons cachés. Il vaut mieux ne pas présenter de nuisance pour votre bienfaiteur car au moindre coût, il se débarrassera de vous. Une relation à bénéfice unilatéral est risquée et fragile : n'en retirant aucun intérêt, votre partenaire peut y mettre fin d'un claquement de doigts – et parfois, sans même se rendre compte des conséquences pour vous. Quelle probabilité y a-t-il que votre partenaire change de comportement et fasse disparaître la ressource ? Un déménagement ? Un changement de procédés industriels ou d'organisation ? Quels types d'échanges en particulier sont le plus critiques pour vous, présentent un caractère stratégique ? Comment alors consolider les choses ? Pouvez-vous proposer une contrepartie pour basculer vers un modèle de coopération ? Renvoyer à votre partenaire un bénéfice d'image ou enrichir l'information qu'il vous a donnée ? Convenir d'une rémunération matérielle lorsque vous serez en mesure de le faire ?

Ce type de relation vous demande au moins un effort : celui de chercher à la sécuriser.

Les décomposeurs : une classe à part

Ils retirent un bénéfice, n'enlèvent rien à personne, mais sont utiles à tous. Dans les sous-bois, en automne, si vous soulevez des feuilles mortes, vous aurez peut-être la surprise de voir sauter et s'égailler en tous sens des animaux qui ressemblent à de minuscules crevettes. Les collemboles[30] se nourrissent de matière en décomposition et de micro-organismes – algues ou champignons. En relarguant la matière sous une forme utilisable par les plantes pour réaliser leur photosynthèse, ils jouent un rôle central dans le cycle du vivant.

Les décomposeurs nous invitent à imaginer des espaces qu'il serait possible d'occuper en tirant parti de ressources disponibles en grand nombre mais que peu d'acteurs savent ou veulent utiliser. Il peut d'agir de ressources humaines, techniques, technologiques, de segments de marché, bref, de toute énergie-matière disponible sous une forme si spécifique ou si difficile d'accès que les autres acteurs ont tendance à la négliger. Comme pour les organismes que nous venons de décrire, cela suppose évidemment d'agencer les modes de production et les ressources internes de manière à pouvoir transformer cette énergie-matière en valeur. Pouvez-vous identifier dans votre environnement des ressources qui sont négligées ou considérées comme de faible valeur par l'écosystème ? Que pourriez-vous en faire ? Pourriez-vous les substituer à une ressource actuelle ? Cela exigerait-il des modifications organisationnelles ? Serait-ce compliqué à mettre en place ? Pourriez-vous en faire votre spécialité ?

30 Classe des *Collembola*.

LES JEUX À SOMME NULLE : PILE, JE GAGNE ; FACE, TU PERDS

Vivre aux dépens des autres : le parasitisme

Entre le fait de vivre grâce à autrui et celui de vivre à ses dépens, il n'y a qu'un pas que le vivant franchit hardiment. On parle souvent de continuité entre les modes de relations interspécifiques.

Le poisson-perle affamé a-t-il fait mauvaise chasse plusieurs nuits de suite ? Il se peut qu'il se repaisse des gonades de son holothurie hôte[31]. L'oiseau piquebœuf[32] a-t-il si bien travaillé que son buffle[33] préféré est exempt de tout parasite ? Il picorera, mine de rien, un peu de cuir et de chair. La relation bascule alors vers une logique de jeu à somme nulle : si je gagne, c'est que tu perds ! On change de registre. Certaines espèces, que l'on nomme parasites, en ont fait leur mode de vie. Elles se développent aux dépens d'un organisme sans toutefois le détruire[34], contrairement à la prédation. Par son action, le parasite porte atteinte soit à la croissance en bonne santé de son hôte, soit à sa fertilité. Dans tous les cas, il hypothèque ses chances d'avoir une descendance. Bref, de réaliser sa « mission ».

L'immense majorité des plantes sont chlorophylliennes. À l'aide de l'énergie solaire, elles synthétisent leur propre substance à partir des minéraux présents dans le sol. En vous promenant dans les sous-bois au

31 Qui, rassurez-vous, se régénèrent : c'est l'une des nombreuses capacités de ce drôle d'animal !

32 Du genre *Buphagus*.

33 De la sous-tribu Bubalina.

34 Exception faite des parasitoïdes.

printemps, vous croiserez peut-être de toutes petites fleurs mauves semblant jaillir directement du sol, très souvent au pied d'un grand arbre. La lathrée clandestine[35] a perdu depuis longtemps la capacité de photosynthèse ; elle dépend des autres pour se développer et vivre. À cette fin, son rhizome[36] est pourvu de suçoirs qui viennent se fixer sur les racines de l'hôte et ponctionner sa sève. Le prélèvement est infime et n'a que peu d'effet sur le saule[37], l'aulne[38] ou le peuplier[39] parasité. Plus connu, plus apprécié pour le symbole qu'il représente, mais autrement redoutable pour l'arbre qu'il parasite, le gui[40] a recours à ce même procédé de suçoirs, mais qu'il a raffiné au point qu'il est très difficile d'en débarrasser son hôte : coupez-le et les suçoirs, qui se sont développés sous l'écorce le long de la branche, bourgeonneront plus loin. La créativité en termes de parasitisme n'a pas de limites. Certains parasites vont même jusqu'à réduire leur hôte à l'état de zombi, tel *Leucochloridium paradoxum*, un ver plat qui prend le contrôle du cerveau de son hôte escargot. Les larves qui ont parasité le gastéropode viennent se loger dans les grands tentacules[41] : elles en modifient la couleur et le mouvement au point de les rendre similaires à d'appétissantes petites chenilles qui se tortillent, attirant les oiseaux, lesquels sont à leur tour parasités afin que s'achève le développement du trématode[42].

L'une des originalités du parasitisme est qu'il donne lieu à une lutte évolutionniste comparable à une course aux armements. Du fait de l'intimité de leur développement, hôte et parasite apprennent l'un de l'autre. Un jour,

35 *Lathraea clandestina*.

36 Tige souterraine de certaines plantes vivaces.

37 Du genre *Salix*.

38 Du genre *Alnus*.

39 Du genre *Populus*.

40 *Viscum album*.

41 Les « antennes » au bout desquelles se trouvent les yeux.

42 Classe des *Trematoda*.

certaines mutations génétiques vont rendre l'hôte résistant et favoriser sa descendance. Puis les descendants du parasite vont finir par présenter eux-mêmes des mutations permettant de contrer cette riposte. Et ainsi de suite. Parfois, l'hôte trouve la parade absolue. L'espèce parasite peut alors s'éteindre si elle lui est inféodée. Généraliste, elle a le choix de migrer vers des cieux plus radieux ou de parasiter des espèces hôtes plus accueillantes.

Que signifie le fait d'adopter une stratégie de parasite pour un acteur économique[43] ? Cela correspond à deux configurations.

La première consiste, au lieu de répondre à un besoin réel, à proposer la solution qu'il peut fournir et pas forcément celle qui serait pertinente. Une PME réfléchit à améliorer sa performance commerciale. Vous savez que le problème de votre client est plutôt d'ordre organisationnel, et qu'une bonne formation des commerciaux ainsi qu'une amélioration du processus de vente auraient un impact bien plus important que l'achat d'un nouveau logiciel. Oui mais voilà : votre métier consiste justement à vendre des solutions de gestion de la relation client. Allons, on n'est pas si loin. Et vous de faire une offre commerciale. Comme le disait le psychologue Abraham Maslow, « si le seul outil dont vous disposez est un marteau, il est tentant de considérer tous les problèmes sous forme de clou[44] ». Se concentrer sur le besoin réel du client nécessite de sortir de sa zone de confort, de se remettre en cause, quitte à l'orienter vers une autre solution et passer à côté d'une vente. Ne pas le faire peut être considéré comme du parasitisme, parce que cela coûte du temps et de l'argent au client, sans répondre finalement à son besoin réel[45]. Et dans le cas d'une solution logicielle, cela le rend durablement dépendant de vous. Il mettra un temps considérable à se rendre compte que le mal ne venait pas de là, s'il s'en rend compte un jour.

---

43 Le parasitisme a également été défini en droit des affaires. Ça n'est pas l'acception que nous retenons dans ce livre qui traite de stratégie bio-inspirée.

44 Abraham Maslow, *The Psychology of Science : A Reconnaissance*, Gateway Editions, 1966.

45 C'est ce que Manfred Max-Neef appelle une « pseudo-réponse » : on n'a pas véritablement répondu au besoin ni résolu le problème.

La seconde version du parasitisme consiste à répondre apparemment à un besoin en portant finalement atteinte à l'intérêt global du client. On peut se demander dans quelle mesure la nourriture industrielle ultra-transformée relève ou pas de cette logique : elle contribue insuffisamment à l'apport d'éléments nutritionnels essentiels et risque de nuire à l'état de santé général du consommateur sur le long terme (obésité, troubles cardiovasculaires, etc.). Or certaines personnes en sont dépendantes, soit pour des raisons économiques, soit pour des raisons d'addiction (au sucre, au sel, etc.)[46]. De manière plus générale, une relation qui se fait au détriment de l'intérêt subjectif ou objectif du consommateur et qui le maintient dans un lien de dépendance peut être rapprochée du modèle parasite. La *fast-fashion* en est un exemple : je ne garantis pas que la pièce que tu achètes survivra à plus de cinq lavages, mais je fais en sorte de pouvoir t'attirer à nouveau « cinq lavages plus tard » pour te vendre le vêtement de substitution. Il en va de même pour un grand nombre d'activités de service qui présentent pour le client un coût de transfert élevé[47]. On peut qualifier ces relations d'asymétriques : le plus souvent, le fournisseur maîtrise mieux les termes de l'échange que l'acheteur.

Personne ne souhaite se considérer comme un parasite. Mais questionnez-vous sincèrement sur votre propre activité : présente-t-elle des inconvénients pour vos clients ? Des risques même ? Au point qu'une autre solution serait globalement plus profitable pour eux ? Voire pire : au point que votre solution, finalement, présente une « balance bénéfice-risque[48] » négative ? Qu'elle génère des comportements compulsifs, leur fasse perdre leur libre arbitre ? Qu'elle désocialise l'utilisateur ? Le rende dépendant ? Ou potentiellement malade à long terme ?

---

46 Toute l'industrie agro-alimentaire ne correspond heureusement pas à cette description.

47 Le coût de transfert est celui que doit supporter le client lorsqu'il change de fournisseur : coûts directs (frais de résiliation, mise en place du nouveau contrat), coûts indirects (analyse de la nouvelle solution, temps de son appropriation après achat) et coûts cachés (changement induit de matériel, perte d'efficience temporaire, etc.).

48 Notion bien connue des acteurs de la santé.

L'intention de ce livre n'est pas de rendre nos sociétés moins vivables : vous n'y trouverez donc pas la recette pour être un bon parasite. Si toutefois votre modèle économique flirte avec cette tendance, gardez à l'esprit qu'à force d'apprendre à votre contact, il se peut que votre hôte développe des parades qui rendront votre modèle économique inefficace. À l'échelle d'un client, ça ne serait pas si grave. Mais à l'heure des réseaux sociaux, des systèmes de notation sociale, du n*ame and shame*[49] et des lobbies, une goutte d'eau peut rapidement prendre la forme d'un tsunami. Gare à la vague ! Dès lors, vous faut-il changer radicalement de modèle économique pour le réorienter vers une relation durable à bénéfice réciproque ? Après tout, n'est-ce pas cela aussi, la responsabilité sociétale ?

Voyons maintenant comment vous défaire d'un parasite. La première étape consiste à le détecter. Pour cela, identifiez les entreprises (en général, elles disent « partenaires ») qui vous réduisent à l'état de zombi. Passez en revue mentalement votre écosystème d'affaires. Avez-vous la sensation que vous ne pouvez pas faire autrement que de travailler avec untel ou unetelle, non pas pour des raisons objectives, mais parce que vous vous sentez dépendant ? Avez-vous l'impression que ce partenaire s'engage à la mesure de votre engagement, de vos enjeux, de votre dépendance ? Travaillez-vous avec lui parce que « tout le monde fait comme ça » ? Ou bien parce qu'une norme, une réglementation vous y « oblige » ? Dans ce cas, vous apporte-t-il une réelle valeur ajoutée[50] ?

Vient ensuite le temps de l'analyse. Que s'est-il passé ? Comment l'autre s'y est-il pris pour « s'accrocher » à votre entreprise ? Quelle était la situation ? Qui a participé à la décision ? Pour éviter la « répétition des

49 Littéralement « nommer et couvrir de honte », pratique qui consiste à dénoncer publiquement les agissements illégaux ou éthiquement discutables d'un individu ou d'une entreprise.

50 Vous avez certainement déjà été confronté à un auditeur qui se contente d'émettre un rapport quand d'autres vous offrent un réel service, suggèrent tel ou tel axe d'amélioration, vous permettent d'accéder à un *benchmark* de votre secteur… Alors, auditeur parasite ou auditeur coopérateur ?

scénarios de vie[51] », il faut apprendre à les déconstruire. Alors, vous pourrez développer des parades adéquates contre vos parasites. Et si la meilleure d'entre elles consistait à adopter une posture de coopération au lieu de vous complaire dans celle du client-roi ? À construire avec votre fournisseur la meilleure solution dans votre intérêt commun, celui d'une satisfaction durable de votre besoin réel et du sien ? À réfléchir au prix[52] que vous êtes prêt à payer pour un bon niveau de service ? Si vous vous comportez comme un *cost killer*, il est probable que la prestation de votre partenaire laisse à désirer. Comme dit le proverbe anglo-saxon : « *If you pay peanuts, you get monkeys*[53] *!* » Bref, il n'est de bon parasite sans hôte accueillant.

La prédation : quand la relation n'est vraiment pas durable…

Le comportement prédateur se rencontre pour l'essentiel dans le règne animal[54], dont les représentants ne savent pas synthétiser eux-mêmes leur propre matière[55]. Les animaux vont donc prélever l'énergie-matière où elle se trouve : auprès des autres êtres vivants, en les consommant. Ce qui, généralement, leur coûte la vie[56].

---

51 En référence au livre de Jean Cottraux, *La Répétition des scénarios de vie. Demain est une autre histoire*, Odile Jacob, 2001.

52 En réfléchissant en termes de coût total de possession, qui intègre notamment la durée de vie, les coûts associés à l'entretien et au stockage, à la formation des opérateurs, aux éventuelles obsolescences ou incompatibilités techniques, etc. Sinon la solution la moins chère à l'achat semblera toujours la meilleure et les parasites continueront de pulluler.

53 Littéralement : « À payer des cacahuètes, on attire des singes. »

54 Quelques plantes (environ 700 espèces sur 386 000) adoptent ce type de relation : pour pallier un déficit de leur environnement en azote, phosphore ou potassium, elles capturent des petits animaux qu'elles décomposent et digèrent. Observez les représentantes de la famille des *Nepenthaceae* ou de celles des *Droseraceae* : fascinant !

55 Contrairement aux plantes autotrophes, c'est-à-dire celles qui savent mettre en œuvre la photosynthèse.

56 À ce titre, l'herbivorie diffère de la prédation : la plante est très affectée par la relation, mais n'en meurt pas systématiquement.

Il n'y a pas de limites à la créativité concernant les modes de capture. Les quelque 50 000 espèces d'araignées[57] existantes nous en offrent un éventail quasi complet. Le plus connu consiste en la chasse passive par piégeage. Les différentes formes de toile – géométrique ou tubulaire, aérienne ou partiellement souterraine – correspondent aux types de proies – insectes volants ou rampants. Certaines espèces ont raffiné leur piège en le dotant de systèmes d'alerte et de renforcement. L'araignée triangle[58], par exemple, maintient un fil en tension qu'elle relâche et secoue lorsqu'un insecte vient se prendre dans la toile : le malheureux s'empêtre davantage dans le filet gluant et n'a aucune chance d'en réchapper.

La misumène variable[59] a développé quant à elle une technique particulière de chasse passive, dite « à l'affût ». Dotée de capacités mimétiques, elle peut faire évoluer sa couleur du blanc des pétales au jaune du pistil[60]. Installée sur la fleur, désormais invisible, elle n'a plus qu'à attendre qu'un butineur vienne prendre son repas et, de mangeur, finisse mangé. Une autre technique de chasse à l'affût a été mise au point par les araignées bolas[61], lesquelles attrapent leurs proies grâce à une boule gluante pendue au bout d'un fil de soie. L'araignée magnifique[62], qui appartient à ce groupe, a amélioré la technique en émettant une substance chimique semblable aux phéromones des femelles des papillons qu'elle chasse : qu'un mâle enivré s'approche et l'araignée projettera son piège mortel sur l'amoureux, désormais transi. Elle illustre les stratégies élaborées par de nombreuses espèces qui ont développé des aptitudes à attirer les proies par divers appâts

57 Ordre des *Araneae*.

58 *Hyptiotes paradoxus*.

59 *Misumena vatia*.

60 On appelle cela l'homochromie.

61 De la sous-famille Cyrtarachninae.

62 *Ordgarius magnificus*.

visuels, olfactifs ou auditifs. Les poissons-pêcheurs[63] en font partie : l'extrémité de leur première épine dorsale est pourvue d'un leurre, souvent luminescent pour les espèces abyssales, qui attire leurs proies à portée de gueule. Le caractère cryptique du prédateur[64], le leurre dont il peut être pourvu pour attirer sa proie ainsi que sa rapidité de réaction sont autant de compétences ici développées. Pour être passives, ces techniques de chasse ne sont pas de tout repos.

Viennent ensuite les stratégies de chasse mobile, en solitaire ou en groupe. Dans le monde des aranéides toujours, l'araignée cracheuse[65] s'approche suffisamment près de sa proie pour projeter sur elle un filet toxique et gluant, à une vitesse de 30 mètres par seconde. Si le prédateur n'est pas repéré en phase d'approche, aucune chance d'en réchapper. Enfin, l'araignée sauteuse[66] vient compléter le tableau. Dotée d'une magnifique paire d'yeux iridescents – et, contrairement à nombre de ses congénères, douée d'un sens développé de la vue –, elle repère ses proies d'assez loin, s'en approche puis leur bondit dessus depuis une distance de près de trente fois sa taille. Pour la chasse mobile, largement répandue dans le monde animal, ce sont les capacités de repérage des proies, de furtivité pour permettre l'approche, de course (rapidité, endurance) puis de capture (grâce aux griffes, crocs, pinces, becs, etc.) qui participent du succès ou de l'échec. Le choix des proies compte également pour le résultat de la chasse. De manière générale, un prédateur va privilégier une proie de taille intermédiaire : il augmente ainsi le ratio entre le gain énergétique lié à la qualité de la proie et la perte associée à sa capture. Mais d'autres critères entrent en ligne de compte : un animal blessé ou isolé du groupe sera probablement sélectionné de manière prioritaire, ainsi que les

---

63 Ordre des Lophiiformes.

64 Il reste immobile très longtemps, et donc à la merci de ses propres prédateurs ! Il ne doit pas non plus signaler sa présence avant d'être au contact de sa proie. Deux raisons pour adopter un bon camouflage !

65 *Scytodes thoracica.*

66 *Evarcha arcuata.*

individus malades ou juvéniles lorsque le prédateur est particulièrement affamé. Enfin, des stratégies fascinantes de chasse en groupe sont observées sur terre comme dans les océans.

« Prends l'oseille et tire-toi[67] ! » C'est un peu le mot d'ordre des acteurs dont le modèle économique est celui de la prédation. La question stratégique centrale n'est pas l'intérêt du client, mais le fait de réaliser la transaction à tout prix. La question n'est pas : « À quoi ça sert ? », mais : « Que savons-nous vendre ? » Et ce au détriment du client, qui sera lésé dans la relation (l'objet ou le service ne sert à rien, voire lui porte préjudice). La différence avec le parasitisme ? Ici, le client va comprendre que son « partenaire » (le fournisseur, le vendeur) s'est payé sa tête et ne reviendra plus vers lui. Cela « tue » définitivement la relation. La consommation consume. Parfois, on s'en moque[68] : un touriste ne viendra jamais se plaindre qu'un gadget n'a pas survécu plus de trois jours (il se trouve à plus de mille kilomètres quand il en fait l'amer constat). Mais il arrive que l'arnaque laisse des traces[69] : l'expérience d'un client peut se transmettre au groupe, grâce aux réseaux sociaux ou aux systèmes de notation sociale, par exemple. Et comme dans le cas du parasitisme, le groupe client peut coévoluer et apprendre à lutter contre les arnaqueurs. Il peut même amener le législateur à changer les règles. Dans tous les cas, si vous vous moquez trop de vos clients ou de vos partenaires, il est fort probable que leur cycle de besoin orienté vers votre solution disparaisse lui aussi.

Autant le dire tout de suite : si nombre d'entreprises aiment à se considérer comme de grands fauves, aucune n'assume de se présenter en prédateur. Et heureusement, rares sont les acteurs qui le sont vraiment. Pour autant, des brèches organisationnelles peuvent favoriser de tels

67 Référence au film de Woody Allen, *Prends l'oseille et tire-toi*, 1969.

68 Du point de vue de l'arnaqueur, bien sûr. Du point de vue des entreprises durables, une telle posture est insupportable : non seulement on porte atteinte à l'environnement, mais on lèse aussi l'humain.

69 Voir le chapitre 9 consacré au principe d'apprentissage.

comportements. Interrogez-vous notamment sur le mode de rémunération de vos acheteurs ou de vos commerciaux. Sont-ils intéressés à développer des relations de long terme ? Ou plutôt de retirer le maximum de chaque contact, quoi que vous en disiez ? Avez-vous déjà mis sur le marché des biens ou des services dont vous savez pertinemment qu'ils sont de faible qualité ? Ou très peu pertinents par rapport à un besoin réel ? Vous obligez-vous à toujours investir dans le nouveau gadget, conscient que votre offre précédente va très vite passer de mode ? Considérez-vous que « pour ce prix, ils ne pouvaient pas s'attendre à autre chose » ? Si vous avez répondu oui à l'une de ces questions, alors peut-être avez-vous mis en place les conditions pour qu'un comportement prédateur émerge au sein de votre organisation. Il faut que vous compreniez que cette expérience de prédation représente un coût parfois élevé pour le client. Coût objectif, du fait d'un préjudice matériel ou financier. Coût subjectif, occasionné par la perte de temps, l'agacement, l'altération de la confiance, etc. Les expériences de ce type représentent également à terme un coût significatif pour la société : défiance et cynisme généralisés, tentation de la judiciarisation des relations, habitude du prêt-à-jeter. Par ricochet, l'impact environnemental est potentiellement colossal par le nombre d'objets inutiles fabriqués, de services prédateurs de ressources développés, de déchets dus à la casse prématurée générés. Partagez cette prise de conscience au sein de votre entreprise. Et posez-vous sérieusement la question de votre réorientation stratégique.

LES JEUX À SOMME NÉGATIVE : UN MAUVAIS CONCOURS DE CIRCONSTANCES ?

Le cuon d'Asie[70] ressemble un peu à notre renard roux d'Europe. Il vit et chasse en groupe les cervidés qui constituent son mets de prédilection. Les choses se gâtent lorsqu'une proie a été capturée : si la meute est trop importante, les mâles dominants sortent alors les crocs et font valoir leur droit de préemption. Souvent, aucun combat ne s'engage vraiment. Et les plus gros, ainsi que leurs femelles, peuvent se repaître tandis que les autres se contenteront des restes. Devinez qui aura le plus de chances d'avoir une descendance nombreuse et en bonne santé ? La compétition par interférence consiste, pour le membre d'une communauté, à protéger son accès à la ressource au détriment des autres. Ici, elle se déroule au sein d'une même espèce. Mais ce type de compétition s'observe évidemment – et davantage encore – entre des espèces qui dépendent d'une même ressource. Elle peut prendre différentes formes : l'agressivité directe, que nous venons de voir, la territorialité, qui consiste à marquer puis défendre un espace contre les compétiteurs qui viendraient s'y hasarder, l'allélopathie, par laquelle une plante, en libérant des composés biochimiques dans l'environnement, interdit à une autre de s'implanter et croître, ou encore le surdéveloppement, qui permet à un organisme de s'imposer par la taille et d'accéder ainsi plus facilement à la nourriture ou à la lumière.

---

70 *Cuon alpinus*.

En lui interdisant l'accès à la ressource convoitée, le compétiteur le plus fort réduit les performances du plus faible et donc ses chances d'obtenir une descendance au sein de l'habitat concerné.

Il existe un autre type de compétition, plus indirect et moins évident : la compétition par exploitation. Dans ce cas, deux espèces dépendantes d'une même ressource vont s'affronter indirectement à travers la pression qu'elles vont exercer sur cette dernière. L'une prélèvera aux dépens de l'autre, sans qu'aucune agression physique ou chimique ne soit observée.

La compétition désigne donc une relation dans laquelle les individus d'espèces différentes ou d'une même espèce deviennent rivaux dans l'accès à une ressource limitée. Il faut tout de suite souligner le dernier terme : l'intensité de la compétition est proportionnelle à la rareté de la ressource, ainsi qu'à son caractère stratégique pour les individus concernés. Dans nos systèmes humains, on considère trop souvent qu'un concurrent l'est quoi qu'il se passe : il s'agit davantage d'une étiquette que d'une situation réelle. Et on ne considère comme tel que celui qui prospère sur nos plates-bandes de marché. Dans le vivant, un concurrent le serait plutôt de manière conjoncturelle. Et selon la ressource concernée[71]. Ce qui nous invite immédiatement à une réflexion et à un changement de posture. On est concurrents pour une ressource stratégique. Parfois, cette ressource, c'est le client. Mais parfois, capter une ressource peut consister à recruter les meilleures compétences, qu'il s'agisse de nos salariés ou de nos partenaires, à attirer les meilleurs investisseurs, à accéder à une technologie, à un territoire particulier, à une ressource naturelle, etc. Les compétiteurs sont alors différents, parfois extrêmement éloignés de notre filière, et ne se battent pas avec les mêmes armes que nous. Quelles sont vos ressources stratégiques ? Qui sont les acteurs pour lesquels telle ressource l'est tout autant ? Quels arguments font-ils valoir ? Pouvez-vous justifier que vous êtes plus légitime à la capter ? Plus attirant pour la capturer ? Réfléchissez

71 Selon la situation, on peut entrer en concurrence pour une proie, de l'eau, un habitat, la lumière, etc.

davantage : telle ressource est-elle stratégique en soi ? Ou vous apparaît-elle ainsi principalement parce qu'elle manque ou est fortement demandée en ce moment ? Si elle n'est pas si stratégique, comment pouvez-vous vous en passer ? Trouver des solutions de substitution ?

La concurrence naît de tensions conjoncturelles. Quel système de veille pouvez-vous mettre en place pour anticiper ces situations et vous en prémunir ? En stockant, certes, ce qui est notre premier réflexe. En mettant en place des stratégies territoriales comme le font certaines espèces. Pourquoi ne pas instaurer un dialogue avec les acteurs qui vont rencontrer le même problème que vous, afin de discuter des besoins réels, des possibilités de substitution ou de réduction volontaire de la dépendance ? Cela peut donner lieu à un partage de ressources, comme le font les groupements d'employeurs ou, d'une autre manière, les symbioses industrielles[72]. Pouvez-vous vous inspirer du principe d'exclusion réciproque[73] en vous spécialisant sur une ressource bien spécifique tandis que vos compétiteurs se spécialiseront sur une autre ? Pourriez-vous alors inventer des systèmes de troc ou de partage de moyens pour accéder à vos ressources respectives ? Mutualiser l'effort au lieu de vous affronter ?

72 Un réseau d'entreprises échangeant des flux de matière, d'eau, d'énergie, etc. sur un territoire, selon le principe que les déchets de l'un constituent une ressource pour l'autre.

73 Le principe de Volterra-Gause stipule que deux espèces différentes ne peuvent occuper la même niche au sein d'un même peuplement.

HEURS ET MALHEURS D'UNE COMMUNAUTÉ DE DESTIN

Alliance obligatoire ou facultative ? Valeur et risques de l'engagement

L'étoile de Madagascar[74], une orchidée à la fleur blanche d'une géométrie parfaite, présente une bizarrerie à laquelle sont confrontés les insectes pollinisateurs nectarivores : son nectaire – la glande sécrétant le nectar – est situé à la base d'un éperon étroit de 20 à 30 centimètres de long. Son odeur est enivrante, mais impossible d'accéder au précieux suc pour qui n'est pas pourvu de la « paille » adéquate. Cet équipement singulier, seul le sphinx de Wallace[75], un grand papillon nocturne de l'île, en est doté : sa trompe, enroulée 20 fois sur elle-même, peut mesurer jusqu'à 25 centimètres en position de butinage. Une parfaite complémentarité utile aux deux parties, puisqu'en même temps qu'il se régale, notre sphynx se laisse recouvrir la tête de pollen qu'il portera aux orchidées voisines, assurant ainsi la fécondation. L'avantage de cette association pour le papillon ? Il est quasiment assuré de trouver son repas vu qu'aucun autre insecte ne peut accéder à la table. Avantage pour l'orchidée également, dont la reproduction est assurée car son obligé dépend de la nourriture qu'elle lui offre. Une situation idéale, qui présente une faille toutefois : que l'une des deux espèces vienne à disparaître localement ou qu'elle s'éteigne, l'autre ne lui survivra pas. C'est le prix à payer : en renforçant le lien, l'interdépendance confond les destins. Être dépendant, c'est s'ouvrir à la vulnérabilité.

---

74 *Angraecum sesquipedale*.

75 *Xanthopan morgani praedicta*.

Lorsqu'une relation est durable, on parle de symbiose. On dit qu'elle est obligatoire lorsque l'une des deux espèces au moins ne peut se passer du service que lui rend l'autre. Ce mutualisme obligatoire peut être bilatéral, comme dans le cas de notre orchidée et de son papillon : les deux espèces dépendent l'une de l'autre. Il est parfois unilatéral, comme c'est le cas pour le corail[76] et ses zooxanthelles[77]. La structure d'un récif corallien résulte des microhabitats érigés par des colonies d'animaux ressemblant à de minuscules amphores : les polypes. Dans un environnement très pauvre en nutriments, la survie de chaque polype dépend principalement de la nourriture apportée par des algues brunes unicellulaires, les zooxanthelles. Il s'agit bien d'une symbiose mutualiste, puisque ces dernières profitent de l'association en recyclant à leur profit nombre de déchets d'activité des polypes. Mais cette symbiose n'est obligatoire que pour le corail : les zooxanthelles peuvent s'en aller coloniser des méduses scyphozoaires[78] ou d'autres animaux marins. La mauvaise santé ou la disparition de l'un des deux acteurs ne représentent donc pas le même enjeu pour les deux parties.

Les symbioses mutualistes permettent de créer les conditions durables d'un développement. Elles nous invitent à nous poser une question stratégique essentielle : avec qui pouvons-nous développer des échanges réciproques de services qui dépassent la vision classique de la fourniture d'une offre moyennant finance ? L'argent, dit-on, n'a pas d'odeur : qu'il vienne d'ici ou qu'il aille par-là, un euro est toujours un euro. Dans une telle vision, pas de prime à la fidélité, pas de volonté d'engagement sur la durée. Or la coopération permet notamment d'économiser l'énergie, favorise la sobriété, invite à penser sur le long terme, permet de se concentrer sur son territoire d'excellence, confère une plus

76 Ordre des *Scleractinia*.

77 Du genre *Symbiodinium*.

78 Classe des *Scyphozoa*.

grande adaptabilité, incite à agir avec pertinence, bref, elle engage les acteurs sur la voie du développement durable.

Nous avons déjà vu les conditions d'une bonne coopération. Mais pour qu'elle s'inscrive sur la durée, il faut que les termes de l'échange présentent pour les deux acteurs un intérêt vital objectif, qu'elle porte sur un facteur écologique de première importance, par exemple. La substituabilité de la ressource et le niveau de service apporté par le partenaire constituent d'autres critères d'évaluation de l'intensité de la relation. Le cas de l'anémone et du poisson-clown est instructif à cet égard. Le corps du poisson-clown des Maldives[79] est recouvert d'un mucus qui le protège des piqûres provoquées par les tentacules de l'anémone magnifique[80], redoutées des autres espèces de poissons. Protégé au cœur de son buisson urticant, le poisson-clown défend son hôte contre les poissons brouteurs et sert parfois de leurre pour attirer les diverses espèces dont se nourrit l'anémone. Échange de services, basé sur la protection et le nourrissage. Les deux espèces pourraient faire autrement, mais leur alliance demeure la meilleure solution. La question qu'elles vous posent est donc la suivante : comment pouvez-vous vous rendre indispensable à celui qui vous rend le meilleur service ? Cette question déplace le regard : vous n'allez pas seulement considérer votre intérêt propre, mais aussi l'intérêt objectif de l'autre à coopérer. Cela n'est pas grave en soi si la coopération s'avère facultative pour le partenaire, mais il vaut mieux en être conscient, surtout si elle est obligatoire pour vous-même. Asymétrie de la relation signifie augmentation du niveau de vulnérabilité.

Dans le cas d'une communauté de destin, la dépendance est totale, le risque est consenti : c'est le prix à payer pour l'assurance du service rendu. Se poseront alors les questions suivantes : comment pouvez-vous soutenir la bonne santé de votre partenaire ? Quels sont les acteurs ou les conditions

79 *Amphiprion nigripes*.

80 *Heteractis magnifica*, animal marin de l'ordre des *Actiniaria*.

qui vont la favoriser ? Comment pouvez-vous surveiller l'état de cet écosystème ? Quelle énergie êtes-vous prêt à engager dans la prise en charge de cette surveillance et de cette solidarité ? Pouvez-vous en discuter avec l'autre pour vous assurer qu'il y a réciprocité ? Pour monnayer éventuellement ce service ? Faut-il envisager de formaliser ces engagements ? Sous quelle forme ?

La communauté de destin pose également la question de la coévolution. Comment votre partenaire est-il amené à changer ? Quels impacts ces changements vont-ils avoir sur la nature ou le fonctionnement de vos interactions ? Comment pouvez-vous ou devez-vous les accompagner ? Quelles discussions pouvez-vous mettre en place pour les anticiper ? Voire pour que la décision de changement soit prise en commun et, le cas échéant, que les investissements soient partagés ? La communauté de destin implique une mise en commun des réflexions et des moyens stratégiques.

L'inféodation à une ressource clé : conséquences et stratégies

On retrouve souvent les mêmes plantes en bord de rivière : frênes[81], aulnes et saules blancs sont autant d'espèces aimant vivre les pieds dans l'eau. En développant leur système racinaire, elles stabilisent les berges et servent de refuge à la faune aquatique. On dit de ces espèces qu'elles sont inféodées à leur milieu : éloignez-les de l'eau, elles dépériront immédiatement. Ce phénomène d'inféodation est particulièrement fréquent dans les milieux singuliers : les zones de transition entre deux écosystèmes[82], les régions d'altitude, les territoires situés au-delà du cercle polaire, les grands fonds marins, etc.

81 Du genre *Fraxinus*.

82 On appelle cela des écotones ; les berges des rivières forment, par exemple, un écotone qui délimite et relie en même temps le milieu aquatique et ses habitants avec la prairie et sa biocénose.

Autre mode d'inféodation : la dépendance à une ressource. Le koala[83] est une espèce endémique australienne qui se nourrit presque exclusivement de feuilles d'eucalyptus[84]. Elles lui fournissent tous les apports dont il a besoin, y compris une bonne partie de l'eau qu'il consomme et dont elles sont gorgées. Du fait du réchauffement climatique et du déboisement, le koala a perdu 80 % de son habitat naturel et ne peut trouver de substitut alimentaire. Son haut niveau de spécialisation le rend très adapté à ses conditions initiales, mais il se révèle inadaptable lorsque celles-ci changent. Sa survie est donc irrémédiablement associée à celle des forêts d'eucalyptus et à la sauvegarde en particulier des 35 espèces dont il se nourrit.

L'inféodation n'est un problème que pour les espèces hautement spécialisées[85]. Les espèces généralistes ont une aptitude à l'ubiquité[86], c'est-à-dire à la conquête de nouveaux territoires. Au contraire, l'aire de répartition des spécialistes dépend directement de la présence ou non de leur ressource stratégique[87]. Le niveau de dépendance influence également la taille du territoire dont elles auront besoin pour vivre : les espèces spécialistes évolueront généralement sur un territoire bien plus vaste pour trouver la ressource spécifique dont elles ont besoin.

---

83 *Phascolarctos cinereus.*

84 On parle d'espèce affiliée à un habitat. Le niveau d'affiliation est ici très élevé : seules 35 espèces d'eucalyptus sur les 600 que compte l'île-continent sont consommées et chaque groupe de koalas montre une préférence pour 2 ou 3 d'entre elles. (Source : encyclopédie Larousse.)

85 C'est-à-dire celles qui ne supportent qu'une très faible variabilité des facteurs écologiques auxquels elles sont liées. On trouve davantage de spécialistes parmi les espèces insectivores ou frugivores que parmi les folivores, parmi les herbivores que parmi les omnivores.

86 Une espèce ubiquiste occupe une niche écologique si large qu'elle lui permet de s'épanouir au sein d'une grande variété de biotopes.

87 Gardez en tête que la spécialisation présente tout de même un avantage de taille : une grande compétence à exploiter la ressource ou à s'épanouir dans des conditions favorables. Les espèces spécialistes sont alors bien meilleures que les généralistes. Il arrive même qu'elles soient les seules à savoir exploiter la ressource, qui n'a aucune valeur pour les autres. Dans le vivant, un tel luxe vaut bien le risque de la dépendance.

Les espèces sont très rarement tout à fait spécialistes ou généralistes. Mais la dominante va déterminer leurs comportements quant à l'accès à leurs ressources stratégiques : stratégie de capture ou de sécurisation, capacité à migrer vers un autre territoire, etc.

Et vous, quel est votre niveau d'inféodation ? Les conditions de vie de votre entreprise présentent-elles des spécificités ? Dépendez-vous de ressources humaines stratégiques elles-mêmes « inféodées » à un environnement particulier (gros centres urbains avec leur cortège de loisirs, leur offre dédiée à la petite enfance, par exemple) ? Avez-vous besoin de disposer d'équipements techniques ou scientifiques spécifiques à proximité ? Vous faut-il des voies d'accès multimodales vers l'international ? Votre activité nécessite-t-elle d'être implantée à proximité de vos clients et, dans ce cas, les bassins de clientèle sont-ils répartis de manière homogène dans l'espace ? D'ailleurs, diriez-vous que votre niche de marché est réduite et très caractéristique[88] ? Vos compétences et capacités sont-elles spécifiques à cette niche ? Y aurait-il d'autres lieux d'accueil potentiels que ceux où vous êtes actuellement implanté ? De tels lieux sont-ils nombreux ? Disposez-vous des compétences commerciales et de l'organisation logistique pour y accéder ? Les coûts d'entrée et de transfert sont-ils acceptables ?

Les espèces inféodées à leur milieu adoptent le plus souvent les stratégies suivantes :

- La protection de l'espace vital. Les comportements territoriaux sont largement observés ; lorsque les ressources viennent à manquer, la compétition s'intensifie et l'agressivité s'exacerbe de façon proportionnelle à la pression exercée sur ces ressources[89], même si cette stratégie est particulièrement coûteuse. Savez-vous protéger votre territoire et vos

88 On parle parfois d'oligopsone lorsque le nombre d'acheteurs est resserré.

89 Ce d'autant plus que des boucles d'amplification peuvent apparaître : ainsi, les eucalyptus, qui sont soumis à des stress de plus en plus intenses, synthétisent davantage de tanins qui rendent leurs feuilles pratiquement impropres à la consommation (goût et digestibilité dégradés).

ressources ? Avez-vous le juste niveau d'agressivité vis-à-vis des acteurs susceptibles de les dégrader ou de vous en dépouiller ? Comment vous y prendre ? Quel niveau d'investissement y allouer ?

- La régulation des besoins. Les espèces ont soit un métabolisme basal réduit – c'est, par exemple, le cas du koala ou du panda[90], dont le régime alimentaire est associé au bambou –, soit la capacité à diminuer leurs besoins, comme le font les plantes des régions tempérées pour s'adapter aux changements saisonniers ou aux phénomènes climatiques extrêmes[91]. Pouvez-vous ajuster vos besoins à la disponibilité de la ressource ? Avez-vous développé des capacités d'exploitation ou de transformation de cette ressource supérieures à ce que font les autres acteurs de votre écosystème ?
- La coopération. Des stratégies de mutualisation et de symbiose sont partout à l'œuvre, en particulier dans le monde végétal, sur et sous le sol. Avez-vous la possibilité de passer des accords avec des partenaires qui sécuriseront votre ressource ? Lesquels ? Quel intérêt ont-ils dans cette alliance ?

Dans tous les cas, les espèces qui sont structurellement dépendantes de leur milieu développent des compétences affûtées en communication afin de repérer puis d'exploiter toutes les opportunités[92]. Elles sont capables d'anticiper les diminutions saisonnières ou accidentelles et de s'y adapter. Où en êtes-vous des systèmes de veille ? Quels sont les indices que la nature ou la quantité de votre ressource clé est en train de changer ? Quels capteurs vous permettront de recevoir l'information ? Quel système de traitement vous permettra d'y répondre correctement ?

---

90 *Ailuropoda melanoleuca* consomme trois fois moins d'énergie que ce que les modèles prévoient pour un mammifère de sa taille.

91 On aura remarqué à l'été 2022 en France le nombre de feuilles tombées au sol : il s'agit d'un mécanisme d'adaptation au stress, destiné à limiter l'évapotranspiration et donc les besoins en eau. Malheureusement, ce système de régulation ne permet pas de faire face à un stress hydrique intense et durable : dans ce cas, l'arbre meurt.

92 Voir ci-après la théorie des affordances.

L'INFORMATION : UNE CLÉ POUR L'ACTION

L'information joue partout un rôle crucial[93]. Toutes les interactions entre les espèces passent d'abord par elle. Toute la reproduction sexuée également. N'importe quel être vivant en dépend : codage de l'ADN, régulations internes, réparation. Pas d'information, pas de vie. Les quelques enjeux associés à l'approvisionnement ici exposés témoignent de son importance.

Signal honnête ou malhonnête : tricher n'est pas jouer

Pour que la coopération perdure, nous avons vu qu'il faut une condition première : celle d'un intérêt réciproque pérenne. L'honnêteté constitue par ailleurs le ciment de la relation à terme. Il faut pouvoir avoir confiance en celui qui nous envoie un signal d'alerte ou de détection, qui nous déparasite ou nous entretient. Et pourtant…

Au cœur des récifs coralliens de la région indopacifique tropicale, le labre nettoyeur[94] vit en groupe constitué d'un mâle et d'une quinzaine de femelles. Le couple de dominants, mâle et femelle, passe l'essentiel de son temps sur le même bout de récif à nettoyer les parasites présents sur la peau et les écailles des poissons de plus grande taille qui viennent profiter de ses services. Pour un individu, il peut s'avérer tentant de prélever un peu du mucus très nourrissant d'un poisson sain au lieu de se contenter des parasites. Autrement dit, bénéficier d'un avantage sans

93 Voir Jean-Louis Dessalles, Cédric Gaucherel et Pierre-Henri Gouyon, Le Fil de la vie. *La face immatérielle du vivant*, Odile Jacob, 2016.

94 *Labroides dimidiatus*.

payer le prix de la réciprocité. Erreur fatale ! Lorsqu'un poisson se trouve lésé de la sorte, il déserte immédiatement le lieu, imité en cela par ses congénères qui auront observé le manège. Plus de clients, plus de nourriture. Le modèle s'effondrerait si les labres n'avaient inventé un système d'autorégulation : le mâle chasse la femelle qui a triché[95], lui interdisant d'accéder désormais à la source de nourriture[96]. Elle n'aura pas de descendants, le comportement « tricheur » ne sera pas sélectionné et la coopération peut ainsi constituer une stratégie évolutivement stable. De semblables comportements de punition sont observés au sein d'autres sociétés animales. Ils répondent tous à la même loi : il faut que le coût de la sanction soit supérieur à l'espérance de gain du tricheur.

Comment cette question de l'honnêteté ou de la tromperie est-elle susceptible de nous inspirer – en dehors de toute considération morale ? Elle peut notamment avoir un rôle à jouer dans votre stratégie d'alliance, dans le choix des acteurs avec lesquels coopérer. Un signal coûteux est un signal honnête, dit-on. Quelles preuves matérielles votre partenaire potentiel peut-il apporter de ce qu'il avance lorsqu'il revendique telle qualité ou capacité ? Qu'est-il prêt à engager immédiatement dans la coopération ? Derrière les chatoyantes couleurs de son discours, quels sont ses investissements passés ou ses actifs actuels qui prouvent sa capacité à faire ce qu'il annonce ? Au sein de votre organisation, rares sont les managers un tant soit peu expérimentés qui n'ont pas été déçus ou trompés par des partenaires ou des collaborateurs, par l'écart entre le discours et les actes. À l'échelle d'un collectif, cela fait beaucoup

---

95 Les femelles ont pour caractéristique singulière de changer de sexe lorsqu'elles atteignent une taille critique, prenant alors la place du mâle dominant. Se nourrir revêt donc pour elles un double enjeu : de survie et de domination. De la part du mâle, la punition infligée traduit une pulsion doublement égoïste. D'abord parce que la fuite d'un « client » l'empêcherait de se nourrir à son tour, ce qu'il cherche à éviter. Et surtout parce qu'à laisser sa compagne se nourrir trop sainement, le mâle court le risque de voir apparaître son propre rival au sein de son harem.

96 Nichola J. Raihani et al., « Male cleaner wrasses adjust punishment of female partners according to the stakes », *Proceedings of The Royal Society B*, vol. 279, no 1727, janvier 2012, p. 365-370, doi.org/10.1098/rspb.2011.0690

d'expériences à capitaliser. Est-il possible de dresser un « portrait-robot » du tricheur – et sinon du tricheur, de celui qui exagère volontiers ? Quelles sont ses approches ? Ses caractéristiques ? Ses promesses ? Comment aurait-il pu être détecté ? Pourrait-il l'être à l'avenir[97] ? Les truqueurs font perdre énormément de temps et parfois d'argent aux entreprises : pourquoi ne pas investir dans leur détection précoce ? En faire un sujet de réflexivité ? Inventer des formes de coaching croisé entre managers ?

Au-delà du « tricheur type », on constate que des comportements malhonnêtes entre des individus qui coopèrent en temps normal interviennent lorsque l'environnement devient défavorable. Un phénomène à rapprocher du continuum observé entre la coopération et le parasitisme. « La confiance n'exclut pas le contrôle », dit-on. Comment pouvez-vous surveiller la manière dont évolue la coopération sur la durée ? Faut-il, par exemple, instaurer des temps de discussion pour en parler ? Comment gérer l'apparition de déséquilibres, objectifs ou ressentis comme tels ? Comment détecter d'éventuelles contraintes externes subies par votre partenaire et qui risquent de le faire basculer vers des comportements égoïstes ? Quel est son niveau de santé ? De sérénité ? Enfin, n'oubliez pas qu'il ne peut y avoir tricherie que si les règles sont claires et qu'un joueur les enfreint. Les malhonnêtes se complaisent dans le flou, dans l'implicite : ils peuvent toujours laisser entendre qu'ils n'avaient pas compris. La première des choses à clarifier, c'est le périmètre de la coopération : quels sont les termes concrets de l'échange ou du troc derrière la notion de service réciproque ? Quels sont les apports respectifs quand il s'agit de clarifier la contribution de chacun à une œuvre collective ? Quelles sont les zones de chevauchement de compétence, de conflit d'intérêts ou de loyauté ? « On commence et on verra bien » : une bonne façon de se fâcher demain.

---

97 Des professionnels ont développé cette compétence : il s'agit des inspecteurs de police, dont le « flair » – ce sixième sens – constitue le meilleur actif immatériel.

Dans le vivant, les termes de l'échange sont évidents ; ils se traduisent par des comportements observables – alarme, protection, consommation, etc. Les relations humaines sont plus complexes : il est facile de tricher[98]. Quelles règles devez-vous clarifier ou instaurer ? Un référentiel de comportements, par exemple ? L'engagement de prévenir si telle ou telle situation apparaît ? Une organisation spécifique ? Un système d'alerte si la coopération n'est plus équitable ? Des temps de réflexivité dédiés à la coopération elle-même ? Un baromètre qui permet à chacun d'évaluer régulièrement la fluidité de la relation ?

La théorie des affordances : rechercher ou accueillir l'information ?

Les êtres vivants semblent adopter en permanence deux modes de détection de l'information de manière quasi synchrone. Le premier correspond à une situation donnée, essentiellement due au stress : stress hydrique, faim, période de reproduction. L'individu dans ce cas va observer son environnement pour accéder à la ressource et se focaliser sur la recherche d'indices. Dans le même temps toutefois, un autre mode de recueil des informations reste en veille permanente : il s'agit du système de détection des « affordances[99] ». Il permet de saisir toutes les opportunités qui se présentent qui ne sont certes pas en lien avec l'occupation prioritaire du moment, mais qui peuvent constituer autant d'occasions uniques de répondre à une des fonctions vitales de l'individu[100]. Dans un

98 Fort heureusement, la tricherie consomme beaucoup d'énergie. Le premier mensonge génère les dix suivants, ce qui rend la posture très difficile à tenir dans la durée.

99 On parle de la théorie des affordances ou des potentialités. Anthony Chemero, « An outline of a theory of affordances », *Ecological Psychology*, vol. 15, no 2, 2003, p. 181-195, doi.org/10.1207/S15326969ECO1502_5

100 De manière plus large, la théorie des affordances implique que les espèces ont appris à détecter et à analyser la disponibilité et la qualité des ressources présentes dans leur environnement afin d'adapter leur comportement (et, pour les espèces pour lesquelles cela a été démontré, à les anticiper).

environnement hautement imprévisible, cette fonction d'éveil permanent est salutaire – on n'est jamais à l'abri d'une bonne surprise !

L'affordance varie en fonction des conditions de l'environnement, de la présence ou non de telle ou telle ressource, mais aussi de la situation de l'individu – petits à élever, en couple ou solitaire, vieillissement, maladie. Face aux opportunités offertes par son milieu, l'individu doit pouvoir détecter la présence d'une ressource qu'il ne recherchait pas a priori, puis évaluer sa capacité à l'exploiter ou non en fonction de son état, ainsi que le caractère vital et éventuellement rare de cette ressource afin de revoir ses priorités d'action.

Nous autres, humains, sommes habitués à collecter de l'information dans un but précis en lien avec ce que nous réalisons ou sommes amenés à réaliser à l'avenir. Ce traitement orienté de l'information induit de nombreux biais[101], lesquels non seulement nous empêchent de réfléchir en dehors du cadre, mais limitent nos perceptions et nous font passer à côté de tout un tas d'opportunités. La théorie des affordances recouvre une attitude dont il peut être intéressant de s'inspirer : celle de l'exploration sans a priori.

Comment promouvoir cette attitude au sein de votre organisation ? En vous inspirant pourquoi pas des théoriciens de l'affordance, qui considèrent l'environnement comme un ensemble de ressources et d'opportunités mises à disposition de l'individu ? En habituant vos collaborateurs à observer davantage qu'à chercher, à s'étonner qu'à s'assurer, à détecter qu'à exploiter ? En incitant à la flânerie ? En valorisant l'opportunisme[102] ? Voilà pour la disposition d'esprit. Mais quel dispositif imaginer pour que cela fonctionne ? D'abord la détection. L'œil, par exemple, est une formidable machine à détecter le mouvement, à évaluer

101 La simplification par notre système cognitif est impérative pour décider rapidement, mais elle entraîne ces fameux biais. Le prix à payer de l'efficacité. (Albert Moukheiber, *Votre cerveau vous joue des tours*, J'ai lu, 2020.)

102 Dans l'acception positive du mot, en tant qu'aptitude à saisir les occasions.

l'éclairement et à analyser les couleurs. Il fonctionne de manière pertinente parce que des fonctions réflexes sont inscrites dans le cerveau de l'animal qui va réagir. Ultraviolet ? Plante mellifère[103]. Ombre portée ? Rapace. Mouvement dans l'herbe ? Potentiel déjeuner. Comment pouvez-vous aider vos collaborateurs à présélectionner les catégories d'informations qui vont intéresser votre entreprise ? En mettant, par exemple, de manière récurrente certaines thématiques en exergue lors de briefings ou de débriefings collectifs ? En explicitant ce qui peut ou doit constituer une ressource pour l'entreprise ? En actualisant l'information en fonction des difficultés et des enjeux du moment ? Développez chez eux une forme d'éveil stratégique : repérer les opportunités, proposer de nouvelles solutions, s'étonner du comportement d'un client ou d'un concurrent. Pour soutenir cette dynamique dans le temps, encore faudra-t-il que les salariés proactifs soient reconnus pour leurs contributions. Que celles-ci soient accueillies et analysées. Que l'entreprise en valorise l'utilité, lorsqu'elle a la capacité d'exploiter la ressource. Et même dans le cas contraire : ce n'est pas parce que l'on ne peut rien en faire que l'information elle-même n'était pas pertinente. Expliquez, justifiez, remerciez.

103 Les abeilles disposent d'un système visuel capable de capturer les longueurs d'onde dans l'ultraviolet. Certains pigments, qu'elles voient en fluorescence, agissent alors comme d'irrésistibles attracteurs.

Du vivant au vivant : s'inspirer du principe d'interdépendance

Votre entreprise est évidemment dépendante de l'accès aux ressources naturelles[104]. De manière très directe et plus ou moins intensive en fonction de votre activité. Même à faible niveau, reconnaissez qu'il serait difficile de vous priver complètement de papier ou d'eau ou de ne plus organiser de déjeuners d'affaires. Vous êtes dépendant de manière indirecte également : vos salariés mangent, s'habillent ou se soignent et consomment du vivant. Comment pouvez-vous contribuer à conserver ces ressources? À travers des politiques d'achats responsables? En consacrant une partie des gains de l'entreprise à entretenir des zones naturelles ou à favoriser des filières durables? Si votre activité dépend directement d'actifs naturels, qu'il s'agisse de molécules, comme dans le cas du secteur de la santé, de matières premières, comme pour les industries agro-alimentaires ou le textile, ou de paysages, dont le tourisme est tributaire, comment pouvez-vous préserver la ressource, voire la régénérer? Comment surveiller son état - sa disponibilité, sa bonne santé - et agir en conséquence, quitte à renoncer à l'exploiter pour un temps?

Quels impacts avez-vous sur la capacité du vivant à accéder à ses ressources? Si vous êtes implanté en zone périurbaine ou à la campagne, si vous clôturez votre terrain, ou l'imperméabilisez, ou installez des systèmes d'éclairage nocturne, savez-vous mesurer l'impact sur les autres espèces vivantes? Sur leur capacité à rejoindre leur territoire de chasse, leur zone de reproduction? Quelles destructions d'habitat ou disparitions d'espèces endémiques avez-vous causées, à l'échelle de votre parcelle ou bien plus loin, lorsque vous achetez des matières premières qui ont nécessité de déboiser ou d'imposer une forme de monoculture? Tout cela en valait-il raisonnablement la peine? Seriez-vous capable d'estimer le montant de votre «sacrifice», financier ou logistique, pour aller dans le sens de l'Histoire?

Enfin dans quelle mesure accaparez-vous des ressources vivantes dans votre unique intérêt? Vous arrive-t-il d'empêcher d'autres êtres vivants de

---

104 Voir pour cela les travaux réalisés par l'association Orée : Joël Houdet, Michel Trommetter et Jacques Weber, « Biodiversité et économie : Rendre compte des dépendances et impacts en matière de biodiversité et des services écosystémiques. Vers la standardisation d'un bilan biodiversité », *Hors Série*, 2010.

satisfaire leurs propres besoins vitaux ? Est-il vraiment nécessaire pour vous de disposer d'autant de biens, d'en sécuriser l'accès en accumulant des réserves ? Pouvez-vous établir un bilan interne des besoins réellement utiles, substituables et superflus ?

Chapitre 6

LE PRINCIPE D'INTÉGRITÉ

GARDER LA FORME

Le principe d'intégrité décrit les stratégies qu'un être vivant met en œuvre pour se maintenir en bonne santé tant qu'il n'a pas transmis son patrimoine génétique. Après cela seulement, il a le droit de mourir[1]. Les raisons qui peuvent faire obstacle à ce projet sont nombreuses. À commencer par des causes internes : carences en nutriments essentiels à la survie, hausse ou baisse anormale de la température corporelle, maladies dégénératives, etc. Les causes externes semblent plus évidentes encore, qu'il s'agisse d'attaques virales, de blessures accidentelles ou de rencontres malheureuses – les occasions ne manquent pas au cours d'une vie.

Si elles sont rarement l'objet d'agressions caractérisées, les entreprises sont confrontées à des événements qui peuvent affecter leurs ressources ou leurs actifs : une erreur qui entache une réputation, un accident industriel, etc. Elles font également face à des changements de leur environnement qui peuvent raréfier telle ou telle ressource : une technologie rachetée par un nouveau propriétaire, une barrière douanière qui renchérit telle matière première, etc. Des clients, des fournisseurs, des partenaires et parfois même des salariés ou des actionnaires peuvent, paradoxalement, adopter des comportements qui épuisent davantage l'organisation qu'ils ne la nourrissent. Bref, si une entreprise risque rarement de finir dévorée, elle n'en rencontre pas moins des accidents que l'observation du vivant peut nous aider à éviter ou à contrer.

1 Ce qui explique que la plupart des maladies dégénératives se déclenchent le plus souvent après la phase de maturité sexuelle.

L'HOMÉOSTASIE : QUAND LE DÉSORDRE EST INTÉRIEUR

Les régulations automatiques de l'organisme

Il a entamé sa descente en piqué. Les déflecteurs dont sont dotées les narines du faucon pèlerin[2] lui permettent de respirer en dépit de la pression du vent. À plus de 320 km/h, sans de telles protections, l'air ferait exploser ses poumons… Le pigeon ramier[3] n'avait aucune chance. Le choc l'a immédiatement assommé. Il ne reste plus au rapace qu'à comprimer la cage thoracique de sa proie avec ses serres pour l'asphyxier. La rapporter vers la falaise au creux de laquelle il niche. Puis la dévorer. Cet épisode n'est que la conclusion d'une séquence entamée quelques heures auparavant. La digestion du dernier repas était déjà loin, ce matin, et notre faucon s'est réveillé en situation d'hypoglycémie. Qu'à cela ne tienne : grâce à l'action du système nerveux sympathique[4], son corps est allé puiser directement dans les réserves[5] pour maintenir le niveau d'énergie disponible. Et ce même système nerveux sympathique, qui intervient dans toutes les situations d'alerte, l'a, en parallèle, incité à partir en quête de nourriture pour compenser les carences. La suite, vous la connaissez : décollage, chasse, capture, nourrissage.

---

2 *Falco peregrinus*.

3 *Columba palumbus*.

4 Le système nerveux sympathique contribue à stimuler les activités corporelles, en situation de stress notamment : augmentation de la fréquence cardiaque, accélération de la respiration, stimulation du métabolisme, etc. À l'inverse, le système nerveux parasympathique a un effet apaisant sur l'organisme.

5 En cas d'hypoglycémie, l'activation autonome du système nerveux sympathique provoque la libération de glucagon par les cellules alpha du pancréas et enclenche la glycogénolyse hépatique.

Grâce à ces deux systèmes de commande, l'un de régulation automatique, l'autre comportemental, l'organisme a pu maintenir ses équilibres internes vitaux[6]. C'est ce phénomène que l'on nomme homéostasie[7]. L'enchaînement des opérations se déroule presque toujours de la même manière en faisant intervenir trois éléments essentiels : le récepteur qui capte les changements, le centre de régulation qui analyse les données au regard des valeurs de référence et détermine l'action à entreprendre, et l'effecteur qui met en œuvre la réponse au stimulus. À l'issue de l'action, une boucle de rétroaction va soit réduire le stimulus soit l'amplifier[8] en fonction du nouvel équilibre atteint.

Les actions appartiennent à deux familles de réponses qui sont généralement déclenchées en parallèle l'une de l'autre. La première famille consiste à mobiliser les systèmes de régulation à partir des ressources dont dispose l'organisme. Ainsi, celui du faucon est allé synthétiser du glucose à partir de réserves situées dans le foie. La seconde famille d'actions correspond à des adaptations comportementales en réponse à des sensations de faim (la chasse), d'inconfort thermique (l'activité physique), de soif (l'hydratation).

L'homéostasie permet ainsi le maintien en bon état des conditions physiologiques vitales, au même titre que le système immunitaire. Celui-ci, bien qu'il fonctionne différemment, repose néanmoins sur les mêmes séquences de détection puis d'évaluation d'une anomalie (en l'occurrence, l'invasion agressive du corps par du « non-soi ») et, enfin, le déclenchement rapide d'une réponse adaptée de lutte (attaque de l'antigène par les anticorps) ou d'élimination (vomissements).

---

6 L'ingestion de nourriture, comme nous venons de le voir, a un impact sur le métabolisme énergétique. La prise de boisson permet de réguler les équilibres hydrominéraux du milieu intérieur. Enfin, la régulation de la température corporelle se fait notamment par la recherche d'environnements chaud ou froid.

7 Autrement dit, un équilibre dynamique qui vise à maintenir certaines variables dans les limites de la zone de tolérance vitale.

8 On parle de rétro-inhibition ou de rétroactivation.

Le principe d'intégrité repose sur l'existence d'un référentiel – l'archétype – qui caractérise l'état de fonctionnement nominal du système, qu'il faut garder le plus constant possible. Il répond donc à un impératif de conservation. En parallèle, il reconnaît implicitement que la vie n'est faite que de changements; il s'agit donc aussi d'un principe dynamique. L'opération consiste à rendre compatibles les deux phénomènes : conservation et changement[9]. L'archétype sert de référence permettant de définir le normal et l'anormal[10] de manière automatique. Il correspond pour l'entreprise, d'une part, aux normes de comportement, généralement inscrites dans son système de valeurs, et, d'autre part, à sa cartographie des processus.

Il nous est tous arrivé de ressentir un malaise face au comportement d'un collaborateur, de remarquer que quelque chose dans l'entreprise ne collait pas. Cette sensation est souvent le signal d'un écart par rapport à la norme, explicite ou implicite, adoptée par les salariés d'une entreprise. Tout à coup, nous ne nous reconnaissons plus nous-mêmes. Est-ce parce qu'un individu se met à dysfonctionner ? Est-ce parce que l'on s'éloigne, pour une cause maligne, du schéma général et donc des valeurs que l'on avait instaurées ? Dans tous les cas, les modes de défense observés dans le vivant nous invitent à imaginer un système d'alerte, puis un protocole qui permette de poser un diagnostic et enfin, un système de réparation. Mais face à des phénomènes diffus, les indicateurs sont généralement moins évidents. Quels sont ceux qui vous permettront de détecter des écarts aux valeurs ? Il peut s'agir d'un service en surchauffe, de communications qui deviennent agressives ou qui s'espacent – auquel cas le signal est encore plus faible. Comment pouvez-vous instaurer une discussion sur la question des valeurs de votre entreprise et de leur respect dans le temps ? Quelles procédures d'alerte pouvez-vous mettre

9 La dynamique de changement renvoie au principe de créativité et à la notion de schéma corporel commun, en lien avec la raison d'être (voir chapitre 2).

10 Le « soi » et le « non-soi » pour ce qui est du système immunitaire.

en place[11] ? Quels dispositifs réflexifs pourraient servir à repérer les phénomènes de dérive de l'organisation ? Comment pourriez-vous détecter les déséquilibres d'énergie ? Les tensions à un endroit ? Les silences à un autre ? Faudrait-il flâner dans l'entreprise ? Provoquer des rencontres ?

Après le temps de la détection vient celui de la réparation. Une fois que le système homéostatique a analysé l'écart à la norme, il met en place une stratégie de réponse qui sollicite énormément d'énergie et nécessite par ricochet la mise au repos d'autres activités. On a de la fièvre, on somnole, on s'arrête pour un temps. La réparation exige d'y consacrer de l'énergie et ne peut s'opérer comme si de rien n'était : elle se fait parfois au prix d'une baisse de performance passagère d'une partie de l'activité[12]. Il faut accepter qu'il s'agisse d'événements normaux de la vie de l'entreprise. Et laisser le temps de la convalescence.

Comment piloter le risque ? Les indicateurs opérationnels

L'essentiel de la régulation homéostatique se fait sous les radars, à travers des systèmes d'action-réaction-rétroaction autonomes. Le caractère automatique de ces processus permet de libérer l'individu d'une surcharge cognitive pour qu'il soit performant dans l'action : trouver de la nourriture, se reproduire, se reposer. Ces activités font appel à la compétence et à la concentration de l'individu et requièrent un haut niveau d'adaptation aux situations. Elles mobilisent donc toute l'attention disponible. Pour les tâches routinières, l'intendance doit suivre.

Comment piloter le risque avec rigueur et souplesse à la fois ? Les processus, qui explicitent et généralisent les bonnes pratiques à partager

---

11 Qui ne sont pas de la dénonciation, bien au contraire ! Un dysfonctionnement individuel est souvent le syndrome d'un malaise collectif et il vaut mieux remercier celui ou celle qui a permis, par son comportement décalé ou inapproprié, de le révéler.

12 Cet investissement immatériel permet de consolider à coup sûr les ressources de l'entreprise.

au sein de l'entreprise, constituent un champ d'investigation légitime. Leur cartographie est censée refléter les priorités stratégiques de l'organisation.

On peut identifier ces processus selon trois échelles de temps :

- La première concerne les situations de mise en danger immédiat, celles qui font réagir le corps de manière automatique, en urgence. Ces situations – incendie, accident, intrusion, etc. – sont en général recensées dans le DUERP[13] et les collaborateurs formés à y réagir. Le système d'alerte est alors critique : il doit être rapide et compris par chacun. De même, les procédures de sauvegarde doivent être simples et connues de tous. Posez-vous maintenant les questions suivantes. Quels événements peuvent mettre en danger la pérennité de l'entreprise ou l'intégrité de ses salariés sur un temps court ? Est-ce que le signal d'alerte est clair lorsqu'un tel événement survient ? Comment ce signal est-il déclenché ? Avez-vous mis en place des procédures de sauvetage, de régulation ou de mitigation ? Les collaborateurs les connaissent-ils ? Les comprennent-ils ? Sont-ils formés pour adopter la bonne réaction ? Partez de situations réelles, telles qu'une cyberattaque. Comment acquérir les bons réflexes ? Que faire lorsque son ordinateur est infecté ? L'entreprise peut-elle mettre en place des procédures de forçage pour éviter certaines actions malheureuses sous le coup de la panique ou pour lancer des séquences obligatoires ? Faut-il le faire ? À quel point cela va-t-il entraver d'autres fonctions ? Comment persuader les collaborateurs du bien-fondé de ne pas se poser de questions dans un contexte précis alors qu'on les invite par ailleurs à s'interroger aussi souvent que possible[14] ?

- La deuxième échelle de temps correspond aux ajustements en double commande. Dans le domaine du vivant, cela équivaut à une situation

13 Document unique d'évaluation des risques professionnels.

14 Au sein des forces spéciales de l'armée française, le remplissage du sac de combat a été pensé de manière optimisée et il ne viendrait à l'esprit d'aucun militaire d'y déroger. Il s'agit pourtant de soldats particulièrement intelligents et desquels on attend une très grande capacité d'initiative. Mais ils savent que la standardisation de leur paquetage conditionne une partie du succès des opérations : dans le noir ou sous le feu ennemi, chacun sait exactement où est quoi. (Vincent Desportes, *Devenez leader*, Odile Jacob, 2023.)

de pilotage automatique associé à une commande comportementale déclenchant une sensation de faim, de soif ou de chaleur. Au niveau de l'entreprise, cela correspond aux activités banales qui permettent son maintien en conditions opérationnelles et dont la dégradation est détectable à l'échelle du mois. Il faut donc identifier les dysfonctionnements prévisibles[15] qui pourraient mettre en péril votre entreprise, qu'il s'agisse d'incapacité, de sous-capacité ou de surchauffe, et leur associer des indicateurs visibles à cette échelle de temps. Certains sont évidents et universels : la trésorerie, l'absentéisme, des pics de charge significatifs dans certains services, pour certains salariés, etc. D'autres dépendent fortement du secteur, de l'activité de l'entreprise ou de son modèle économique. Vous disposez sans doute déjà d'un tableau de pilotage de votre organisation. Il est en général indexé sur des objectifs. L'avez-vous envisagé sous l'angle du risque ? Quels seuils ne faut-il objectivement pas dépasser sous peine de mettre l'entreprise en danger ? Quels indicateurs faudrait-il changer ?

- La troisième échelle de temps correspond aux phénomènes homéostatiques qui sont plus diffus, multifactoriels, dont les effets se révèlent sur le long terme, comme l'hypercalcémie[16] dans le monde du vivant. Ce type de déséquilibres présente une chaîne causale plus complexe et ne va pas forcément avoir de traduction appropriée en termes de comportement. Dans le cas de l'osmorégulation[17], par exemple, qui joue un rôle clé dans l'intégrité physique des cellules et des tissus, un dysfonctionnement n'induit pas toujours une réponse comportementale adaptée. L'hyperosmolarité provoque des céphalées et de l'irritabilité. Comment imaginer qu'il vaudrait mieux boire un grand verre d'eau plutôt que d'aller faire une sieste ? Si la situation est chronique, comment se rendre compte qu'il devient nécessaire d'adopter un régime allégé en sel sous peine de

---

15 C'est-à-dire en dehors des accidents exceptionnels, que l'on ne peut donc pas prédire.

16 Taux anormalement élevé de calcium dans le sang.

17 Il s'agit du système qui permet de réguler la concentration en sel des fluides de l'organisme.

s'exposer à toutes sortes de complications à moyen et long terme – risques rénaux, cardiaques, etc. ? L'organisme essaye de s'ajuster en stockant, en récupérant ou en éliminant. Mais la résolution à la racine de ces déséquilibres est rendue difficile par leur caractère diffus, contrairement aux liens évidents qui existent entre certains problèmes et leur solution (faim-manger, froid-bouger). Ce phénomène correspond au niveau de l'entreprise à une dégradation progressive et invisible des ressources matérielles ou immatérielles. Il peut s'agir d'une fatigue organisationnelle, d'une moindre vigilance concernant le respect des règles et du matériel, du vieillissement prématuré des infrastructures ou encore d'une altération des relations de confiance avec des clients ou des partenaires clés. Le corps met en place des systèmes de détection-correction automatiques pour contrebalancer ces déséquilibres. Qu'en est-il de votre entreprise ? Avant cela, il faut déjà avoir caractérisé ce qu'est un bon fonctionnement et identifié les ressources ou capacités stratégiques qui en sont à l'origine. Quelles sont, par exemple, les conditions d'une bonne relation avec votre banquier ? Au-delà du fait de respecter vos engagements, il y a celui de le tenir régulièrement informé de l'activité et de l'état de santé de l'entreprise. Le jour où les choses se gâtent, il a pu anticiper et se tient à vos côtés. Quels sont les signes que la relation se distend ? Lui avez-vous envoyé un rapport d'activité comme d'habitude ? Votre directeur financier a-t-il fait avec lui son point d'actualité annuel ? Non ? Alerte régulation. Vous allez arguer que tout ne peut pas faire l'objet d'un suivi permanent et c'est vrai. Il faut néanmoins hiérarchiser les éléments qui conditionnent la bonne santé à long terme de votre entreprise (les liens avec les financeurs dans cet exemple précis), identifier les comportements qui permettent de les maintenir dans des intervalles acceptables (les actions à mener systématiquement avec votre banquier), responsabiliser les acteurs chargés de réaliser la feuille de route et leur demander d'alerter lorsque le comportement s'écarte trop du standard (faute de ressources, votre directeur financier est peut-être tout simplement débordé). C'est à ce prix que vous pourrez réellement gérer vos ressources stratégiques sur le long terme. Cela passe par la détection des signaux faibles : une vraie compétence organisationnelle à acquérir.

À propos d'intervalles acceptables, le phénomène d'homéostasie nous invite à un pas de côté qui peut surprendre parfois. Il nous suggère de généraliser le principe de bornes minimales et maximales à l'intérieur desquelles les variables peuvent fluctuer sans risques. Si l'on ne fixe pas de maximum objectif à la rentabilité, ne risque-t-on pas finalement de léser des parties prenantes clés et de dégrader la qualité des liens avec celles-ci ? À long terme, que deviendra la qualité des relations avec des salariés qui pensent travailler essentiellement pour l'actionnaire ? Qu'en sera-t-il des liens de confiance tissés avec le soi-disant partenaire auquel on explique qu'il faut réduire sans cesse son prix pour augmenter votre marge brute ? Dans un autre registre, faut-il convenir d'un *turn-over* minimum, qui montre la capacité de l'entreprise à renouveler ses ressources ? Qui montre aussi sa capacité à former ses salariés et à les rendre employables, donc libres ? Faut-il limiter le développement commercial, sans quoi on ne pourra produire selon les conditions de qualité requises ?

QUAND ON NE PEUT PAS FUIR : TOLÉRER, RÉSISTER

Les stratégies de tolérance : s'accommoder de la part du feu

La part du feu, c'est la perte que les pompiers concèdent au brasier tandis que, plus loin, ils organisent les coupe-feu qui permettront la victoire finale. La part du feu, c'est la perte qu'une plante peut concéder à un herbivore parce qu'elle se sait à même de la compenser par ailleurs.

Face à une attaque, une première catégorie de tactiques repose sur la capacité de certaines espèces à se développer ou à se régénérer rapidement. Les plantes à croissance rapide courent statistiquement moins de risques de croiser leur prédateur avant d'arriver à leur phase de maturité sexuelle. Pas d'attaque, donc pas de problème. Elles ont également plus de facilité à compenser une partie perdue en développant des surgeons. Certaines espèces parviennent à augmenter la capacité photosynthétique des parties épargnées par l'attaque – un *booster* ciblé en quelque sorte.

D'autres stratégies, dites « compensatoires », reposent sur les propriétés singulières de certaines cellules restées indifférenciées. Soumise à une agression, la plante leur envoie un signal qui provoque leur division puis leur spécialisation. Elles vont acquérir une structure ou une fonction particulière, qu'il s'agisse d'allonger les tiges ou de multiplier le nombre de feuilles. La croissance ne se fait pas de manière anarchique : la plante procède généralement à une relocalisation de ses ressources vers les zones les moins soumises à l'agression. Que l'agresseur s'attaque aux racines, et les feuilles seront favorisées. Inversement si nécessaire. En complément, certaines espèces mettent en œuvre des stratégies de stockage préventif

– stockage de carbone dans les racines, par exemple. Les ressources nécessaires à leur régénération sont ainsi immédiatement disponibles.

Pour l'entreprise, les tactiques basées sur la vitesse ont trait en particulier à son rythme d'innovation et à sa capacité de mise en œuvre de projets. Si l'on vous attaque d'un côté, vous compensez à un autre niveau. Si vous pouvez atteindre rapidement votre point mort, vous aurez rentabilisé votre investissement bien avant de subir une potentielle agression. Saurez-vous apprendre à gérer certains projets d'innovation comme une plante à croissance rapide ? L'agencement de vos ressources permet-il une mise sur le marché dans un délai très court ? Cette mise sur le marché permet-elle au projet de faire suffisamment de petits, c'est-à-dire de générer des revenus, d'enrichir le portefeuille clients et la connaissance que l'on a des marchés, ou encore de consolider l'image et la notoriété de votre entreprise ? Quelles sont les formes les mieux adaptées à ce type d'approche ? Les preuves de concept, les pilotes, l'*open innovation* ? Peut-on maximiser la valeur créée autrement que par le chiffre d'affaires ? Par l'expérience ou les connaissances acquises, les réseaux créés, la notoriété générée ?

Quant aux tactiques basées sur le stockage du carbone ou la relocalisation des ressources, elles renvoient à la capacité de l'entreprise à gérer ses actifs immatériels. La tactique de stockage peut ainsi être rapprochée de la capacité à transformer une ressource *intuitu personae*[18] en une ressource de l'organisation. Existe-t-il dans votre entreprise des ressources immatérielles stratégiques qui ne peuvent être activées que par une personne clé ? Comment dupliquer cette compétence ? Vers qui ? Pouvez-vous concevoir une méthode de transfert qui préserve le plus précisément possible ce savoir-faire ? Idem avec des partenaires clés : dans quelle mesure peuvent-ils venir rapidement à votre rescousse ? Faut-il envisager d'autres partenariats pour augmenter votre capacité à lancer

18 C'est-à-dire liée à une seule personne.

de nouveaux projets ? La tactique de relocalisation vous invite quant à elle à identifier des ressources stratégiques « souches » dans l'entreprise. En repartant de votre cartographie des ressources, savez-vous distinguer celles sollicitées par plusieurs capacités stratégiques ? Celles le plus souvent activées ? Comment pourraient-elles permettre de développer de nouvelles capacités ? Pouvez-vous identifier ce qui caractérise ces ressources souches ? S'agit-il plutôt de compétences techniques ou de compétences comportementales liées aux qualités humaines des individus ? De métaprocessus ou de microprocédures ? S'appuient-elles sur des formes d'organisation particulières ?

De nombreuses espèces ménagent la part du feu. Il en est même qui jouent avec lui. Dans la forêt australienne, les rince-bouteilles[19], des arbustes nommés ainsi en raison de leurs fleurs d'un rouge éclatant réunies en goupillons, se réjouissent de l'arrivée du feu. Solidement attachées aux branches, des billes contenant des milliers de graines vont exploser en présence des flammes et disséminer les semences autour de l'arbuste. Plus près de nous, le ciste porte-labdanum[20], un arbuste aux fleurs blanches et pourpres très odorantes, s'épanouit sous le climat méditerranéen chaud et sec. Comme toutes les espèces du genre *Cistus*, sa reproduction est multipliée par dix lorsque passe un incendie, qui stimule la germination des graines. Pourvu que les incendies n'interviennent pas à un rythme trop rapproché, les cistes s'accommodent parfaitement de ce contact régulier avec le feu. Pourquoi ne pas imaginer des configurations dans lesquelles des crises deviendraient pour vous des opportunités de valoriser vos services dans l'intérêt de tous ? En quoi vos ressources, vos actifs pourraient-ils apporter une solution dans une situation critique au sein de votre écosystème[21] ? Quelles sont les crises qui interviennent dans

19 Du genre *Callistemon*.

20 *Cistus ladanifer* était connu des légions romaines pour stopper en quelques minutes le saignement provoqué par les blessures reçues au combat.

21 Il suffit de se rappeler le drame des masques et des protections pour les personnels soignants au début de la crise de la Covid-19. Ou de la pénurie de gel hydroalcoolique.

votre environnement de manière cyclique ? Comment affectent-elles les différentes parties prenantes ? Comment cela vous permettrait-il de semer de nouvelles graines ? Pouvez-vous même imaginer des projets types de temps de crise ?

Les stratégies de résistance : détourner l'agresseur de son projet

« Qui s'y frotte s'y pique ! » Cette formule, que le blason de la ville de Nancy associe au chardon, illustre bien les risques que prennent quotidiennement les herbivores. Elle nous donne la clé d'une première catégorie de stratégies de résistance : les tactiques de maintien à distance. Qu'il s'agisse d'épines ou de trichomes[22], certaines plantes hérissent leurs feuilles ou leurs tiges de divers systèmes de défense passive qui invitent l'herbivore à passer son chemin. Certaines d'entre elles ont même développé des stratégies deux en un. Ainsi, les épines particulièrement redoutables des cactus[23] sont en réalité des feuilles modifiées et réduites, ce qui contribue à diminuer la surface de contact avec l'air chaud et sec, et donc la perte en eau. Le yucca à feuilles d'Aloès[24] a choisi une autre tactique : ses feuilles coriaces et rigides rendent leur mastication particulièrement pénible. Mais c'est surtout leur forme qui rebute les gourmands : effilées aux bords et pointues au bout, elles peuvent sérieusement blesser leur bouche[25]. Forme et dureté : ces signes extérieurs permettent d'orienter l'herbivore vers une autre cantine.

En l'absence d'indices visuels, la chenille ou l'antilope envisagent de faire un festin du végétal à leur portée. C'est sans compter sur la seconde catégorie de stratégies de résistance : la riposte chimique.

22 Mais si, vous connaissez ! Ces poils urticants présents sur les feuilles de la petite ortie (*Urtica urens*), par exemple, qui font le charme des promenades en campagne.

23 Famille des *Cactaceae*.

24 *Yucca aloifolia*.

25 Cela lui a valu le joli nom de « baïonnette espagnole ».

Observez une prairie où paissent des vaches. Vous noterez peut-être à leurs fleurs jaune d'or la présence d'épervières[26], des petites plantes que l'on confond facilement avec des pissenlits[27]. Les vaches, qui apprécient les seconds, ne s'y laissent pas tromper : cette cousine contient des composés chimiques qui peuvent provoquer des lésions au foie lorsqu'elle est consommée en grande quantité. Et c'est là un moindre mal. En agissant directement sur le système nerveux de leurs agresseurs, les molécules contenues dans certaines plantes altèrent les fonctions essentielles de l'animal, provoquant des hallucinations et parfois la mort. La toxicité représente le plus haut niveau de riposte chimique. Il en existe deux autres. La tactique répulsive réside dans le fait que certains composés chimiques donnent un goût amer à la plante, ce qui peut dissuader l'herbivore de poursuivre son festin. La tactique biocide, enfin, est illustrée par la jolie azalée[28]. Avec le laurier-cerise[29] et nombre d'autres plantes, elle partage une compétence particulièrement désagréable : certains de ses composés s'attaquent à la flore intestinale de l'animal et provoquent immanquablement diarrhées ou vomissements. Une expérience qui ne sera pas renouvelée[30].

Les stratégies de résistance peuvent inspirer les entreprises qui souhaitent se prémunir contre des comportements hostiles tels que le détournement de clientèle ou le vol d'informations stratégiques[31].

---

26 Du genre *Hieracium*.

27 *Taraxacum officinale*.

28 Du genre *Rhododendron*.

29 *Prunus laurocerasus*.

30 Chez certaines espèces animales, l'information concernant la non-comestibilité des plantes se transmet de génération en génération par l'éducation. On pense que la répulsion pour l'amertume résulte d'une sélection naturelle : les herbivores appréciant les plantes amères, souvent signe de la présence de composés toxiques mortels, n'ont pas eu une descendance nombreuse.

31 La notion de vol n'est pas prise ici au sens juridique du terme : des procédés telle la rétro-ingénierie permettent de s'approprier une information de la concurrence en toute légalité. C'est contre eux qu'il faut pouvoir se prémunir.

La tactique de l'épine consisterait, de manière passive et structurelle, à éloigner l'entreprise hostile en rendant difficile ou douloureux l'accès à la ressource. La tactique de l'indigestion signifierait de faire en sorte qu'une ressource, une fois « métabolisée », porte atteinte à l'intégrité de l'organisation qui a commis le larcin. De quelle manière pourriez-vous imaginer rendre coup pour coup ? Quel mal pourrait-il y avoir pour un concurrent malhonnête ? Le dépôt de plainte est évidemment une solution ; elle se révèle parfois plus coûteuse pour vous que pour l'entreprise incriminée. Le principe d'intégrité vous invite à anticiper ce point : un avocat ne travaillera correctement que si vous avez pensé une tactique de riposte dès l'origine et si vous opérez une veille défensive active. Est-ce que des approches telles que le *name and shame* pourraient suffire ?

Les ripostes chimiques vous invitent à réfléchir sur la manière dont l'utilisation de vos ressources pourrait porter atteinte à l'intégrité de celui qui les a détournées. Devriez-vous rendre disponible une information en l'amputant sciemment d'une clé de lecture[32] ? Faut-il s'inspirer des informaticiens et mettre un ver dans le fruit ? Comment compliquer les opérations de rétro-ingénierie[33] auxquelles se livrent vos concurrents ? Quelle « boîte noire » pouvez-vous inventer[34] ?

32 En l'absence de cette clé, le pillard ne pourra pas utiliser cette ressource ou proposera des services ou des produits défaillants s'il l'utilise.

33 Cette méthode permet de reconcevoir un objet ou un logiciel à partir de l'analyse de son organisation.

34 On peut préférer à cette approche celle des Creative Commons, du moment que les communs sont partagés au sein d'une communauté amie et responsable, c'est-à-dire constituée d'acteurs capables de reconnaître le prix d'une innovation et de rémunérer l'inventeur par des retours d'expérience (à rebours des comportements de parasite dénoncés dans le chapitre précédent).

INVESTIR DANS LES SYSTÈMES DE DÉFENSE : QUELS ARBITRAGES STRATÉGIQUES ?

Résister ou laisser faire ?

Entre la stratégie d'évitement[35], la stratégie de tolérance et la stratégie de résistance, quelle est la plus rentable pour une plante ? Comment arbitrer ? Le compromis (encore lui) s'opère autour d'un triangle risque-valeur-coût[36]. Le risque, c'est celui que la plante soit mise en présence de son prédateur, soit parce qu'elle se trouve dans un lieu qu'il peut atteindre facilement, soit parce que sa durée de vie fait que, statistiquement, leurs chemins vont se croiser, soit parce qu'elle est le plus appétissant des mets en présence. La valeur, c'est celle de la partie qui va être prélevée : quelles sont les parties qui sécurisent sa capacité à survivre et à avoir une descendance viable ? Peut-elle les protéger même si elle est amputée par ailleurs ? Enfin le coût, c'est celui de la mise en place de systèmes de détection-protection : la chimie et les structures de défense ponctionnent des ressources qui pourraient servir à la croissance et à la reproduction. Or contre-attaquer est bien plus coûteux qu'accepter. Autrement dit, le vivant privilégiera toujours, dans l'ordre, la stratégie d'évitement, puis la stratégie de tolérance, puis la stratégie de résistance.

---

35 La stratégie d'évitement consiste à diminuer les probabilités de se trouver face à son prédateur (« pour vivre heureux, vivons cachés. »).

36 C'est ce que l'on appelle la théorie de la défense optimale.

Les conditions extérieures, la ressource disponible notamment, influencent fortement les choix d'investissement. Plus la ressource est rare, plus il est difficile de compenser des pertes en synthétisant de la matière et plus élevé sera alors le niveau d'investissement dans les systèmes de défense. Les plantes adaptent leur arsenal chimique en fonction de la composition des sols. Sur les sols pauvres en azote, elles développeront préférentiellement des défenses à base de carbone[37], et réciproquement[38]. Enfin, certaines espèces adaptent leur défense à la pression des herbivores. Jusqu'à cinq formes de feuilles différentes peuvent ainsi cohabiter sur un même houx commun[39], du bord lisse au bord épineux. Les feuilles à bord épineux poussent surtout en hiver, au moment où l'arbuste est particulièrement exposé au broutage du fait de la rareté des plantes en sous-bois. Lorsqu'un rameau de feuilles lisses a été attaqué, les rejets seront également constitués de feuilles à bord épineux : l'arbuste a enregistré que cette partie-là, au moins, était exposée au danger.

Ce que semblent nous apprendre les plantes, c'est qu'il faut éviter de systématiser une stratégie de défense, compte tenu du coût qu'elle représente. Bien analyser d'où vient le danger. Évaluer le ratio coût-bénéfice. Agir sans passion et se résigner parfois à perdre un peu pour gagner au global.

Qu'en est-il du choix de la riposte ? Vous est-il facile d'accéder aux ressources qui vous permettront de remplacer celles endommagées ? Sont-elles abondantes et disponibles ? Si oui, peut-être faut-il laisser faire. Si non, se défendre jalousement. Quelles sont les pertes que vous ne pouvez pas vous permettre de subir ? Pour le reste, ne faut-il pas envisager de systématiquement laisser faire ? Ou bien pouvez-vous imaginer une riposte contextualisée, comme le fait le houx ? Y a-t-il des périodes où l'exposition

37 Composés phénoliques, terpènes, composés organiques volatils (COV).

38 Alcaloïdes, glucosinolates.

39 *Ilex aquifolium*.

au risque est plus élevée ? Faut-il attendre de voir d'où vient le danger (acceptable) avant de hérisser des défenses ? Pouvez-vous mettre de côté la logique de l'honneur[40] et peser froidement les avantages et surtout les inconvénients d'une riposte – son coût direct, son efficacité, ses effets induits tels que le temps et l'énergie engloutis dans un procès inopportun ?

Évitement, tolérance et résistance en dernier recours. Le vivant nous invite à évaluer d'abord le risque et l'impact, avant de décider du compromis le plus viable.

Faut-il agir ou pas ? Renforcement ou atténuation du signal

Pour prendre une décision pertinente, un grand nombre d'espèces ont mis en place des procédures de vérification. Les erreurs peuvent provenir de l'émetteur (leurre, signal malhonnête) ou d'une mauvaise interprétation du signal lui-même. Plusieurs stratégies sont mises en œuvre pour évaluer la situation.

Lorsqu'une abeille[41] butineuse regagne la ruche après son exploration, elle entame une danse qui permet notamment d'indiquer la direction et la distance de la ressource. Il est une information que ses sœurs vont observer avec beaucoup d'intérêt : la vitesse de cette danse et la fréquence des vibrations, qui vont les renseigner sur la qualité du gisement. Cette donnée aura un impact décisif sur leur choix de suivre ou non les recommandations de la danseuse[42]. Les abeilles font appel à une stratégie analogue en cas de danger : des phéromones d'alarme sont d'abord émises par une ouvrière gardienne de la ruche, bientôt amplifiées par celles émises par les abeilles défenseuses lorsqu'elles piquent. Cette saturation d'informations

---

40 Voir Philippe d'Iribarne, *La Logique de l'honneur. Gestion des entreprises et traditions nationales*, Seuil, coll. « Points Essais », 1993.

41 *Apis mellifera*.

42 Cela leur permet d'arbitrer entre les informations rapportées par plusieurs prospectrices et d'opter pour le meilleur compromis entre la distance et le gisement. Un modèle gravitaire façon *Apis*.

chimiques permet de recruter d'autres abeilles défenseuses avec certitude. En fin d'attaque, les phéromones de piqûre se dissipent et le signal de mobilisation disparaît. Les abeilles ont ici recours à ce que l'on appelle des stratégies de renforcement ou d'atténuation. Elles permettent de mesurer l'intensité du danger dans le temps.

D'autres stratégies peuvent servir à éclairer la décision d'agir ou non. Si la feuille d'une plante est endommagée par un choc, l'alerte est immédiatement déclenchée. Mais comment faire la différence entre la chute d'une branche et l'attaque d'un insecte ? Dans le premier cas, seuls les récepteurs mécaniques seront activés et la plante n'engagera aucune riposte. Dans le second, des récepteurs chimiques capables de détecter des molécules présentes dans la salive de l'agresseur vont orienter l'interprétation du signal : « Alerte générale ! » C'est ce que l'on appelle des stratégies de confirmation. Elles consistent à analyser une information, un stimulus, par deux types de récepteurs différents.

À partir de ces observations, quelles stratégies de veille efficientes est-il possible d'imaginer ? Les phénomènes d'amplification sont toujours déclenchés par un signal père[43]. Comment votre entreprise peut-elle développer son acuité à repérer ces signaux de manière précise et précoce ? Quel sera le signal précurseur le plus pertinent en fonction de ce que vous cherchez à surveiller ? Est-il directement lié au phénomène ou faut-il chercher des signaux secondaires corrélés ? Est-il disponible, c'est-à-dire évident, récurrent et d'intensité suffisante et fiable ? Comment évaluez-vous la capacité de votre organisation à le capter ?

La seconde série de questions à trancher concerne l'incertitude minimale acceptable. En matière de stratégie, aucune situation ne permettra jamais de prendre une décision parfaitement éclairée[44]. Dans certains cas, si la première information suffit à agir de manière « assez »

43 Phéromone d'alerte d'une abeille, blessure sur la feuille, détection d'un prédateur en mouvement, etc.

44 Notamment parce que des biais cognitifs peuvent fausser l'interprétation que nous faisons des données collectées.

avisée, pas besoin d'attendre[45]. Mais lorsque la survie immédiate n'est pas en cause, le vivant nous enseigne qu'il est plutôt rentable de prendre le temps d'une confirmation. Pouvez-vous faire la différence entre les attaques mortelles, celles qui entraîneraient une défaillance de l'entreprise ou de certaines activités stratégiques, et les autres ? Pour ces secondes, quel protocole de confirmation pouvez-vous imaginer mettre en place ? Concevoir un processus de détection de signaux faibles et mesurer l'intensification de la menace (stratégie de renforcement) ? Pouvez-vous croiser les indices à partir de sources secondaires ? Qui d'extérieur à votre organisation peut aider à interpréter l'information ? Ou simplement la confirmer ? Penser seul vous permet d'aller plus vite, mais penser avec les autres vous offre davantage de garanties de suivre la bonne direction.

45 C'est ainsi que la réponse « fuite » s'est diffusée chez *Homo sapiens* bien davantage que la réponse « combat » : en entendant le craquement d'une branche dans la forêt, la plupart de nos ancêtres ont préféré prendre leurs jambes à leur cou plutôt que d'attendre la confirmation visuelle que oui, il s'agissait bien d'un tigre à dents de sabre.

UNE TACTIQUE EFFICACE : S'EN SORTIR GRÂCE AUX AUTRES

Alerter et s'entraider

« Aïe ! » Le doryphore[46] vient d'attaquer sa première feuille du pied de tomate[47]. Et se prépare à faire bombance. Sans le savoir, il a pourtant appuyé sur le bouton « riposte » et va bientôt s'en mordre les pattes. Très vite, la tomate produit une hormone de défense[48] qui va s'accumuler directement dans les parties endommagées et les rendre impropres à la consommation. En parallèle, elle libère un composé organique volatil[49] qui va se disperser dans l'air. À son contact, les feuilles qui n'ont pas encore été attaquées réagissent en série : la plante entière devient immangeable. Le temps que le doryphore en fasse l'amer constat, tous les pieds de tomate des environs ont perçu le signal et déployé la même réponse, qui les protège préventivement d'une très probable agression. Le doryphore n'a plus qu'à aller voir ailleurs. Et vite, de préférence. Car les signaux chimiques ont alerté ses prédateurs qui, en même temps qu'ils feront un festin, débarrasseront la tomate de son hôte gênant[50]. Sans être forcément

---

46 *Leptinotarsa decemlineata*.

47 *Solanum lycopersicum*.

48 L'acide jasmonique, qui stimule en plus la production de métabolites secondaires toxiques. Une défense sur deux lignes.

49 Du jasmonate de méthyle en l'occurrence.

50 Jarmo K Holopainen et James D Blandev « *Molecular plant volatile communication* », *Advances in experimental medicine and biology*, 2012, vol. 739, p. 17-31, doi: 10.1007/978-1-4614-1704-0_2. Depuis cette étude, les effets de la communication des COV par voie aérienne ont été démontrés.

l'objectif initial – qui était avant tout la protection de la plante par elle-même –, la perception du signal par des tiers a permis de mettre en place des stratégies de coopération défensives que la sélection a renforcées avec le temps.

Si l'on veut aller jusqu'au bout de l'analogie, le mutualisme défensif devrait commencer par vos concurrents. Quel signal de douleur pourrait parvenir jusqu'à vous ? Comment pourrait-il s'exprimer ? S'agit-il plutôt d'un signal de défense ? Par quel intermédiaire pourrait-il vous parvenir ? Des salariés de l'entreprise attaquée directement ou par vos propres salariés qui les connaissent ? Des candidats ? D'une association professionnelle ? Comment, au lieu de vous réjouir de cette situation, pouvez-vous en faire l'analyse pour mesurer votre niveau d'exposition au mal ? Quel contre-feu mettre en place ? Pouvez-vous vous inspirer des ripostes lancées par vos concurrents ? Pouvez-vous envisager un système de défense de vos intérêts collectifs face à des agresseurs communs ? Quel type de *lobbying* imaginer ? Quel système de renforcement des défenses au sein d'une fédération considérer ? Bref, comment oublier les rancœurs et les peurs – le plus souvent infondées – pour vous forger un destin commun ? De la concurrence à la coopération, il n'y a parfois pas très loin.

Copier pour se protéger

Dans la forêt amazonienne évoluent deux papillons appartenant au même genre, mais d'espèces complètement différentes. Ils ont pour caractéristique partagée d'assimiler, sans risque pour eux-mêmes, les cyanoglucides sécrétés par les passiflores dont ils se régalent. Or les cyanoglucides provoquent immanquablement un réflexe de dégoût, voire de vomissement chez les prédateurs communs de ces deux papillons, qui ont appris à les éviter. Ces deux espèces présentent une autre singularité, fruit d'une convergence évolutive : elles sont en apparence très semblables l'une à l'autre. Ce genre de mimétisme[51] entre deux espèces toxiques augmente la fréquence de rencontre entre le prédateur et la proie qu'il doit éviter. Cela réactive chez lui le processus de mémorisation. Les deux espèces de papillons risquent donc moins de faire les frais d'une étourderie passagère de leur prédateur. Interaction mutualiste qui porte sur la même fonction – la protection en l'occurrence –, sans qu'il y ait ici d'échange de services.

D'autres espèces déploient une stratégie plus astucieuse encore. Vous avez certainement appris à vous méfier de cet insecte vorace, aux bandes jaunes et noires, qui vient parfois perturber vos pique-niques et n'hésite pas à attaquer lorsqu'il est agacé. Ce que vous savez moins, c'est qu'une fois sur deux, vous avez eu peur pour rien. Le syrphe à ceinture[52], une petite mouche bien inoffensive, a choisi de se déguiser en guêpe européenne[53]. Et de leurrer ainsi ses prédateurs potentiels qui y regardent à deux fois avant de le croquer. C'est peut-être lui que vous avez croisé, ou l'un des représentants des près de 500 espèces cousines appartenant à la même famille[54] qui butinent en France. Cette forme de mimétisme[55], qui consiste à prendre l'aspect d'une espèce toxique, venimeuse ou agressive, s'observe fréquemment chez les insectes, les serpents ou les batraciens.

Quels signes extérieurs pouvez-vous adopter qui éloigneront les potentiels agresseurs de votre entreprise ? Un autocollant « établissement sous vidéosurveillance » suffit parfois à éloigner les malveillants. Les signes « ®[56] » ou « ©[57] » semblent indiquer qu'une propriété est protégée

---

51 Le mimétisme müllérien, du nom de son découvreur, le biologiste Fritz Müller.

52 *Episyrphus balteatus*.

53 *Vespula germanica*.

54 Les *Syrphidae*.

55 Le mimétisme batésien, du nom de l'entomologiste britannique Henry Walter Bates, l'inventeur du mot *mimicry* (« mimétisme »).

56 Symbole de marque déposée (*Registered* en anglais).

57 Symbole de copyright (droits d'auteur).

quand bien même elle ne l'est pas dans les faits. Observez bien le comportement défensif des entreprises clés de votre secteur. Des récits, des témoignages d'avocats ou d'experts-comptables, des articles dans la presse peuvent vous inspirer sur la conduite à tenir – ou du moins, les signes à imiter. Montrez les muscles tout de suite, avant que les problèmes n'arrivent, pour faire comprendre autour de vous que l'on n'a pas intérêt à venir vous chatouiller.

Du vivant au vivant : s'inspirer du principe d'intégrité

La pollution est le premier facteur d'atteinte anthropique à l'intégrité des êtres vivants, *Homo sapiens* compris. Qu'il s'agisse de pollution chimique, atmosphérique ou de rayonnements : lorsque le corps y est exposé, il est affaibli, altéré ou détruit. Le changement climatique lui-même a des effets sur les organismes, en l'exposant à des niveaux de stress dépassant parfois sa zone de tolérance. Risquez-vous, par votre activité, d'émettre des substances nocives pour le vivant ? Avez-vous mesuré les effets réels, en fonction du niveau d'exposition ? Faites-vous en sorte d'alerter de manière transparente pour faire changer les comportements ou contribuer à mitiger les impacts ? Êtes-vous prêt à annuler l'effet en renonçant à la cause ? De même pour le climat : quelle part de responsabilité avez-vous ? Qu'êtes-vous prêt à assumer et à changer ?

L'intégrité du milieu résulte également d'une forme de stabilité. L'introduction d'espèces invasives peut avoir des effets dévastateurs sur le vivant en place. Pourriez-vous contribuer à déclencher un tel événement ? Êtes-vous, par exemple, directement tributaires du commerce international ? Quels standards de sécurité sanitaire exigez-vous de la part de vos fournisseurs, de vos transporteurs ? À quelles vérifications procédez-vous ? Quelle politique de transparence adoptez-vous, qui permettrait de limiter les dégâts le cas échéant ? Arrive-t-il que vos activités, vos implantations ou les infrastructures dont vous avez l'usage portent atteinte à l'intégrité des habitats naturels ? Risquez-vous de faire disparaître des espaces boisés, d'araser des terrains, de combler des mares ou de détourner des cours d'eau, d'assécher des zones humides ? Si tel est le cas, réfléchissez à deux fois : la compensation ne compense jamais vraiment ce qui a disparu et n'est en aucun cas la solution miracle qui justifierait la destruction du milieu naturel, toujours irréversible.

Chapitre 7

LE PRINCIPE DE DIVERSITÉ

SOUSCRIRE UNE ASSURANCE VIE

LE NOMBRE NE FAIT PAS TOUT : ÉVITER LE PIÈGE DU DOGME

Avec ses 40 000 espèces végétales, 3 000 de poissons et 370 de reptiles recensées, sans compter les mammifères, les oiseaux et les insectes, l'Amazonie constitue le réservoir de biodiversité le plus extraordinaire de notre planète[1]. *A contrario,* aux latitudes les plus hautes, la zone des déserts arctiques héberge environ 700 espèces de plantes et 120 espèces animales, tous taxons confondus. Du fait des conditions extrêmes auxquelles elles sont exposées, les espèces qui peuplent ces milieux sont souvent très spécialisées; le système est optimisé et présente peu de redondances. On imagine aisément la fragilité de tels écosystèmes : qu'une seule de ces espèces disparaisse, et c'est l'équilibre d'une partie de l'ensemble qui peut être remis en question. Alors, bien sûr, la place vacante pourrait trouver preneur. La première hypothèse serait qu'une des espèces présentes étende sa niche, mais celles-ci étant hautement spécialisées, il y a peu de chances que ce phénomène se déroule sur un temps raisonnable. Quant à l'hypothèse d'une espèce exotique qui viendrait s'implanter, les conditions sont si particulières qu'il est improbable que cela se produise.

L'une des manières d'évaluer la diversité spécifique consiste à recenser le nombre d'espèces présentes sur une aire géographique donnée[2] et à mesurer leur abondance relative[3]. Favorisée par la stabilité climatique et l'apport énergétique, la diversité spécifique atteint son plus haut potentiel

---

1 Source : WWF.

2 On appelle cela la richesse spécifique.

3 La mesure de l'abondance permet d'éviter des biais cognitifs. Ce n'est pas parce que l'on croise un ou deux membres d'une espèce que l'on peut en déduire que celle-ci est présente de manière stable au sein de l'écosystème.

au sein des écosystèmes équatoriaux, contrairement aux habitats qui subissent de grandes variations ou un apport énergétique moindre (zones polaires, zones de haute montagne). La stabilité climatique, en effet, réduit les risques d'extinction associés aux phénomènes extrêmes et permet aux espèces d'allouer davantage leur énergie à la croissance qu'aux systèmes de lutte contre des conditions extérieures hostiles. L'apport énergique, de son côté, favorise le développement des plantes et donc celui de la biomasse disponible pour l'accueil de nouvelles espèces.

La diversité spécifique constitue un indicateur de la capacité de résilience d'un écosystème. En s'appuyant sur la loi des grands nombres, elle assure, d'une part, que les fonctions nécessaires au bon déroulement des cycles biogéochimiques seront présentes au sein de l'écosystème et, d'autre part, que chaque fonction sera réalisée par un nombre suffisant d'espèces pour assurer une forme de stabilité. Bref, une question de statistiques. Et pourtant.

Imaginez un territoire sur lequel évolueraient un très grand nombre d'individus ayant des métiers différents, des moyens de déplacement spécifiques, des aptitudes singulières. Imaginez que ces acteurs suivent toujours des routes distinctes ou se déplacent à différents moments de la journée de sorte qu'ils ne se croisent jamais. C'est un peu ce à quoi ressemblerait un écosystème à très haut niveau de diversité spécifique qui n'aurait pour autant aucune chance de survivre. Sans les interactions, la diversité n'est rien.

L'une des notions les plus poétiques de l'écologie scientifique est probablement celle de communauté. Une communauté désigne un groupe d'espèces présentes sur un territoire donné et qui s'influencent les unes les autres directement ou indirectement. Derrière ce concept apparaît l'idée d'un équilibre dynamique par la mise en place de complémentarités qui s'ajustent sans cesse à l'échelle locale. Apparaît surtout l'idée de communauté de destin : que l'une de ces espèces vienne à faillir et l'équilibre de l'ensemble peut s'en trouver chamboulé. Les liens « mangeur-mangé[4] » sont les plus significatifs puisque la quête d'énergie constitue le carburant de la vie. Si la plupart des interactions sont plutôt faibles, certaines sont particulièrement fortes, créant des liens de dépendance entre espèces, voire d'interdépendance lorsque les relations sont mutualistes (elles vont alors dans les deux sens). En quantifiant la puissance d'interaction, on voit se dessiner un réseau avec des liens plus ou moins marqués. Il existe un principe général selon lequel plus un réseau présente de liaisons faibles, plus il sera statistiquement stable : la disparition d'une espèce ou l'évolution de son effectif n'auront que peu d'impact sur les autres. À l'inverse, si une espèce qui a des liaisons fortes avec une ou plusieurs autres n'est plus là, celles-ci seront affectées. La question de l'abondance relative des espèces entre ici en ligne de compte. Il arrive en effet que certaines espèces soient représentées par un effectif restreint au sein d'un habitat. Cela rend incertaine leur présence sur le long terme dès lors qu'elles s'approchent du seuil d'extinction[5] ou que s'exerce une pression soudaine sur leurs conditions de vie. Pour les espèces qui en dépendent, cela représente potentiellement un facteur limitant et même un risque d'élimination en cas de réduction à zéro de l'effectif. Le risque peut être généralisé à l'ensemble de la communauté si l'espèce en question est la seule à remplir une fonction clé au sein de l'écosystème. C'est ce que nous verrons plus loin.

Force des liens, mais aussi nombre de liens. La connectance, en plus d'être un fort joli mot, est un indicateur qui mesure l'écart entre le nombre de relations possibles mangeur-mangé et le nombre de connexions réellement observées. Plus le nombre de liens réels – la connectance, donc –

---

4 On parle de liens trophiques.

5 Le seuil d'extinction définit l'effectif en deçà duquel la population d'une espèce va s'éteindre faute de représentants suffisants en âge de procréer. Ce seuil, qui ne trouve pas d'équivalent en stratégie biomimétique, est très important dans le domaine de la biologie de la conservation.

augmente en proportion[6], plus le réseau est stable. Plus le réseau est constitué d'espèces spécialistes, moins nombreuses seront les opportunités de connexion, et plus le réseau sera exposé à un risque de dégradation en cas de choc. La largeur du spectre écologique des espèces joue donc un rôle important dans le niveau de connectance[7].

Quels enseignements peut-on tirer de ces premières observations ? Que la diversité compte, évidemment ! Démultiplier les compétences et les ressources à l'intérieur d'un système permet la redondance et en augmente la stabilité. Approfondissons d'abord la thématique de la redondance des ressources. Comment vous assurer, dans votre entreprise, que plusieurs salariés peuvent et savent faire le même travail ? Pouvez-vous imaginer mettre en place un vivier de ressources si votre capacité interne devient insuffisante ? Un vivier de recrutement ? Un réseau de partenaires fiables à intégrer rapidement à vos projets ? Comment organiser votre marketing achats pour trouver d'autres solutions au cas où votre fournisseur préféré viendrait à faire défaut ? Après la redondance des ressources, voyons maintenant celle des fonctions, qui compte par-dessus tout. Au sein de votre entreprise, avez-vous réfléchi aux différentes manières de réaliser un projet ? Par exemple, en fonction des contraintes de réalisation (budget, temps, nature des résultats attendus), avez-vous imaginé différents modes d'organisation faisant appel à des ressources et des compétences différentes au sein de l'entreprise ? Vous êtes-vous assuré de la diversité de vos salariés ? Certains pourraient être très orientés résultat, d'autres garants des procédures, d'autres de la qualité, d'autres encore

---

6 J'insiste sur la proportionnalité car la notion de connectance pourrait mener à un contresens. Les écosystèmes qui présentent une très grande richesse spécifique ont généralement une connectance beaucoup moins élevée que les écosystèmes désertiques. Tout simplement parce que, face à l'abondance des possibles, les espèces vont se concentrer sur les stratégies les plus rentables énergétiquement. Au contraire, dans les milieux pauvres, elles n'ont pas le choix. Les liens sont donc maximisés. La connectance doit donc être appréciée à situation équivalente.

7 Matheus T. Baumgartner, « Connectance and nestedness as stabilizing factors in response to pulse disturbances in adaptive antagonistic networks », *Journal of Theoretical Biology*, vol. 486, 2020, doi.org/10.1016/j.jtbi.2019.110073

de la coordination des contributeurs, d'autres d'un geste technique ou d'un segment de marché, tous étant utiles à un moment ou dans une configuration donnée.

Cependant, la diversité n'est pas une valeur absolue. Si l'on ne sait pas créer des liens, elle est stérile. L'existence de liens, mais aussi leur nombre, ainsi que la multiplication des options augmentent la stabilité du système. L'intensité des liens est également importante : qu'elle soit trop forte entre deux acteurs et une partie du système est menacée si l'un ou l'autre fait défaut. Pouvez-vous identifier comment se créent les liens entre les différentes typologies d'acteurs au sein de votre écosystème d'affaires[8] ? Le réseau ainsi tracé vous permet-il de mieux comprendre comment vous contribuez à créer de la valeur pour le bénéficiaire final ? Grâce à qui ou avec qui créez-vous cette valeur ? Qui d'autre que vous crée un type de valeur analogue, mais de manière totalement différente[9] ? Pouvez-vous identifier les redondances qui permettent de stabiliser le système, mais aussi les chemins critiques à haute intensité de collaboration qui risquent de le fragiliser ? Vous êtes-vous demandé quels partenaires pourraient vous permettre de continuer de générer de la valeur, mais d'une autre manière que celle que vous avez privilégiée jusqu'à présent ? Car en cherchant à optimiser, vous vous êtes très probablement spécialisé[10]. Que se passe-t-il alors si votre écosystème historique de production s'effondre pour une raison quelconque ? Avez-vous réfléchi à un plan B ? L'avez-vous déjà testé ? Pouvez-vous passer d'une liaison forte à une liaison faible, en diversifiant vos modes de travail ? Parvenez-vous à repérer des organisations qui interagissent avec les mêmes acteurs que vous en amont

8 Une astuce : si votre représentation prend l'aspect d'une chaîne de valeur, c'est certainement que vous avez omis un assez grand nombre d'acteurs et que vous vous êtes laissé entraîner par l'habitude.

9 Les alternatives fonctionnelles à votre offre vers lesquelles le client peut se tourner ou avec lesquelles il va vous mettre en concurrence, consciemment ou non (« Je prends ma voiture ou j'organise une visioconférence ? », « J'augmente la température ou je mets un pull ? »).

10 C'est-à-dire que vous fonctionnez avec un même type de fournisseurs ou de partenaires, conformément à vos procédés et procédures.

et en aval et qui, pour autant, n'appartiennent pas au même groupe stratégique que vous (votre « espèce trophique[11] », si l'on peut dire) ? Quelles actions synergiques pourriez-vous imaginer mettre en place avec elles, dans la mesure où vous partagez un destin commun ? Sécuriser une technologie ? Des approvisionnements ? Voire des débouchés ? Pouvez-vous identifier les points de bascule qui risquent de transformer des partenaires en concurrents si une ressource stratégique vient à manquer ? Saurez-vous élaborer une stratégie de veille des acteurs ayant le plus d'impact direct et indirect sur votre activité, son volume, mais aussi ses tendances qualitatives ? Toutes ces questions méritent d'être posées de la même manière si vous projetez de vous implanter sur un nouveau territoire : elles vous permettront de limiter les surprises et d'augmenter vos chances de conquête, de faire « avec » plutôt que « contre ».

11 La notion d'espèce trophique, différente de l'espèce taxonomique, permet de regrouper des individus, y compris d'espèces différentes, qui ont les mêmes prédateurs et proies au sein du réseau trophique. Les membres d'une espèce trophique partagent généralement un grand nombre de fonctions écologiques similaires.

LA DIVERSITÉ : VERS UNE APPROCHE QUALITATIVE

La diversité spécifique, que nous venons de détailler, est prédictible quantitativement mais ne suffit pas à décrire et prédire l'exposition d'une communauté aux risques de perturbation. C'est la raison pour laquelle d'autres approches ont été mises en œuvre pour qualifier les capacités de résilience d'un écosystème.

La diversité fonctionnelle : rôles et doublures au théâtre du vivant

Quel est le point commun entre un collembole, un lombric et un pleurote[12] ? Ils remplissent tous les trois une fonction essentielle dans leur milieu, celle de décomposer de la matière organique. En se nourrissant des déchets présents dans leur environnement, ils rendent disponibles les éléments nécessaires à la production de biomasse par les végétaux (minéraux, oligo-éléments, etc.). Sans eux et leurs semblables, les boucles de recyclage de la matière auraient été impossibles. Le vivant aurait alors suivi un processus linéaire et aurait disparu depuis bien longtemps, étouffé sous ses propres déchets.

Ce rôle de décomposeur, ils le remplissent consciencieusement mais de manière différente. Comme tous les animaux détritivores, les collemboles consomment la matière organique morte qu'ils digèrent puis excrètent sous forme de fèces riches en nutriments. Ils jouent un rôle de fournisseurs pour les bactéries et les champignons : en fragmentant les

12 Du genre *Pleurotus*.

débris végétaux, ils en augmentent la surface de contact, ce qui accélère le processus de décomposition. Par leurs déplacements, ils contribuent en outre au brassage et à l'homogénéisation de la litière. À travers la digestion, les lombrics jouent le même rôle de recyclage de la nécromasse et d'enrichissement de l'humus. Mais ils surpassent les collemboles comme ingénieurs du sol : en creusant des galeries, ils favorisent son aération, permettent à l'eau de pénétrer plus facilement – réduisant ainsi les risques d'érosion et d'engorgement – et, par leurs déplacements, contribuent à une répartition plus homogène de la matière organique décomposée. Les champignons, enfin, interviennent à une autre échelle micrométrique. Grâce aux enzymes extracellulaires qu'ils sécrètent, ils parviennent à décomposer des molécules organiques complexes[13] en éléments nutritifs simples[14] qu'ils peuvent alors absorber et utiliser pour leur propre croissance et leur métabolisme. Lors du processus de décomposition, ils libèrent des éléments nutritifs tels que l'azote, le phosphore, le potassium et d'autres minéraux assimilables par les plantes. Certains champignons établissent des relations symbiotiques avec des plantes[15] dont ils colonisent les racines. Ils leur facilitent l'absorption des nutriments tels que l'azote et le phosphore, en échange de quoi les plantes fournissent aux champignons des sucres produits lors de la photosynthèse.

Certaines espèces peuvent remplir des fonctions écologiques structurantes telles que la régulation des cycles biogéochimiques ou du climat[16], l'atténuation des perturbations[17] ou la structuration de

13 Telles que la cellulose, la lignine et les protéines présentes dans les matières végétales et animales mortes.

14 Sucres simples, acides aminés et minéraux.

15 C'est ce que l'on appelle la symbiose mycorhizienne.

16 Les forêts et les océans jouent un rôle crucial dans la régulation du climat en absorbant le dioxyde de carbone et en libérant de l'oxygène par le biais de la photosynthèse.

17 Certaines espèces végétales caractéristiques des zones humides agissent comme des filtres naturels pour l'eau, éliminant les polluants et les substances nocives.

l'environnement physique[18]. D'autres vont jouer un rôle de régulation des populations à travers les relations interspécifiques telles que la prédation ou le parasitisme (rétroaction négative) ou la pollinisation et la dispersion des graines (rétroaction positive)[19]. Enfin, toutes participent au transfert de matière et d'énergie au sein du réseau trophique, qui assure la dynamique du vivant. La diversité fonctionnelle décrit l'éventail des fonctions écologiques présentes dans un écosystème qui contribuent à son bon fonctionnement. Plus un réseau vivant présente de fonctions opérationnelles en son sein, plus il est autonome et a des chances de perdurer. Les trois manières qu'ont le collembole, le lombric et le pleurote de remplir le rôle de décomposeur illustrent deux enjeux importants associés à cette diversité fonctionnelle. En premier lieu, la redondance permet à une fonction de se maintenir en cas de disparition d'une espèce. Les activités de nos trois décomposeurs, en se recouvrant en partie, garantissent une continuité de service. Le second enjeu concerne la linéarité, laquelle décrit une dynamique associée à la juxtaposition des modalités de réponse. Là où elles agissent différemment et de manière complémentaire, les trois espèces permettent à l'ensemble du processus de se dérouler efficacement, même si le fait qu'elles soient les seules à réaliser une partie de ce processus peut le fragiliser[20]. La linéarité implique que, dans l'hypothèse où les espèces agissent toutes de façon juxtaposée et complémentaire, la disparition de l'une d'elles entraîne celle de la fonction écosystémique associée.

La diversité fonctionnelle nous invite à regarder les écosystèmes d'affaires ou les organisations sous l'angle du service rendu et non plus seulement des flux échangés. La question est moins de savoir « ce que l'on

---

18 Les racines des plantes, par exemple, aident à prévenir l'érosion en stabilisant les sols.

19 Garry Peterson, Craig R. Allen et C. S. Holling,. « Ecological resilience, biodiversity, and scale », *Ecosystems*, vol. 1, janvier 1998, p. 6-18, doi.org/10.1007/s100219900002

20 Dans les faits, il existe plusieurs milliers d'espèces de champignons décomposeurs rien qu'en Europe et au moins autant de bactéries qui savent également décomposer la matière à l'échelle micrométrique et nanométrique.

fait » – le code APE[21] de l'entreprise – que de se pencher sur « ce à quoi ça sert »[22]. Et avant tout, de s'interroger sur ce dont on a besoin *a minima* pour que ça fonctionne, c'est-à-dire pour que l'énergie circule, que la matière soit recyclée, que les infrastructures soient opérationnelles, etc. Dans la pièce qui se joue, il s'agit d'identifier consciencieusement tous les rôles et, pour chacun, de s'assurer que l'on dispose d'une doublure en cas de pépin.

En repartant du groupe fonctionnel auquel vous appartenez, pouvez-vous identifier quels autres groupes fonctionnels sont complémentaires du vôtre ? Desquels dépendez-vous ? Parmi ceux-ci, en identifiez-vous qui ne seraient le fait que d'un type unique d'acteurs (un groupe stratégique de fournisseurs représentant un segment homogène de marché) ? Qu'impliquerait pour vous une disparition, un changement de comportement ou une réorientation de ces acteurs ? Pourriez-vous alors vous diriger facilement vers une autre solution ? Si la réponse est non, pouvez-vous vous exercer à coopérer avec un groupe d'acteurs différent ? Quels déplacements est-ce que cela demande ? Quelles opportunités est-ce que cela vous ouvre, outre le fait de vous rendre davantage résilient ? Essayez à présent d'opérer un zoom avant : ne seriez-vous pas le complément synergique d'un autre acteur, comme le sont le collembole et le pleurote ? Quel intérêt auriez-vous à vous associer à lui plutôt que d'essayer de tout faire ? En restant au niveau de votre groupe fonctionnel, quelles réflexions vous inspire l'observation de ceux qui rendent le même service que vous mais de manière différente ? Quelle diversité de propositions s'offre aux clients ? Y a-t-il des conditions de l'environnement stratégique plus favorables à tel ou tel groupe ? Qui vont le rendre plus résilient dans un avenir proche ? Pouvez-vous en imiter les capacités stratégiques ? Comment élargir votre palette de traits

21 Activité principale exercée.

22 Rappelez-vous des groupes d'effet dans le chapitre 1 consacré au principe de pertinence.

fonctionnels d'effet[23] pour ne pas dépendre d'une communauté de clients trop restreinte ou trop fragile ?

Zoom arrière à présent : est-ce que des rôles sont laissés vacants au sein de votre écosystème ? Dans quelle mesure entraînent-ils un dysfonctionnement de l'ensemble ? Pourriez-vous trouver des partenaires pour compléter la distribution ? Voire, jouer le rôle vous-même ? Quels talents faut-il pour cela ?

Un égale trois : vers la multifonctionnalité

Vous pouvez vous poser des questions similaires à propos de votre organisation, en associant un rôle à chaque service rendu en interne. Commencez par passer en revue l'ensemble des processus qui permettent à votre raison d'être d'advenir et à votre entreprise de fonctionner. À coup sûr, aucun processus opérationnel ne manque à l'appel. Mais qu'en est-il des processus en lien avec la gouvernance ? Le pilotage ? La coopération ? Puis laissez-vous inspirer par une autre facette de notre récit : celle de la multifonctionnalité. En plus de contribuer à la décomposition de la matière morte, telle espèce peut être ingénieure du sol, telle autre approvisionner ses voisines en composants assimilables. Un arbre ne sert-il pas à la fois d'abri, de producteur végétal, de régulateur thermique, de stabilisateur du sol ? La multifonctionnalité est partout ; elle renforce la trame du vivant, chaque espèce remplissant plusieurs fonctions et chaque fonction relevant de plusieurs espèces. D'un côté, l'écosystème est rendu plus résistant aux chocs. De l'autre, il faut avoir en tête que la disparition d'une espèce multifonctionnelle aura des impacts sur plusieurs fonctions et nécessitera un réagencement des rôles. Reposez vous maintenant la question : parmi toutes les fonctions que vous avez identifiées comme nécessaires dans votre entreprise, comment pouvez-vous organiser les

23 Caractéristiques physiques ou comportementales d'un individu qui affectent le fonctionnement de son écosystème.

situations de travail pour qu'une action ou un dispositif serve plusieurs fois, ou à plusieurs équipes, ou à plusieurs projets ? Comment pouvez-vous former vos salariés afin qu'ils intègrent ce schéma mental : un doit faire deux, ou trois ? Si un fait un, c'est le signe d'une spécialisation. Ça peut se justifier, mais ça doit se réfléchir, constituer l'exception plutôt que la règle. Et n'oubliez pas la connectance : pour que un fasse trois, encore faut-il que les acteurs intéressés par les fonctions complémentaires à la fonction principale[24] soient au courant, qu'ils reconnaissent l'utilité du service rendu et qu'ils soient mis en situation de coopérer.

Manque de diversité génétique : le risque de « dépression »

Imaginez un monde uniforme dans lequel on ne cultiverait qu'une seule variété[25] de riz[26], subitement touchée en un endroit du globe par un agent pathogène particulièrement virulent. Les flux mondiaux aidant, l'agent ne tarde pas à se propager, ce qui conduit en peu de temps à une extinction totale de l'espèce et, par là même, à la disparition de la denrée qui sert de base alimentaire à plus de la moitié de la population humaine. Fort heureusement, on recense près de 130 000 variétés de riz et le scénario d'une disparition complète reste improbable tant que perdure cette diversité. Pourquoi une telle richesse ? Parce que l'espèce s'est acclimatée à la très grande variété des conditions régionales, depuis les climats chauds et humides des régions tropicales jusqu'aux climats plus frais des

24 Pour illustrer le propos : un rendez-vous commercial a pour fonction principale d'explorer le contexte et le besoin réel du client puis de réaliser une vente. À cette occasion, le chargé d'affaires peut également effectuer une veille concurrentielle utile au marketing, interroger son interlocuteur sur le fonctionnement et les améliorations possibles des solutions techniques déjà installées par l'entreprise, informations utiles à la cellule développement et industrialisation, etc.

25 Au sein d'une espèce, une variété est un sous-groupe d'individus (un taxon) qui présente certaines caractéristiques morphologiques, physiologiques ou génétiques spécifiques. Les membres de ce sous-groupe restent fécondables par tous les autres individus de la même espèce.

26 *Oryza sativa*.

régions tempérées. Avec les changements climatiques en cours, les conditions locales vont évoluer : davantage de pluies ici, avec un risque de lessivage des sols ou de changement de la composition des eaux; déficits hydriques là, avec un impact sur les écotypes[27] *japonica,* sensibles à la sécheresse. Là encore, la variabilité génétique va jouer un rôle clé dans la capacité à sélectionner puis implanter des cultivars[28] adaptés aux nouvelles conditions climatiques locales. On voit bien toute l'importance de ce que l'on appelle la diversité génétique. Celle-ci permet de lutter efficacement contre le changement de conditions du milieu et contre l'exposition aux agents pathogènes particulièrement virulents pour l'espèce[29]. La diversité génétique représente une assurance vie face à l'inconnu, qui repose sur la capacité à se réagencer, à se réinventer. Elle constitue également une garantie contre l'expression de gènes délétères, due la plupart du temps à une fécondation consanguine[30]. Cette situation est classique lorsque la population d'une même espèce devient trop restreinte sur un territoire donné. Un caractère défavorable, qui était encodé dans le génotype du parent mais ne s'exprimait pas, devient soudain apparent chez sa descendance[31]. Le handicap s'exprime et met en péril la survie de l'individu, de la lignée ou même du groupe si la consanguinité perdure ; on parle alors de dépression endogamique.

Vous vous rappelez que le nombre d'espèces diminue avec la latitude, l'altitude et l'insularité? Eh bien il en va de même pour la diversité

---

27 À l'intérieur d'une même espèce, les écotypes définissent des groupes homogènes génétiquement distincts les uns des autres, et ce, de manière héréditaire.

28 Variété obtenue par sélection.

29 L'étude de ce dernier phénomène est encore trop récente pour en comprendre tous les ressorts scientifiques (voir les recherches menées dans le cadre du projet européen Résistance porté par l'université de Zurich, cordis.europa.eu/project/id/724508/fr).

30 En outre, du fait de l'abaissement des capacités d'adaptation épigénétique, les consanguins disposent d'une faible variabilité biochimique ; ils sont donc moins aptes à apporter des « solutions » viables en réponse aux variations de l'environnement.

31 L'allèle, auparavant récessif, est désormais dominant.

génétique au sein d'une même espèce. Ce phénomène est lié à l'atténuation de deux des principaux facteurs exogènes de diversité génétique. La rencontre entre individus de populations différentes, qui génère un nouveau brassage génétique, est rendue plus difficile par les discontinuités : songez aux distances désertiques à parcourir entre deux oasis de peuplement dans le Grand Nord. Il faut être un peu fou pour s'y aventurer. Le principe de sélection fait que les fous, hélas, ont peu de chances d'arriver à la maturité sexuelle et de donner une descendance viable. La prudence prévaut plutôt dans les milieux extrêmes[32]. Et le flux génétique s'en trouve appauvri. La taille des populations est un autre facteur qui permet d'augmenter statistiquement les occasions de rencontre et donc, là encore, le brassage génétique. Or ces milieux extrêmes sont en général moins densément peuplés. Tout est question de déséquilibre entre la demande insatiable pour du matériel génétique nouveau et une offre limitée.

Au sein des groupes humains, la consanguinité de points de vue peut avoir des conséquences néfastes. On raconte que le fiasco de la baie des Cochons à Cuba en 1961 tient en grande partie à ce que les agents de la CIA chargés des plans d'invasion avaient suivi le même cursus, tout comme les politiciens qui avaient validé ces derniers. Aucun n'avait réussi à sortir du cadre pour mettre en évidence la possibilité d'un échec. Combien de ratés auraient pu être évités si l'on avait écouté la petite voix autour de la table qui disait : « Moi, je pense qu'il vaut mieux ne pas faire comme ça », mais qui, faute de galons ou des bonnes lignes sur le CV, est restée inaudible. Recruter des gens qui nous ressemblent; constituer un vivier de jeunes talents issus des mêmes grandes écoles; mettre de côté des candidats parce qu'ils parlent étrangement, sont en situation de handicap, n'ont pas les codes. Toute ressemblance avec des faits et des personnages existants ou ayant existé serait purement fortuite...

32 Mais la prudence n'exclut pas la confiance : ce sont dans ces mêmes milieux que l'on constate un très haut niveau de coopération interspécifique : pénurie et spécialisation obligent !

Il est bon de promouvoir la différence au sein d'un groupe s'occupant de résoudre un problème ou de prendre une décision, pourvu que, en plus d'exister, elle puisse s'exprimer et être écoutée. Cette différence peut être structurelle : on la promeut et on l'instaure au sein du groupe. Elle peut aussi être mise en place pour une circonstance bien précise, en faisant, par exemple, intervenir une personnalité qualifiée chargée de porter une parole volontairement iconoclaste. Interrogez-vous d'abord sur les profils qui vont vous permettre d'augmenter la résilience de votre organisation. De quelles compétences nouvelles ou différentes aurez-vous besoin pour répondre aux défis dans un monde complexe et incertain ? Commencez à recenser les ressources dont vous disposez en retraçant le parcours de vos collaborateurs : il peut se révéler riche d'expertises qu'il suffit de réactiver ! Quelles ressources immatérielles vous faudra-t-il probablement maîtriser pour rester pertinent dans votre environnement ? Comment la diversité, par les rencontres ou la réactivité qu'elle permet, va-t-elle servir votre projet ? Identifiez les endroits où vous allez pouvoir recruter ces profils différents. Évoluez-vous dans un désert faiblement peuplé ? Ces profils sont-ils rares ? Faciles à identifier ? Comment les approcher ? Et surtout, comment faire pour que l'hybridation se fasse réellement ? Pouvez-vous anticiper certaines précautions à prendre ? L'écoute de points de vue dissonants doit-elle suivre des règles particulières ? Faut-il développer le goût de la controverse[33] ? Respecter un temps plus long[34] ? Comment éviter de suramplifier la parole dissidente ? Comment mettre en confiance des personnes qui n'ont pas l'habitude de s'exprimer devant un groupe ? Comment anticiper les biais cognitifs ou culturels ? Il faut veiller à acquérir la diversité, mais aussi à la maintenir. Appuyez-vous sur

33 La controverse comme méthode dialectique, heuristique ou pédagogique. À ne pas confondre avec la polémique, stérile.

34 Notamment pour tenir compte des introvertis, qui ont une vie intérieure riche mais qui ne prennent la parole que lorsqu'ils sont sûrs d'eux, contrairement aux extravertis qui réfléchissent à voix haute.

« l'écologie des idées[35] » : comment pouvez-vous fertiliser vos équipes de pratiques, d'idées, de concepts décalés ? Leur faire rencontrer des gens atypiques, issus d'autres milieux que le vôtre, d'autres disciplines, ayant vécu des expériences différentes ? Leur faire visiter des lieux inspirants, expérimenter d'autres choses que leur quotidien ? Bien sûr, cela représente un investissement. Mais « si vous trouvez que l'éducation coûte cher, essayez l'ignorance[36] ! ».

Les risques de « dépression endogamique » nous incitent à promouvoir la diversité, en particulier au sein des petites équipes : les gènes délétères ont plus de chance de diffuser et de se généraliser auprès de trois personnes qu'au sein de plus grands groupes, qui opposent davantage de résistance. Se pose alors la question de la formation, de l'intervention de consultants, de la mise en place d'un comité d'éthique ou comité stratégique, etc. Le recrutement d'un quatrième mousquetaire très différent des trois premiers peut être une tactique, mais aussi un risque, qu'il faut évaluer.

35 Gregory Bateson, *Vers une écologie de l'esprit*, Seuil, 2008.

36 Citation apocryphe parfois attribuée à Abraham Lincoln.

Du vivant au vivant : s'inspirer du principe de diversité

L'appauvrissement du nombre d'espèces susceptibles de remplir la même fonction se situe au cœur des enjeux de diversité. Venant des humains, elle est généralement le fruit de stratégies de spécialisation d'un habitat. À petite échelle, il s'agit d'une parcelle particulièrement productive pour un type de culture : on préférera celle-ci à toute autre. L'appauvrissement est alors relatif. À l'échelle d'une région, il s'agit de denrées destinées à l'export. Dans ce cas, des milliers d'hectares peuvent être défrichés pour une monoculture ou destinés à l'élevage d'animaux.

Renseignez-vous sur votre dépendance aux services écosystémiques d'approvisionnement[37]. Si elle se révèle importante, elle nécessitera probablement de sécuriser les sourcings et de stabiliser les qualités, en un mot : de massifier. Comment alors vous assurer de la qualité et du sérieux des labels que revendiquent vos fournisseurs ? Comment diversifier vos sources pour réduire la pression sur un territoire ? Pouvez-vous envisager de changer votre process ? Accepter une variabilité plus grande, qui est le propre du vivant ? Quelle serait la perte acceptable liée à cette variabilité[38] ? Comment pourriez-vous rediriger des lots dégradés vers d'autres produits ? Pouvez-vous diversifier vos formulations, varier vos recettes ?

Plus généralement, dans vos liens avec le vivant, comment pouvez-vous privilégier la diversité par rapport à la spécialisation, l'association par rapport à la dissociation ?

L'artificialisation ou l'homogénéisation des espaces naturels porte également préjudice à la biodiversité. Les modes d'exploitation des parcelles liés à la standardisation du machinisme agricole ont considérablement appauvri l'habitabilité des espaces naturels[39]. Des espèces voient leurs ressources ou leur gîte disparaître. Exode et risques d'extinction... Quelle contribution pouvez-vous apporter au maintien ou à la régénération des haies ou des friches, à l'échelle de votre jardin, de votre entreprise, de

---

37 Vous pouvez pour cela consulter Joël Houdet, Michel Trommetter et Jacques Weber, Biodiversité et économie : *Rendre compte des dépendances et impacts en matière de biodiversité et des services écosystémiques, op. cit.*

38 Plutôt qu'une perte, il s'agit de votre part d'un investissement dans le maintien de la biodiversité.

39 Il y a une raison à tout. Si nous voulons changer, il faudra accepter de le payer.

votre parcelle agricole, de votre commune ? Comment pouvez-vous exercer une pression à travers vos achats, dans vos relations avec des fournisseurs[40] ? Comment pouvez-vous vous assurer que les labels ou les engagements sont sérieux ?

Diversité fonctionnelle, maintenant. Si vous devez construire ou aménager des espaces, même de toute petite taille, pouvez-vous réfléchir aux diverses manières[41] de ramener l'eau à la terre, de faire de l'ombre, de maintenir l'humidité, de produire de la nourriture, peut-être des matériaux qui pourront servir à de la production artisanale ou pédagogique ? D'ailleurs, pouvez-vous profiter de ces infrastructures naturelles pour éduquer les usagers au fonctionnement du vivant ?

La pollution du milieu enfin, porte une atteinte très significative à la biodiversité. Pouvez-vous recenser les impacts directs liés à vos activités[42] ? Comment pouvez-vous les réduire ? Comment gérer les impacts incompressibles ? Et vos impacts indirects ? Ceux qui sont associés à l'usage et à la fin de vie des produits que vous mettez sur le marché ? Pouvez-vous en changer la composition ? Inventer des systèmes de récupération ? Louer plutôt que vendre, afin de maîtriser les impacts ? Aider les usagers à adopter les bons comportements ?

---

40 Toujours selon la même logique : le monde agricole ne peut pas investir seul, il aura besoin d'être mieux rémunéré pour les services écosystémiques rendus.

41 Les Solutions Fondées sur la Nature (SFN) pourront certainement vous aider en cela.

42 Ne négligez rien : un mégot jeté à terre pollue l'équivalent de trois baignoires pleines d'eau. Un restaurateur qui n'installe pas de système de collecte hors de son établissement contribue donc directement à cette pollution. Voir www.tree6clope.com

Chapitre 8

LE PRINCIPE D'AUTO-ORGANISATION

FAIRE CONFIANCE AU TERRAIN

Dans un environnement incertain, les boucles information-interprétation-action se démultiplient et l'adaptabilité des acteurs devient une variable clé de la survie de l'ensemble. Lorsqu'un système se complexifie, les situations locales se singularisent. Pour une organisation globalisée[1], la capacité à décliner localement un schéma général devient alors critique. L'auto-organisation constitue l'une des formes de réponse possible aux défis de réactivité et de pertinence des entreprises évoluant dans des environnements complexes.

L'auto-organisation, c'est la capacité qu'ont des agents autonomes à élaborer des structures ou à agir collectivement de manière pertinente sur la base d'instructions ou de routines individuelles très simples. Nul besoin d'élaborer des plans sophistiqués à un niveau centralisé : chacun agit au mieux avec les contraintes et les ressources du terrain, pour le bien du collectif. Nulle nécessité d'attendre que l'information remonte pour prendre une décision que tous devront appliquer de manière uniforme : les acteurs sont autonomes dans le choix qu'ils effectuent, car celui-ci est le meilleur possible au vu des informations dont ils disposent localement. Nulle crainte que le système s'effondre si une partie est attaquée : les routines sont si bien partagées qu'il y a toujours un groupe pour prendre la relève de celui qui défaille. Pertinence, rapidité, redondance.

1 Par exemple, si l'entreprise opère sur des marchés géographiquement éloignés, présente une grande diversité d'offres, etc.

REDONDANCE ET ADAPTABILITÉ : LES VERTUS D'UNE ORGANISATION PLASTIQUE[2]

Sept métiers coexistent chez l'abeille européenne et, hormis la reine, chaque individu sera amené à en exercer la quasi-totalité. Nettoyeuse jusqu'à l'âge de six jours, l'abeille deviendra alors nourrice en secrétant la gelée royale destinée aux larves. À douze jours, nouvelle affectation : l'abeille devient maçonne et contribue à la construction des rayons de la communauté, en coordination avec ses sœurs de caste. C'est aux alentours de son dix-huitième jour qu'elle va occuper un poste central pour la santé de la communauté, qui consiste à en ventiler l'air par des battements d'ailes afin de maintenir la température à 35 °C et de garantir des taux d'humidité et de gaz carbonique satisfaisants. Elle pourra ensuite occuper le poste de gardienne, chargée de signaler les dangers et de défendre la ruche contre ses agresseurs. Puis, à l'âge de vingt et un jours, devenir enfin butineuse (c'est-à-dire à la fois éclaireuse et porteuse de nectar, de pollen et d'eau, indispensables à la survie de la ruche). Des rôles certes très clairement définis, mais exercés chacun avec une autonomie totale. C'est ce qui permet aux butineuses d'explorer l'environnement pour maximiser les chances de découvrir un gisement de pollen, aux maçonnes de construire et de réparer en fonction des besoins, aux nourrices de privilégier les larves en bonne santé. De ces actions individuelles au service du collectif

2 La plasticité correspond à la capacité d'une structure organisée (un matériau, un groupe, etc.) à prendre diverses formes sans s'altérer.

émergent la bonne architecture, la bonne santé et finalement la pérennité d'un essaim.

Cette pérennité est également rendue possible par des ajustements permanents. La durée d'occupation de chaque poste ainsi que la proportion d'abeilles dévolues à chaque fonction varient selon les besoins du collectif, qui dépendent de la température extérieure, de l'abondance de fleurs ou de la présence de couvain[3]. En cas de crise des vocations, on observe une réversibilité de la transformation des abeilles, la butineuse reprenant au besoin le rôle de nourrice ou tout autre métier nécessaire au bon fonctionnement de l'ensemble[4].

Cette organisation optimisée par émergence est le premier marqueur d'une structure auto-organisée. À titre individuel, chacun sait très exactement ce qu'il doit faire et comment au regard du contexte. D'un point de vue collectif, les modalités d'interface entre les individus et les « métiers » sont connues par avance et optimisées, quelle que soit la situation rencontrée. Enfin, le groupe sait réaffecter ses effectifs vers des fonctions déficitaires, au gré des changements intervenant à l'extérieur ou à l'intérieur de la ruche. Aucun rôle ne se trouve proportionnellement en rupture par rapport aux autres et ne crée de goulot d'étranglement. Même si la production de l'ensemble peut baisser quantitativement pendant un temps d'ajustement, la productivité reste relativement stable : l'efficience est conservée.

Si l'organisation taylorienne du travail semble très identique à ce que nous venons de décrire, aucune plasticité n'est de mise car aucune

---

3 Cette variabilité en fonction des conditions extérieures (disponibilité de la nourriture notamment) et intérieures (effectif par caste) est également observée chez les fourmis. Les fourmis champignonnistes du genre *Atta* structurent ainsi leurs activités en 29 tâches assurées par autant de classes d'ouvrières réparties selon leur âge et leur morphologie. L'âge de mutation des individus vers de nouvelles tâches évolue en fonction du contexte : si une catégorie d'ouvrières vient à manquer, comme les fourrageuses, le vieillissement prématuré des nourrices va permettre d'assurer la continuité des fonctions au sein de la colonie et d'éviter tout déficit d'effectif.

4 Brian R. Herb et al., « Reversible switching between epigenetic states in honeybee behavioral subcastes », *Nature Neuroscience*, vol. 15, octobre 2012, p. 1371-1373, doi.org/10.1038/nn.3218

initiative n'est demandée au niveau du terrain. Comment alors s'inspirer de la ruche pour se diriger vers davantage d'agilité ? Peut-on imaginer une organisation par rôles[5], dont les contours seraient spécifiés en termes d'objectifs à atteindre et de compétences à mettre en œuvre, mais dont la réalisation effective serait laissée à l'appréciation des acteurs ? Quelles procédures permettraient d'ajuster les effectifs aux rôles en fonction des situations vécues ? Dans quelle mesure cette souplesse suppose-t-elle un certain niveau de multifonctionnalité des collaborateurs ? Comment organiser alors cette forme de redondance pour que l'investissement se situe au bon niveau, que les éventuelles frustrations soient gérées[6] ? Peut-on imaginer un système d'évaluation qui permettrait à certains d'aller au charbon lorsque les fonctions les plus critiques se trouveraient en déficit ? Comment gérer la pression qui sera mise sur les services qui vont libérer de la ressource pour venir en aide aux autres ? Quels gages de confiance peut-on intégrer au système pour réaffecter les charges sans donner une impression de désorganisation ?

5 C'est le terme que retient l'holacratie pour désigner les différentes fonctions au sein de l'organisation.

6 Doit-on, par exemple, imaginer une configuration de routine, dans laquelle les rôles sont tenus par différents salariés pourvus également de rôles dormants qu'ils vont activer dans des situations exceptionnelles ? Des procédures claires peuvent-elles pallier localement des déficits de formation ?

L'INFORMATION QUI SAUVE : QUAND L'ACTION D'UN SEUL PERMET LA SURVIE DU GROUPE

Chaque jour, les harengs de l'Atlantique quittent les profondeurs protectrices de l'océan pour se nourrir de phytoplancton[7]. Pour cette migration quotidienne, ils forment une masse défensive tourbillonnante de plusieurs milliers d'individus qui se déplace verticalement le long de la colonne d'eau. Stratégie paradoxale en apparence, puisque ce volume dense et sombre est repérable de loin. Que se passe-t-il lorsqu'une otarie à crinière[8] traverse le banc pour saisir l'aubaine de ce petit déjeuner ? Par conditionnement, un prédateur privilégie toujours une proie singulière qu'il a sélectionnée pour son comportement ou son apparence : un déplacement plus lent lié à une blessure ou à une maladie, une corpulence qui entrave la mobilité ou augmente le rendement de la chasse, une petite taille qui signale la vulnérabilité juvénile. Doté d'une exceptionnelle faculté d'analyse du déplacement de ses proies et doué d'une étonnante agilité sous l'eau, l'otarie est un redoutable chasseur. Isolé, un hareng ne pourrait lui échapper. Grâce à un système de nage coordonnée basé sur une adaptation, quasiment en temps réel, à la vitesse de ses voisins et à la

---

7 Sensibles au réchauffement climatique et à la pollution des océans, ces micro-organismes marins produisent la moitié de l'oxygène et de la masse végétale terrestres. Leur mauvaise santé aura un impact global sur les équilibres de la vie. Malheureusement pour eux – et pour nous, pauvres *Sapiens* –, ils sont « micro », donc « quantité négligeable » dans nos équations.

8 *Otaria flavescens*.

direction prise[9], chaque poisson se déplace pour fuir le prédateur, formant un tunnel au sein du banc. À l'intérieur de cette masse frétillante, où chaque individu se comporte en quasi-jumeau de son voisin, nulle proie ne peut être privilégiée : la confusion est totale et l'otarie en ressort le plus souvent bredouille. L'organisation en groupe se révèle donc la bonne solution pour la survie des individus, à condition que chacun s'adapte ultra-rapidement au changement de contexte – l'attaque en l'occurrence – et permette au collectif de se réagencer presque aussi vite en coordonnant la fuite.

Imaginons maintenant qu'un hareng-chef ait eu pour mission d'organiser la défense de ses quelques milliers de congénères. Le temps que l'information d'une attaque lui parvienne, qu'il décide d'une riposte, que son ordre soit transmis et, enfin, qu'il soit exécuté, ce sont plusieurs dizaines de harengs qui auraient terminé dans l'estomac de l'otarie.

Il est des situations dans lesquelles la réactivité et l'initiative des salariés peuvent décider du succès ou de l'échec d'une aventure. C'est notamment le cas de tous les projets présentant une date butoir inamovible ou dont le dépassement se révèle coûteux : les événements publics ou privés, comme les festivals, les congrès ou les salons, les projets complexes, immobiliers, par exemple, ou encore les activités induisant un grand nombre de procédures telles que des déclarations obligatoires. Autre configuration qui justifie des approches mimétiques coordonnées : lorsqu'une fonction de l'entreprise en particulier se trouve confrontée à des changements rapides, généralisables à l'ensemble des salariés chargés de la déployer. Ainsi des commerciaux qui se trouvent confrontés à l'arrivée d'un nouveau type de concurrent peuvent-ils envisager une réponse coordonnée calquée sur les décisions ou les actions des plus

9 C'est grâce à ses yeux mais aussi à sa ligne latérale que chaque individu détecte les microchangements de son environnement. La ligne latérale est un organe mécanosensoriel présent chez les poissons et certains batraciens qui détecte notamment les forces d'écoulement de l'eau et permet à l'individu d'adapter sa vitesse et sa direction au courant, mais aussi de repérer les variations de pression et de percevoir ainsi les sons ambiants émis par d'autres individus.

pertinents d'entre eux. En somme, dans tous ces cas, chacun doit pouvoir arbitrer de la meilleure action à entreprendre au bénéfice de tous (décision), permettre aux autres de réagir de manière appropriée (information) et l'ensemble du groupe doit ajuster le rythme d'action-réaction (autocoordination) en limitant les phénomènes de résistance ou les temps d'arbitrage (régulation).

Comment le hareng a-t-il résolu cette équation ? Tout d'abord en limitant le délai de réaction associé à cet enjeu de taille qu'est sa survie par une action du système nerveux autonome[10] : il ne décide pas, il « est décidé ». Pouvez-vous identifier par avance des situations pour lesquelles il ne sera pas nécessaire de conduire une délibération avant action, imaginer par avance certaines configurations critiques et préfigurer les meilleures options envisageables ? Comment pouvez-vous convenir avec vos équipes du niveau de risque qui justifiera une pause de l'activité ? Pouvez-vous, en vous appuyant sur l'expérience et sur des arbres des causes, créer un arbre de décision face à des dilemmes susceptibles de survenir ? Quelle latitude d'action peut-on laisser à celui ou celle qui devra arbitrer et agir, à côté des fonctions réflexes sur lesquelles on se sera entendu ? Autre facette de la tactique du hareng : l'efficacité du système de communication, qui permet la transmission et la réception d'un signal simple quasiment en temps réel. Le mouvement de fuite porte en lui-même la double fonction de décision-action autonome et d'information vers les autres, indiquant la vitesse et la direction requises. Pouvez-vous imaginer, en situation de crise, un signal qui soit pour les autres à la fois un marqueur de décision et qui indique la bonne action à entreprendre ? « Ralliez-vous à mon panache blanc[11]. » Un mot d'ordre efficace. On voit ; on agit. Quand l'alarme est lancée, quand le signal est donné, chacun doit

---

10 En fait, la partie du système nerveux autonome dite « sympathique ».

11 D'après Agrippa d'Aubigné, cette formule aurait été prononcée par Henri IV à la bataille d'Ivry (14 mars 1590). Elle était destinée à rassembler ses troupes et à leur faire garder leur rang dans la confusion du combat.

pouvoir aligner son comportement sur ses voisins. À méditer pour le travail en équipes resserrées.

Enfin, dernier pilier du succès collectif face à l'otarie : chacun sait que le hareng voisin a pris la meilleure décision possible, pour lui-même et, par extension, pour le groupe. Car les intérêts sont alignés : cela a été démontré par des centaines de milliers d'années d'évolution. Comment garantir, au sein des organisations humaines, que l'action individuelle est bien au service du collectif et non uniquement de l'intérêt propre ? Comment définir au préalable la mission du groupe auquel est rattaché l'individu[12] ou la finalité du processus auquel il contribue ? Et comment alors s'assurer que cette définition fasse l'objet d'une adhésion explicite de chacun au projet ? Pour maintenir la cohésion de l'ensemble, peut-on remplacer la mission par des façons de faire ? Pourrait-on, par exemple, mettre en place des dispositifs favorisant la coopération à différents degrés d'intensité : discussion, coconstruction, retours d'expérience ou entraide[13] ?

Aller dans le même sens est une chose, mais encore faut-il avoir confiance dans le fait que le premier qui bouge optera pour la bonne solution. En situation d'action-réflexe par mimétisme, l'absence de délibération suppose donc d'identifier le sage dont on suivra le comportement[14]. Quel est celui ou celle qui, au sein de vos équipes, a accumulé une expérience reconnue par ses pairs et qui prendra donc la moins mauvaise des options à défaut de la meilleure ? Comment vous assurer que l'expertise sur laquelle repose le choix a été réactualisée ?

12 C'est la définition même d'une raison d'être ou d'une mission d'entreprise. Fixer un but permet aux acteurs de déduire des objectifs à atteindre puis d'organiser les ressources avec une ingéniosité individuelle et collective.

13 La coopération a été identifiée par la recherche comme le contrepoids absolument nécessaire au mouvement naturellement centrifuge des systèmes complexes auto-organisés. (Valérie Camps, *Vers une théorie de l'auto-organisation dans les systèmes multi-agents basée sur la coopération : application à la recherche d'information dans un système d'information répartie*, thèse de doctorat, 1998.)

14 C'est le cas des armées au feu : le groupe fait souvent confiance au plus expérimenté qui « sent » le terrain ; même s'il risque de se tromper une fois sur cent, le fait qu'il prenne la bonne décision le reste du temps présente un avantage pour le groupe en lui évitant des pertes.

Enfin, en cas d'erreur, comment le collectif assumera-t-il l'échec sans rejeter la faute sur ce leader informel ? Cette question de la confiance renvoie à celles de la compétence de l'agent et du « développement du pouvoir d'agir[15] ». Comment s'assurer que les conditions à la mise en œuvre de l'action sont réunies ? Que l'acteur est en bonne santé physique et psychologique ? Qu'il est disponible pour agir et qu'il dispose des ressources et de l'organisation nécessaires ?

15 Catherine Gouédard et Pierre Rabardel, « Pouvoir d'agir et capacités d'agir : une perspective méthodologique ? », *Perspectives interdisciplinaires sur le travail et la santé*, vol. 14, no 2, 2012, doi.org/10.4000/pistes.2808

EXPÉRIMENTATION ET RENFORCEMENT : L'INNOVATION INDIVIDUELLE VALIDÉE PAR LA PRATIQUE COLLECTIVE

Les fourmis[16] sont d'inlassables exploratrices. Observez l'une d'elles s'aventurer en terrain inconnu : on se demande où tout cela va bien pouvoir les mener, elle et son collectif. Et pourtant. À force de déambuler, elle finit par tomber sur une source de nourriture. Cela fait, elle retourne directement à la colonie. Or chaque fourmi laisse derrière elle une trace chimique – des phéromones – que ses congénères savent détecter. D'autres ouvrières vont donc emprunter la piste olfactive, aller et retour, renforçant ainsi la trace, comme on creuserait un sillon. Imaginons maintenant qu'un autre membre du clan ait, du fait de ses pérégrinations, trouvé un chemin deux fois plus court que le précédent. Dans le même laps de temps, une fourmi effectuera deux allers-retours sur cette seconde piste au lieu d'un seul pour l'une de ses sœurs sur la première. La trace chimique, deux fois plus puissante, va attirer davantage d'ouvrières au détriment de la première piste, qui sera peu à peu abandonnée[17]. Se forment alors ces autoroutes de fourmis qui fascinent tant les petits

16 Famille des *Formicidae*.

17 Des recherches récentes montrent que les fourmis argentines (*Linepithema humile*) laissent une trace chimique trois fois plus importante si la source de nourriture est pertinente pour l'équilibre alimentaire de la colonie, renforçant d'autant l'attractivité de la piste.

et les grands. Cette transmission d'informations par modification de l'environnement porte le nom de stigmergie[18]. Elle permet à un collectif de s'organiser de manière pertinente grâce au partage local d'informations sous forme de traces signifiantes.

Ce processus d'innovation collective ne serait pas si parfait sans l'intervention de deux facteurs : l'oubli et l'audace.

L'oubli est permis par la volatilité des phéromones : au bout d'un temps, la trace chimique qui n'est pas pertinente s'amenuise jusqu'à disparaître. Autrement dit, il n'y a pas de nostalgie de la solution passée ni aucun entêtement à y recourir par habitude. La meilleure solution est celle que le groupe valide de manière renouvelée, en passant et repassant par le chemin le plus pertinent.

L'audace tient dans le fait que les fourmis sont, par nature, des exploratrices. Toutes les fourragères ne vont pas suivre l'autoroute : certaines prennent des chemins de traverse. Ce faisant, elles tombent sur de nouveaux sites de nourrissage que vont rejoindre leurs congénères ou identifient un trajet encore plus court entre le site initial et la fourmilière.

Exploration, optimisation, renforcement, oubli. Une expérience de succès individuel se transforme ainsi en succès collectif, pour le bienfait de tous. Le processus fait émerger une nouvelle organisation grâce à un fonctionnement par essai-erreur suivi de confirmation.

Comment s'inspirer de ce fonctionnement dans nos entreprises pour rendre le processus d'innovation à la fois florissant, pertinent et pérenne ? Il s'agit d'abord d'apprendre aux individus à identifier leurs micro-innovations au quotidien et de les inciter à en expérimenter de nouvelles quand l'occasion se présente. Tout comme les fourmis qui tracent une voie plus droite vers un site de nourrissage identifié, certains vont améliorer les processus existants. D'autres vont explorer de nouveaux horizons techniques, organisationnels, de marché, de même que les fourmis

---

18 Mot élaboré par Pierre-Paul Grassé en 1959, qui résulte de la combinaison des mots grecs *stigma*, « marque au fer rouge, signe » et *ergon*, « travail, action ».

exploratrices identifient un nouveau site. Les deux formes d'innovation sont bénéfiques au groupe. Les premières car elles augmentent l'efficience du système dans une situation connue ; à ce titre, elles sont peu risquées, assez rentables, mais sans grand potentiel de survie à long terme. Les secondes parce qu'elles mettent à jour les innovations-relais, nécessaires pour exister demain ; elles sont aléatoires et plus coûteuses en énergie, mais extrêmement précieuses pour la survie du groupe. Comment activer l'une et l'autre au sein de votre organisation ? Les fourmis savent que la survie du collectif dépend de leur capacité à sortir des sentiers battus : comment promouvoir ce facteur clé de succès au sein de votre entreprise ? Comment susciter les vocations pour de micro-innovations notamment ? Comment reconnaître celles-ci d'ailleurs, et ce que leur inventeur apporte au collectif ? Quelle forme de rétribution peut-on imaginer pour les innovations qui ne sont finalement que des améliorations – ce qui est déjà énorme[19] ? Pour les innovations plus radicales, qui sont la garantie de succès futurs, comment l'organisation peut-elle assumer le risque d'impasse ? Est-il envisageable de valoriser les échecs en retirant des enseignements des processus d'expérimentation, qui peuvent s'avérer pertinents même si le résultat final ne l'est pas ? Comment protéger les inventeurs ? Comment créer un cadre d'innovation à la fois sécurisant et favorisant l'audace ?

Le second facteur déterminant réside dans le processus de validation de l'expérimentation par les pairs et le renforcement dans le temps par la répétition. Il ne suffit pas qu'une innovation soit intéressante, encore faut-il qu'elle soit utile, et donc utilisée ! Comment garder une trace de ces utilisations ? C'est une question que l'on se pose en *knowledge management*[20] aussi bien que dans la communauté des Creative

---

19 Cette rétribution peut prendre la forme d'une reconnaissance symbolique par les pairs, de nouvelles fonctions porteuses d'un épanouissement professionnel – formation des autres membres du groupe, implication plus large dans des colloques, écriture d'articles, etc.

20 Processus, méthodes et moyens techniques permettant le partage des connaissances au sein de l'organisation.

Commons. Les fourmis nous proposent une piste : en faisant en sorte que l'usage soit la trace elle-même. Chaque fourmi sait que la quantité (de phéromones) signe la qualité (de la piste vers la nourriture). Est-il possible d'imaginer un système qui permette de signaler la fréquence d'utilisation de telle technologie ou de telle méthode ?

Le partage de l'information constitue le troisième facteur clé de succès de l'innovation par émergence. Chez les fourmis, c'est le caractère irrésistiblement attractif des phéromones qui met les individus sur la piste. Quel équivalent peut-on inventer en entreprise ? Quel système permettrait aux utilisateurs potentiels d'être spontanément et localement informés de l'arrivée de solutions nouvelles ? Il s'agit de donner de la visibilité, de trouver le levier d'attractivité, pour une information qui ne soit pas descendante, mais évidente, irrésistible. Les créateurs de *nudges*[21] ont là un large champ d'action devant eux.

21 Issu de la psychologie économique, le *nudge* est une technique de communication incitant un individu à prendre de lui-même des décisions qui vont dans le sens souhaité, généralement celui de l'intérêt collectif.

Du vivant au vivant : s'inspirer du principe d'auto-organisation

L'auto-organisation du vivant repose en grande partie sur l'information et son traitement.

Les premières causes de dysfonctionnement d'origine artificielle proviennent de brouillages ou d'obstacles résultants des activités humaines. Votre activité a-t-elle, par exemple, un effet direct ou indirect sur l'émission de bruits dans l'air ou dans l'eau? Si elle dépend fortement des transports maritimes, terrestres ou aériens, la réponse est oui. Elle peut être directement émettrice du fait des procédés industriels mis en œuvre. Dans ce cas, quelles études d'impact avez-vous réalisées? Comment atténuez-vous les effets? Pourriez-vous les annuler complètement en changeant de technologies? Les systèmes auto-organisés se matérialisent parfois sous la forme de structures (une termitière, un essaim) ou de comportements (les colonnes de fourmis). Lorsque vous observez de telles manifestations, avez-vous tendance à les détruire? À les protéger? Favorisez-vous leur émergence en laissant se développer des espaces semi-sauvages?

La seconde famille de dysfonctionnements touche les systèmes d'interprétation. À travers vos activités, risquez-vous de relarguer dans le milieu des principes actifs susceptibles d'endommager le système nerveux central des insectes, de perturber le fonctionnement des neurotransmetteurs? Vous êtes-vous assuré que vous ne contribuez pas à ce phénomène à travers vos achats?

Chapitre 9

LE PRINCIPE D'APPREN-TISSAGE

S'ADAPTER À L'ENVIRONNEMENT

L'homme n'est pas un animal comme les autres. Que peut alors la bio-inspiration en matière d'apprentissage ? Elle nous donne l'occasion de revenir à nos racines, communes avec celles du règne animal auquel nous appartenons, qui nous façonnent nécessairement et constituent un socle, des fondations[1]. L'apprentissage constitue l'un des trois éléments qui rendent possible la résilience d'un système. Il permet à celui-ci de s'adapter à de nouveaux chocs en puisant dans son répertoire de procédures acquises lors des chocs précédents (anticipation, réaction, adaptation). Que pouvons-nous apprendre de nos expériences passées ? Si c'était à refaire, que faudrait-il corriger ? Telles sont les questions auxquelles ce chapitre contribue à apporter quelques réponses.

1 Hors de question, pour autant, de se substituer aux disciplines associées à la psychologie, évidemment plus pertinentes en termes de théories de l'apprentissage humain.

L'APPRENTISSAGE ASSOCIATIF : FAÇONNER PAR LA RÉCOMPENSE

Lorsqu'il rencontre un rat brun[2] pour la première fois, le jeune putois[3] mord sa proie au petit bonheur la chance. La sanction est généralement au rendez-vous : le rat mord son prédateur en retour qui, surpris, laisse échapper son quatre-heures. Avec l'expérience, le putois apprendra que saisir le rat par la nuque lui évite toute morsure et entraîne une mort immédiate. D'où la règle : « Si [nuque], alors [manger = facile] », « Si [pas nuque], alors [manger = pas possible ; blessure] ». L'apprentissage associatif est là. Dans les années 1890, le physiologiste et psychologue Ivan Pavlov a modélisé ce phénomène en s'appuyant sur le comportement des chiens en présence de nourriture. Son expérience consistait à associer un phénomène remarquable tel que le son d'une cloche à un acte réflexe inné tel que la salivation en présence d'un repas. La répétition du phénomène induit un acte réflexe (la salivation) dès que le chien est exposé au stimulus conditionnant (le son de cloche), avant même que le stimulus initial (le repas) ne soit présent, parce que la cloche est désormais associée au repas. Il s'agit là d'un apprentissage dit associatif qui s'appuie sur le déclenchement artificiel d'actes réflexes[4].

De nombreuses expériences ont suivi celles de Pavlov, menées notamment par les psychologues behavioristes américains d'après-guerre.

---

2 *Rattus norvegicus*.

3 *Mustela putorius*.

4 Toutes choses égales par ailleurs, c'est un peu ce que nous faisons lors des entraînements aux évacuations. La sirène nous apprend à réagir avant que nos sens ne soient confrontés directement à la fumée.

Elles ont montré qu'il était possible pour des animaux d'apprendre de leurs essais et erreurs et de mémoriser les comportements les plus favorables. Le principe consiste à les exposer à des alternatives qui déclenchent une récompense ou l'interruption d'une gêne[5] en cas d'action positive et une punition en cas d'action non conforme. Cette méthode est appelée « apprentissage par conditionnement opérant ». À force de répétition, l'animal finira par choisir systématiquement l'option associée à une récompense. Même lorsque celle-ci disparaît, il continue de faire le bon choix. Pour un temps du moins…

Ces expériences ont contribué à révéler des lois de l'apprentissage au sein du monde animal.

La plus importante est sans doute la loi de l'effet[6]. Elle stipule qu'une association situation-réponse est renforcée lorsque l'action-réponse est récompensée et qu'elle est diminuée dans le cas contraire. Face à une situation, un individu répétera donc l'action positive, qui se renforcera d'autant plus si la conséquence positive se confirme, et se déshabituera de l'option négative. Quel est le lien entre un tout jeune chimpanzé poursuivant un congénère de branche en branche, des oursons mimant une bagarre à coups (retenus) de pattes et de crocs et un perroquet saccageant méthodiquement des jouets situés à portée de bec ? Les premiers semblent se fatiguer inutilement, les deuxièmes risquent de se blesser et le troisième de devenir fou. Pourtant, la récompense–plaisir que ces animaux retirent du jeu – car c'est ce dont il s'agit – leur permet d'acquérir plus rapidement les compétences adaptées à leurs conditions de vie : les chimpanzés se musclent et gagnent en agilité pour fuir, les oursons apprennent à combattre pour conquérir une femelle et le perroquet s'entraîne à casser des noix pour se nourrir. Apprendre par plaisir est une constante chez certaines catégories d'animaux, en particulier les taxons vertébrés pour lesquels de nombreux comportements sont appris plutôt qu'innés.

---

5 Exposition à un bruit désagréable, par exemple.

6 Formulée par le psychologue Edward Thorndike en 1911.

D'autres lois de l'apprentissage sont dignes d'intérêt.

La loi de la répétition et de l'oubli nous dit qu'une réponse est d'autant mieux mémorisée que le nombre d'expériences permettant de faire le lien entre l'action et l'effet est élevé, en phase d'apprentissage comme par la suite. *A contrario*, l'absence d'effet sur une période trop longue induit un oubli de la bonne action. Autrement dit, il y a deux manières d'oublier un comportement appris : ne plus pratiquer l'action ou ne plus obtenir d'effet associé, récompense ou punition.

La loi de la contiguïté temporelle nous dit que le délai entre l'action et l'effet doit être différent selon que l'on se trouve en période d'acquisition du comportement ou de son maintien dans le temps. Au cours de la première, le renforcement doit intervenir immédiatement afin de consolider l'association entre l'action et l'effet. Pour installer le comportement dans la durée, le renforcement doit être progressivement différé afin de réduire la dépendance du comportement à la récompense ou à la punition.

Les lois de la généralisation et de la discrimination sont les deux faces d'une même pièce, et présentent une valeur adaptative complémentaire. La première laisse l'animal réagir de manière appropriée à des stimuli qui présentent globalement les mêmes caractéristiques. Un chien s'assoira sur ordre, quel que soit le ton sur lequel celui-ci est donné. Un rongeur s'enfuira à la vue d'une ombre le survolant. Mais la loi de la discrimination apprendra à notre petit rongeur à faire la différence entre un inoffensif passereau et un prédateur potentiel : en fonction de la taille de l'ombre portée, il se précipitera ou non vers un abri. Il limitera ainsi le nombre de fausses alertes, génératrices d'un stress inutile et préjudiciable à sa santé ainsi que d'une dépense d'énergie superflue.

Retenez enfin que l'on peut façonner le comportement de manière continue ou alternative. Dans le premier cas, l'individu reçoit la récompense à chaque comportement positif tandis que dans le second, elle lui est donnée de manière moins systématique. Dans le premier cas, l'apprentissage sera rapide mais s'oubliera plus rapidement. Dans le second, on s'inscrit davantage dans la durée.

Que peut-on retirer de ces lois de l'apprentissage lorsque l'on est manager ? La première des choses est de comprendre que ce n'est pas le résultat qui est récompensé, mais l'action, ou plus exactement, l'action correcte. L'inverse du management par objectifs ? S'il peut s'avérer intéressant dans certaines situations, ce type de management présente un premier inconvénient : il s'intéresse trop rarement aux racines de la réussite. Le retour d'expérience y est sous-estimé : peu importe la voie, pourvu que l'on ait le succès. Par principe, l'apprentissage associatif consiste à relier l'action à ses conséquences, succès ou échec. Et ce, de la manière la plus directe possible. Gagner un contrat est toujours multifactoriel. Cela peut être dû à un simple coup de chance. Mais aussi au talent d'un individu, à la qualité de son réseau. Comment faire de cela une ressource immatérielle pour votre entreprise ? Comment faire de cette expérience un apprentissage réel qui donnera lieu à un partage et à l'identification de bonnes pratiques ? Si vous souhaitez que votre entreprise soit réellement apprenante, comment pouvez-vous garantir que les retours d'expérience aient lieu et former vos salariés à ce processus ? Comment les aider à mettre le succès en récit afin de révéler les actions clés qui ont conditionné la réussite ? Comment relier la cause à l'effet dans un contexte où cela semble être mission impossible ? En interrogeant le client concerné et les acteurs clés du succès, tel un limier qui relève les indices ? Que faut-il observer ? Votre collaborateur et les contributeurs à la réflexion finiront bien, au fil des récits, par identifier un faisceau de preuves concordantes. Elles constitueront les bases de certaines ressources immatérielles à ranger dans la catégorie « capital de réseau ».

Vient alors la question cruciale : que récompenser ? Dans une entreprise apprenante, on récompense d'abord l'apprentissage lui-même, en l'occurrence, le fait que vos salariés aient pris le temps de structurer et partager un véritable retour d'expérience. Rien de plus barbant que le *reporting*? Pourtant, dans une phase cruciale de votre aventure, il se peut qu'un pilotage fiable au mois, voire à la semaine, devienne une clé de votre succès collectif. Pourquoi alors ne pas inventer un jeu-concours autour de cette opération ? Quoi de plus stressant que du *phoning* pour la relance paiement ? Récompensez au nombre d'appels réalisés selon le protocole, pas au résultat obtenu. Associez l'action à la conséquence, mais surtout félicitez, célébrez, encouragez. Particulièrement en phase d'apprentissage : chaque petite victoire doit être remarquée si vous souhaitez que les nouveaux réflexes s'acquièrent très vite[7]. Il sera toujours temps d'espacer les félicitations une fois que le comportement sera acquis. Espacer, mais pas arrêter, sinon cela déclenchera l'oubli[8]. Pas de récompense, pas d'action. Ou alors une action *a minima*, par devoir, coûteuse finalement. L'engagement pour le succès ne peut se jouer que dans le plaisir, un plaisir renouvelé. Par la reconnaissance, le jeu, les *nudges*.

Un autre enseignement à retirer est que l'apprentissage par conditionnement est d'autant plus efficace qu'il est associé à des besoins fondamentaux : se nourrir, survivre, etc. Dans une perspective de résilience de votre organisation, il pourrait être intéressant d'identifier la liste des bonnes pratiques qui concourent à sa survie à court, à moyen ou à long terme[9] et d'en révéler le caractère critique au groupe, pour qu'il mesure l'enjeu. Concernant la survie à court terme, on parle avant tout de situations présentant des risques pour les personnes, qui requièrent d'adopter immédiatement les bonnes réponses. En somme, chaque fois que l'on risque d'être paralysé par la situation, c'est-à-dire que notre système cognitif passe en mode automatique fuite-lutte-inhibition,

---

7 Mais gardez en tête que vous devez privilégier les récompenses alternatives si vous entendez inscrire l'apprentissage dans le temps.

8 En fait, comme pour le vélo, rien n'est jamais complètement oublié. C'est ce que l'on appelle la restauration de la réponse, qui est généralement rapide et ne nécessite pas un réapprentissage complet. Mais il faut tout de même se réhabituer, du temps perdu pour l'entreprise et le salarié.

9 Ces risques ont été abordés dans le chapitre 6 consacré au principe d'intégrité.

l'apprentissage associatif par conditionnement opérant peut aider à affronter les circonstances. Ce sont d'une part des actions réflexes de comportement : il s'agit de réactions face à des agressions[10], qui requièrent de mettre en place des systèmes automatiques de défense appropriés tels que la désescalade, des formes de communication non violente. Ce sont d'autre part des réflexes procéduraux : dans des situations de mise en danger vital[11], il s'agit d'adopter les gestes qui sauvent. Il suffit de se rappeler que le coût indirect[12] des accidents du travail représente trois à cinq fois celui des coûts directs pour se représenter l'intérêt de développer des compétences en apprentissage réflexe.

Les animaux nous apprennent également ce qu'est un mauvais apprentissage. Dans le cadre d'une expérience, des pigeons[13] auxquels on soumet des exercices différents reçoivent de la nourriture à intervalles réguliers, quel que soit leur comportement. Impossible pour eux d'établir un lien systématique entre une action conforme et une récompense : il n'y en a pas. On constate pourtant le phénomène suivant : dès lors qu'ils ont observé une concomitance – fortuite, donc – entre une action et l'arrivée de la nourriture, ils vont avoir tendance à reproduire cette action pour obtenir l'effet supposément corrélé ! Les volatiles ont développé des comportements superstitieux. Le besoin de logique a été le plus fort. Autre expérience, autre comportement : si un animal est soumis de manière prolongée à une situation désagréable sur laquelle il n'a pas de prise,

---

10 Violences envers le personnel en charge d'accueillir du public en difficulté, violences sexuelles et sexistes, comportements discriminatoires, etc.

11 En lien avec les risques professionnels recensés et proportionnellement au risque.

12 Temps de traitement administratif de l'accident, intégration d'un remplaçant et désorganisation du service, casse éventuelle de matériel, retards de livraison et perte potentielle de contrats… En cas de décès d'un collaborateur, les coûts indirects – notamment psychologiques – sont incommensurables. D'après l'Agence européenne pour la sécurité et la santé au travail (EU-Osha), 1 euro dépensé en prévention des risques psychosociaux permet d'économiser potentiellement 13,64 euros associés aux impacts (étude du projet européen Matrix).

13 Famille des *Columbidae*.

à laquelle il ne peut échapper quoi qu'il fasse, il renonce à agir et finalement présente des symptômes dépressifs. C'est ce que l'on appelle l'impuissance apprise. Et cela va très loin. Car même lorsqu'une solution simple s'offre finalement à lui pour sortir de la situation désagréable, l'animal reste couché et subit la situation, ayant intégré de manière définitive que toute initiative est vouée à l'échec. Ne pas comprendre pourquoi ça fonctionne ou ça échoue, avoir l'impression que la situation ne changera pas quoi que l'on fasse, que le bénéfice ou la perte ne dépend pas de nous : l'humain peut également être confronté à de telles situations. Pire, un manager maladroit pourrait les induire, parce qu'il ne récompense ni ne blâme jamais, quelle que soit la situation. Plus les règles de récompense sont claires, plus le collaborateur a la compréhension de ce qui se joue dans les situations de travail, en positif comme en négatif, plus lesdites règles sont effectivement appliquées, plus l'agent est autonome dans l'action, et plus vous éloignez de lui les symptômes observés face à l'impuissance apprise : agressivité, sidération, perte des capacités cognitives. Quel système d'apprentissage organisationnel pouvez-vous imaginer qui fasse prendre conscience à tous, et aux managers en particulier, de ces processus et phénomènes ? Quel rôle devez-vous y jouer, pour que les bonnes habitudes se mettent en place, que le cadre de confiance soit établi ?

L'APPRENTISSAGE PAR HABITUATION : NE PLUS AVOIR PEUR DE SON OMBRE

L'ouïe est le deuxième sens le plus important chez les oiseaux. Elle leur permet de communiquer entre eux à travers une gamme subtile de chants et de détecter l'approche de prédateurs. Il est donc vital qu'ils apprennent à ne pas s'encombrer d'informations parasites. Très jeunes, ils s'exercent à ne pas sursauter au moindre craquement de branche, compétence sans laquelle leur vie ne serait qu'une longue succession d'alertes stressantes et inutiles. Ils s'accoutument progressivement au bruit que font les branches qui s'entrechoquent sous l'effet du vent, au craquement des brindilles remuées au sol par les petits rongeurs, à la chute d'une pomme de pin. Cette accoutumance se fait en constatant que rien de fâcheux ne s'ensuit lorsqu'un tel bruit apparaît : ni cri d'alarme ni danger. De bruit nouveau au début, le craquement usuel des branches devient bruit de fond. Pourtant, amenez un promeneur sous leur arbre : il est probable qu'ils s'envoleront à son approche, car le bruit intense et régulier des branches écrasées sous ses pas sera sensiblement différent de ceux auxquels ils se sont accoutumés. C'est ce que l'on appelle la restauration de la réponse initiale : le bruit de branches représente à nouveau un danger et provoque la réaction appropriée de fuite. On observe qu'après une telle restauration, la vigilance remonte d'un cran mais aussi que le processus d'habituation se remet en place plus rapidement qu'auparavant. On s'habitue à s'habituer.

L'apprentissage par habituation permet d'adopter la juste réponse face à une situation donnée lorsqu'il est constaté que l'individu surréagit au stimulus ou au contraire l'ignore, dans l'objectif d'améliorer ses performances[14]. Il consiste à diminuer progressivement l'amplitude de la réponse en exposant le sujet au stimulus de manière répétée. À quel type de stress pourrait s'appliquer cette méthode d'apprentissage en entreprise ? Probablement des stress qui ne présentent pas un danger objectif : prendre la parole en public, répondre au téléphone, utiliser de nouveaux outils technologiques. Le stress est constitutif de la psyché de chaque individu. Et surtout, d'une erreur d'encodage entre notre cerveau limbique et le préfrontal. Avez-vous déjà interrogé vos collaborateurs sur les situations qui génèrent de l'inconfort dans leur quotidien, allant d'une appréhension légère à une peur importante ? Avez-vous pu, sans jugement, accueillir ces craintes lorsqu'elles se sont révélées dans leur quotidien ? Pourriez-vous élaborer un programme qui les accompagne dans leurs prises de risques, dans un cadre de confiance qui autorise chacun à se jeter à l'eau[15] ?

14 Cela afin de lui apporter un juste équilibre de vie, conformément au principe de pondération.

15 Vous pouvez vous inspirer des travaux de deux neuroscientifiques comportementalistes, Philip M. Groves et Richard F. Thompson, qui ont identifié cinq lois de l'habituation dans les années 1970. Voir également Jean-Michel Lassalle, « Apprentissage, adaptation et cognition », dans Jacques Vauclair et Michel Kreutzer (dir.), *L'Éthologie cognitive*, Éditions de la Maison des sciences de l'homme et Ophrys, coll. « Cogniprisme », 2004

L'APPRENTISSAGE PAR IMITATION : OBSERVER ET FAIRE

Sur l'île de Kō-jima, dans les années 1950, un macaque japonais[16] femelle a développé une innovation de rupture : en lavant des patates douces dans un ruisseau, puis dans l'eau de mer, elle a constaté qu'elles étaient non seulement plus propres, mais avaient un goût salé bien agréable. Cinq ans plus tard, les chercheurs ont observé que la compétence avait été acquise par dix-sept congénères de la troupe[17]. Imo (c'est le nom de cette femelle) avait démontré qu'un apprentissage positif pouvait être transmis de proche en proche[18]. Autre lieu, autre enseignement : lorsqu'il est mis en présence de sa nourriture préférée à côté de laquelle, comble de malchance, se trouve un serpent, un macaque rhésus[19] qui a grandi dans son milieu naturel renonce au repas, compte tenu du risque. Confronté à la même situation, le macaque d'élevage n'hésite pas et va chercher la récompense. Mais il lui suffit d'observer la peur de ses congénères restés à l'état sauvage face à un serpent pour acquérir le comportement par imitation[20]. Ces observations ont démontré le caractère social de nombreux apprentissage dans le règne animal, en particulier au sein d'une même génération. L'apprentissage transgénérationnel semble exister également. Dans les années 1970, le comportement

---

16 *Macaca fuscata*.

17 Environ 20 % des adultes et 80 % des jeunes.

18 Masao Kawai, « Newly-acquired pre-cultural behavior of the natural troop of Japanese monkeys on Koshima Island », *Primates*, vol. 6, p. 1-30, août 1965, doi.org/10.1007/BF01794457

19 *Macaca mulatta*.

20 Michael Cook *et al.*, « Observational conditioning of snake fear in unrelated rhesus monkeys », *Journal of Abnormal Psychology*, vol. 94, no 4, 1985, p. 591-610, doi.org/10.1037/0021-843X.94.4.591.

anormalement agressif envers les humains d'un groupe d'éléphants[21] a attiré l'attention de chercheurs sud-africains. En retraçant l'histoire de ce troupeau, ces derniers ont identifié que leurs ascendants avaient fait l'objet d'une chasse à l'ivoire intensive plus de soixante ans auparavant, c'est-à-dire à l'époque où la plus âgée de la troupe était à peine née. La cause réelle du risque avait disparu, mais la peur de l'homme s'était transmise dans le temps[22].

L'apprentissage par imitation se fait soit par mimétisme direct[23] – on expérimente en même temps que le modèle –, soit par observation[24] – on scrute le modèle, on voit l'effet produit et on essaye de répéter l'action pour obtenir le même résultat[25]. Dans le second cas, l'avantage pour l'apprenant est qu'il reste à distance de l'expérience et de ses conséquences potentiellement dangereuses. Le modèle, en général un adulte plus expérimenté, peut montrer et répéter le geste qu'il maîtrise, indiquer le bon exemple à suivre[26]. Ce sont des modes d'apprentissage privilégiés pour la chasse ou les comportements de défense, ou encore dans des circonstances nouvelles pour l'individu juvénile (une inondation, par exemple, ou un piège alimentaire auquel de jeunes rats noirs[27] sont exposés pour la première fois).

---

21 *Loxodonta africana*.

22 Ce récit rejoint l'expérience fictive des singes soumis à un apprentissage associatif, connu sous le nom du « théorème du singe ». Une fable donc, qui a pourtant donné naissance à de multiples interprétations.

23 Ou apprentissage coactif.

24 Ou apprentissage vicariant.

25 Il est amusant de constater que ces deux méthodes de transmission se rapprochent assez significativement de la méthode active ou de découverte d'une part, et de la méthode démonstrative d'autre part, qui constituent deux des cinq grandes familles de méthodes pédagogiques recensées pour les humains.

26 Comme le disait un ami : « L'exemplarité en management est la pire des méthodes. Le problème, c'est que c'est la seule. »

27 *Rattus rattus*.

L'apprentissage coactif[28] est privilégié dans des situations de jeu entre juvéniles ou lorsque la technique ne peut être apprise par l'observation seule. C'est la pédagogie à laquelle recourent les orques[29] lorsqu'ils enseignent aux petits la chasse à l'échouage, particulièrement dangereuse. La technique consiste à se rapprocher le plus possible du rivage pour y capturer une jeune otarie à crinière[30] barbotant innocemment dans les eaux peu profondes. Si elle arrive trop vite, l'orque peut se retrouver piégée sur la grève, incapable de retourner à l'eau. Pas assez vite ou pas assez loin, et le cétacé fera chou blanc. L'adulte « enseignant » se positionne toujours entre la berge et le jeune jusqu'à ce que ce dernier sache bien exploiter le reflux pour retourner à l'eau, qu'il ait ou non capturé une proie lors de sa tentative. À force d'imitation directe, l'apprenti finit par repérer les profondeurs et flux propices à une chasse fructueuse.

L'apprentissage par imitation nous interroge sur les limites inhérentes aux manuels et aux directives lorsque la pratique requiert un tour de main, une compétence acquise dans l'action. Comment enseigner et apprendre à reproduire des actions de travail réel[31], grâce auxquelles les salariés traduisent dans les faits la promesse de valeur formulée par l'entreprise ? Le vivant nous invite à réhabiliter le compagnonnage, grâce auquel l'apprenant peut acquérir les gestes et comportements adéquats en observant son mentor ou en s'impliquant directement sous sa supervision. Posez-vous la question suivante : quelles situations de travail requièrent un savoir-faire particulier au sein de votre entreprise ? Certainement toutes celles qui supposent d'être en interaction avec d'autres personnes. Celles pour lesquelles l'expérience compte davantage que la théorie. Pour toutes ces tâches, vous pouvez réfléchir à élaborer un processus et des

---

28 Qui fait interagir plusieurs individus, y compris l'apprenant.

29 *Orcinus orca*.

30 *Otaria flavescens*.

31 Par opposition au travail prescrit qui correspond aux tâches telles qu'elles sont décrites dans un manuel de procédures, par exemple.

protocoles d'apprentissage par transmission-observation. Y a-t-il des personnes qui réussissent mieux que d'autres, sans que l'on sache vraiment pourquoi, qui savent réaliser telle opération plus sûrement ou plus rapidement que quiconque ? Elles pourraient alors bien être les futurs mentors au sein de l'organisation. Comment accompagner le mentor vers sa professionnalisation ? Comment lui donner envie ? Telles sont les questions qui, parmi d'autres, vous permettront d'élaborer la méthode adaptée à votre entreprise. Sans oublier que le vivant adore faire d'une pierre deux coups. Quand l'orque enseigne les ficelles du métier, elle chasse en même temps ! Comment vous inspirer du principe de double fonctionnalité pour élaborer votre protocole de transmission ? Peut-on demander à l'enseignant et à l'apprenant de réaliser un vrai travail en guise de support pédagogique ? Ou demander à celui qui sera formé d'imaginer un système de capitalisation – un support vidéo, un témoignage, un jeu qui deviendra une ressource immatérielle de l'entreprise ? Vous trouverez certainement...

MANAGER L'APPRENTISSAGE

Quelle stratégie d'apprentissage ?

Au milieu du xxe siècle, deux chercheurs, Konrad Lorenz et Nikolaas Tinbergen[32], ont révolutionné notre compréhension du comportement animal. L'une de leurs expérimentations a consisté à présenter à des dindonneaux[33] plusieurs silhouettes d'oiseaux, semblables aux ombres qu'ils pouvaient observer dans le ciel, et de mesurer leurs réactions. Vous avez peut-être vous-même remarqué que les rapaces ont généralement un cou ramassé et une longue queue, contrairement aux palmipèdes. Nos chercheurs ont démontré que les dindonneaux s'alarmaient à la vue d'une silhouette de rapace et ne montraient aucune réaction s'ils identifiaient le vol d'un canard ou d'une oie[34]. Ils semblaient bénéficier d'une reconnaissance innée du danger.

Dans les années 1990, deux chercheurs américains ont repris l'expérience sur les macaques rhésus et les serpents[35]. En raffinant le protocole d'apprentissage, ils sont parvenus à démontrer que le singe avait des prédispositions cérébrales à reconnaître le serpent, qu'il en avait en quelque sorte un schéma général encrypté dans le cerveau[36]. Il existe

---

32 Ils ont reçu le prix Nobel de médecine et de physiologie en 1973, en association avec Karl von Frisch. Ces trois chercheurs sont considérés comme les pères fondateurs de l'éthologie moderne.

33 *Meleagris gallopavo*.

34 Wolfgang Schleidt, Michael D. Shalter et Humberto Moura-Neto, « The hawk/goose story: the classical ethological experiments of Lorenz and Tinbergen, revisited », *Journal of Comparative Psychology*, vol. 125, n° 2, 2011, p. 121-133, doi.org/10.1037/a0022068

35 Michael Cook et Susan Mineka, « Selective associations in the observational conditioning of fear in rhesus monkeys », *Journal of Experimental Psychology: Animal Behavior Processes*, vol. 16, no 4, 1990, p. 372-389, doi.org/10.1037/0097-7403.16.4.372

36 Des recherches récentes en neuroscience tendent à confirmer cette hypothèse. Ces représentations archétypales seraient situées dans le thalamus, plus précisément dans la région du pulvinar, qui joue un rôle important dans les réponses de lutte ou de fuite face aux menaces.

donc chez certains animaux une représentation du risque qui leur permet d'avoir un comportement approprié face au danger. La manière dont s'opère cette transmission de caractère acquis n'est pas encore parfaitement déterminée[37]. L'hypothèse actuellement privilégiée est qu'elle résulte de mutations épigénétiques, lesquelles s'estomperaient après quelques générations, sauf à ce que le facteur environnemental déclencheur perdure et maintienne ce caractère actif. L'environnement joue donc un rôle central : à l'origine, puisqu'il déclenche l'inscription du protocole de réponse, et pour son maintien, puisqu'il le réactive par l'expérience.

Le vivant nous invite à opérer une hiérarchie de l'apprentissage. À réfléchir au fait qu'obtenir des patates douces propres et salées n'a pas la même valeur que d'échapper à un prédateur pour rester en vie. Le premier cas relève de l'apprentissage social. Le second, de codes comportementaux innés, non négociables. Un enseignement que nous pouvons retirer de nos lointains cousins dindonneaux et macaques concerne la forme que doit prendre l'instruction non négociable. Ils ont hérité d'un schéma général du danger et l'instruction est simple : fuir ou ne pas bouger si la fuite est impossible. Comment pouvons-nous esquisser les contours des événements-stimulus plutôt que les décrire dans le détail ? Comment augmenter la sensibilité au stimulus au sein de vos équipes[38] ? Comment pouvez-vous faire évoluer vos procédures dans un sens plus générique et laisser à chacun la latitude d'apprécier le détail de la situation pour agir en conséquence ?

Au sein d'un même cycle stratégique, l'entreprise procède sans arrêt à des micro-adaptations. C'est ce que l'on appelle l'apprentissage en simple boucle, qui consiste à modifier les modes opératoires en fonction

37 Elle a longtemps opposé les écoles darwinienne et lamarckienne. Les avancées récentes sur l'épigénétique tentent d'expliquer, à travers l'hypothèse des « paramutations », par exemple, la transmissibilité de mutations épigénétiques.

38 Sans que cela génère un stress permanent, au contraire. Le cerveau s'est habitué à la détection : en l'absence d'un événement de ce type, le regard reste panoramique.

de ce que produisent les actions au quotidien : les processus, les procédures peuvent être ajustés, les normes comportementales revisitées à la marge. Il se peut cependant que des problèmes nouveaux apparaissent du fait d'un changement de l'environnement, ou que l'on se rende compte qu'une procédure ou une organisation conduisent à des contre-performances de manière récurrente. Dans ce cas, ce sont des composantes du système entreprise lui-même qu'il va falloir repenser. C'est ce que l'on appelle un apprentissage en double boucle[39]. Ces apprentissages correspondent dans la nature aux ajustements épigénétiques dont le contenu pourra être transmis à la génération suivante. Ici, le vivant nous invite à apprendre à apprendre, à décider de la manière dont seront élaborés puis diffusés les savoirs à l'intérieur de l'entreprise, ce que l'on appelle l'apprentissage en triple boucle. Se pose en particulier la question de la hiérarchisation des savoirs et des méthodes. Identifiez ceux qui garantissent la survie de votre entreprise[40] et ceux qui font votre signature, les compétences socles. Comment les inscrire dans les parcours d'intégration ? Faut-il en faire un sujet de discussion au démarrage de chaque réunion, comme rappel du sens commun ? Si l'ensemble de vos procédures et de vos processus semblent se valoir, comment voulez-vous attirer l'attention de vos salariés sur ce qui revêt une valeur vitale ? Pouvez-vous imaginer une signalétique spécifique qui hiérarchise les savoirs et méthodes en fonction de leur niveau de criticité ? Des processus d'apprentissage particuliers pour le socle fondamental ? N'oubliez pas que la réactivation permet de ne pas effacer la donnée. Comment la faire au bon moment ? De la bonne manière ?

Quel système de gouvernance de votre entreprise apprenante pouvez-vous imaginer ? Comment pouvez-vous impliquer les salariés dans le fonctionnement de l'ensemble du système d'apprentissage ?

39 Chris Argyris et Donald A. Schön, *Apprentissage organisationnel. Théorie, méthode, pratique*, De Boeck université, coll. « Management », 2001.

40 Voir le chapitre 6 consacré au principe d'intégrité.

Quelle connexion ferez-vous avec les dispositifs d'organisation réflexive[41] ? Quelles sont les conditions d'acceptation et d'implication[42] ? Quelles pourraient être les résistances[43] ? Comment installer un cadre de confiance ? Comment et jusqu'où instituer le « droit à l'erreur » ? Apprentissage veut aussi dire changement : comment accompagner ce changement, faciliter son acceptabilité ?

Le vivant a déployé des trésors d'ingéniosité pour organiser l'apprentissage qui peut être social, épigénétique, génétique par le biais de la sélection naturelle. Il vous invite à penser l'apprentissage comme le meilleur investissement que vous puissiez faire pour garantir la pérennité de votre entreprise. Où en êtes-vous ?

Quand la mémoire devient un handicap

Une séquence de procédures peut perdre de sa pertinence dans le temps : le troupeau d'éléphants sud-africains n'est plus du tout menacé et continue pourtant d'agir selon une ancienne loi. Ce qui peut poser problème lorsque les humains sont là pour aider, soigner, protéger.

Pour pallier cette déficience, l'oubli est, à de rares exceptions près, inscrit dans le vivant. Car il constitue une condition de survie des espèces. Il permet tout d'abord d'éviter une surcharge cognitive. En libérant de l'espace, il rend possibles de nouveaux apprentissages. En éliminant les détails de moindre importance, il invite à se focaliser sur les informations cruciales[44], à faire la différence entre l'essentiel et le contextuel. Il permet surtout d'ajuster l'apprentissage aux évolutions de l'environnement :

41 Les espaces de mise en discussion de ce qui se joue réellement dans le travail.

42 La compréhension par tous de votre intention et du caractère stratégique de certaines procédures va jouer un rôle majeur dans l'implication de chacun.

43 Chacun d'entre nous, inconsciemment, peut mettre en place des « routines défensives » : stratégies de dissimulation, biais cognitifs lors de l'analyse des situations, etc.

44 La forme « serpent » plutôt que sa couleur spécifique.

lorsqu'une information n'est plus utilisée parce qu'elle n'est plus pertinente, elle s'éteint naturellement. Et les actions de l'individu sont naturellement pertinentes au présent[45].

Cerise sur le gâteau : l'oubli facilite la mémorisation ! Réactiver une information oubliée a tendance en effet à renforcer les connexions neuronales qui en forment le support. L'apprentissage est consolidé, l'oubli futur moins probable…

Que faut-il oublier et comment oublier ? Comment éviter de basculer, comme nos pigeons, dans un comportement superstitieux ? D'ériger des totems, parce que c'est ainsi que l'on a toujours fait ou que c'était ce qui marchait le mieux ?

D'abord agir avec discernement. Sélectionner ce qui vaut vraiment la peine d'être appris, mémorisé. Le risque de surcharge cognitive et le coût de la mémorisation invitent les adeptes du surcontrôle à abaisser leur niveau d'exigence, les professionnels de la qualité à être très économes de processus et de procédures. Dans un monde de l'optimisation et de la preuve[46], le vivant met en question notre soif de maîtrise et d'exhaustivité. Il faut savoir naviguer entre ordre structurant et désordre créatif. En fonction des impératifs de votre activité, quelle place pouvez-vous laisser au non-prescrit, à l'initiative ? Quel niveau de lâcher-prise votre organisation peut-elle se permettre ? Par ailleurs, il faut éviter d'envoyer valser les bonnes pratiques pour répondre à une injonction de renouvellement ou de modernité. Quels sont les règles ou les comportements à promouvoir au sein de votre organisation concernant l'oubli ou l'abandon de certaines pratiques ? Quelle responsabilité allez-vous confier à vos collaborateurs en termes de réévaluation des normes de métier ou de pertinence des processus ? Quels systèmes d'arbitrage mettre en place ?

---

45 Cependant, le problème demeure avec les apprentissages inscrits dans les gènes. Ce qui explique une partie des stress de l'homme moderne.

46 Les systèmes de qualité et de traçabilité sont là autant pour protéger les consommateurs que l'entreprise, qui doit démontrer qu'elle a tout mis en œuvre pour prévenir l'accident.

Mais avant de faire le ménage, encore faut-il savoir par où commencer. Quels indices vous permettent d'identifier la procédure, l'activité ou la ressource qui n'a plus lieu d'être ? Celle qui agace tout le monde parce qu'elle n'est plus utile, ne fait plus sens ? Ouvrez grand vos oreilles : vous devriez entendre la plainte monter. Il s'avère qu'une ressource n'a pas été activée depuis longtemps ? Interrogez les collaborateurs sur l'évolution de leurs pratiques. Qui peut vous aider dans ce travail ? Ou, mieux, qui doit légitimement s'en occuper ?

Vient enfin la question de l'arbitrage. Il s'inscrit entre deux bornes. La première vous aidera à décider de ce qu'il faut jeter parce que ça ne sert plus à rien. Elle repose sur une réévaluation de la pertinence de l'action dans le contexte actuel. Quelles sont les probabilités d'occurrence du risque contre lequel vous vous prémunissez ? Quelle chance y a-t-il que l'on vienne vous demander encore tel service ou tel produit ? Quelles pourraient être les conséquences de ne pas pouvoir le fournir[47] ? À quel niveau se situe le ratio coût-bénéfice si vous conservez l'information, le produit, la procédure ? La seconde borne fait le lien avec l'exaptation, dont nous avons déjà parlé[48]. Quelles ressources ou quelles pratiques vaut-il mieux garder car « ça peut toujours servir », comme on dit ? Celles pour lesquelles vous avez l'intuition qu'elles peuvent être porteuses d'innovation demain ? Comment partager votre point de vue avec vos collaborateurs, mais aussi avec des acteurs extérieurs : eux verront peut-être bien mieux que vous l'utilité de la ressource. Pour eux, pour d'autres.

Après ces arbitrages, faites le ménage, videz le grenier ! « L'habitude, au bout d'un temps, ça devient toujours une manie[49] ! » Débarrassez votre organisation de ses manies, de ses totems, des choses inutiles[50].

---

47 Veillez quand même à rendre vos produits réparables, les pièces détachées disponibles.

48 Voir le chapitre 2 consacré au principe de créativité.

49 Pierre Desproges.

50 Cela vaut peut-être aussi pour le nombre de projets que vous gérez.

Du vivant au vivant : s'inspirer du principe d'apprentissage

L'apprentissage chez les animaux sociaux s'opère au sein du groupe. Des individus domestiqués vont perdre le bénéfice de telles transmissions et se verront désemparés pour se nourrir ou se défendre en cas de retour à l'état sauvage : ils n'ont plus peur, ne savent plus faire la distinction entre une nourriture comestible et un poison. Vos activités ou vos achats nécessitent-ils de domestiquer des animaux sauvages ? Contribuez-vous à déstructurer des clans au sein d'espèces grégaires ?

Les apprentissages acquis peuvent s'avérer délétères si des artefacts jouent le rôle de leurres. Les tortues marines[51] se trouvent ainsi à s'étouffer avec des sacs plastiques, qu'elles ont confondus avec des méduses[52]. Risquez-vous de relarguer dans le milieu des objets ou substances qui risquent d'induire des comportements inappropriés de la part d'animaux sauvages ? Procédez-vous à un recensement des articles scientifiques ou de vulgarisation qui concernent ce genre d'accident, en lien avec vos produits ou vos déchets ? Pouvez-vous sensibiliser votre profession ?

51 Famille des *Chelonioidea*.

52 Sous-embranchement des *Medusozoa*.

conclusion

LA BIO-INSPIRATION AU SERVICE DE LA REDIRECTION ÉCOLOGIQUE

Comme nous l'avons vu en introduction, s'inspirer du vivant ne signifie pas automatiquement que l'on va faire des choses bonnes pour lui, humains compris. Une démarche stratégique bio-inspirée incite à réinterroger son cadre de pensée. Elle demande de maîtriser quelques outils conceptuels utiles en toutes circonstances. Leur nécessité est de nature tantôt éthique[1], tantôt existentielle, tantôt méthodologique. Ils peuvent aussi guider l'action en tant que points de repère.

Intégrer pleinement les limites et les impacts

« La façon dont on imagine le monde a une répercussion immédiate sur la façon dont on s'en occupe[2]. » Sur une planète aux ressources et aux capacités de régulation limitées, croire que le développement durable de l'humanité consiste à faire converger trois sphères autonomes – économique, sociétale et environnementale – est un leurre. Autonomes, ces sphères ne le sont pas : une économie ne peut se déployer de manière florissante qu'au sein et au service de sociétés humaines équilibrées, lesquelles ne peuvent s'épanouir sans une biosphère en bonne santé[3]. L'économiste Kate Raworth a proposé une représentation sous forme de « donut » qui symbolise ce que devrait être « un espace juste et sûr pour

---

1 Voir Emmanuel Delannoy, *Biomiméthique. Répondre à la crise du vivant par le biomimétisme*, Rue de l'échiquier, coll. « L'Écopoche », 2022.

2 Gilles Clément, *Jardins, paysage et génie naturel*, Collège de France, 2012.

3 René Passet, *L'Économique et le vivant*, Économica, 1996.

l'humanité[4] ». Celui-ci consiste à respecter le plafond environnemental constitué des neuf limites planétaires recensées par le Stockholm Resilience Centre et à nourrir dans le même temps le plancher sociétal correspondant à un certain nombre de besoins humains fondamentaux[5].

L'économie du donut

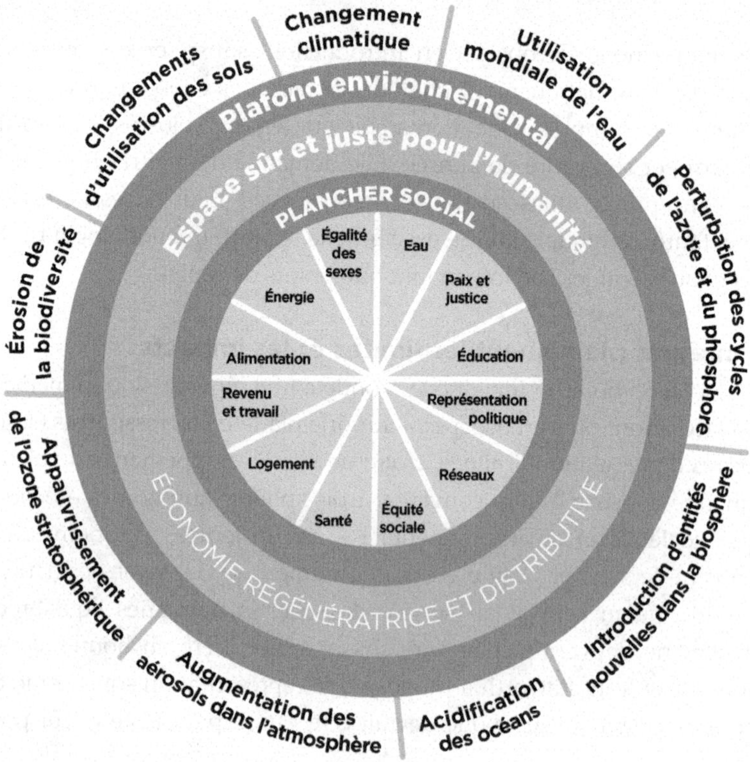

4 Kate Raworth, *La Théorie du donut. L'Économie de demain en sept principes*, J'ai lu, 2021.

5 Kate Raworth s'est inspirée des Objectifs de développement durable des Nations unies pour en faire le recensement.

Crever le plafond ou détériorer le plancher conduit irrémédiablement les sociétés humaines à une dégradation de leurs conditions de vie, et donc, de leur sécurité et du sentiment de justice, faisant courir le risque d'effondrements et de révoltes.

Pour chaque décideur, chaque citoyen, il faut pouvoir inscrire dans son paysage mental et dans ses actions quotidiennes ces limites et ces logiques d'encastrement qui doivent apparaître aussi réelles que les règles de la physique. On ne discute pas la loi de la gravitation universelle au bord du précipice. Pourquoi alors négocie-t-on le reste ? Pouvez-vous dès lors identifier les thématiques sur lesquelles vous avez le plus d'impact et celles sur lesquelles vous disposez de leviers d'action ? Comment intégrer ces dimensions dans les prises de décision au sein de votre organisation ? Comment mesurer vos activités à l'aune de ces dimensions indépassables ?

Reconnaître notre dépendance aux communs naturels et reconnecter les activités avec le vivant

L'intégralité de la chaîne alimentaire dépend de la bonne santé et de la capacité productrice des végétaux qui sont les seuls à pouvoir synthétiser de la matière vivante à partir de minéraux et d'énergie. Les écosystèmes naturels, à travers les services écosystémiques[6], jouent exactement le même rôle pour les sociétés humaines et constituent donc la principale variable limitante de leurs activités. Comprendre la nécessité de respecter et d'entretenir la biosphère au quotidien permet d'en maintenir la capacité productive sur le court terme et de régénération sur le moyen et long terme.

C'est cette approche que se propose d'explorer le courant de l'économie régénérative. Née outre-Atlantique, celle-ci explore les conditions de la réconciliation entre les vivants humains et non humains. Pour ce faire, elle s'attaque à la racine du problème, à savoir les modèles mentaux

6 Pollinisation, filtration de l'eau, régénération des sols, mise à disposition de molécules à usage médical, etc.

qui conditionnent nos actions et dont seul le changement permettra l'émergence de solutions radicalement[7] innovantes et pertinentes.

Le concept de régénération repose sur une vision systémique des activités humaines réintégrées dans le tissu du vivant. La compréhension des interactions d'une entité – un individu ou un collectif – avec son système proche constitue l'une des clés d'analyse. Le concept insiste sur la singularité des situations et sur la nécessité de repenser les activités économiques à l'échelle du territoire réel. Le paradigme régénératif s'appuie sur une « confiance dans la capacité des êtres vivants à devenir leur propre source de créativité et d'autodétermination[8] ». Il invite à se concentrer sur l'observation du fonctionnement et des besoins des parties prenantes vivantes évoluant dans l'entourage direct de l'entité concernée.

La démarche régénérative repose sur un dialogue soutenu avec le vivant. Celui-ci doit permettre, *in fine*, de comprendre et d'intégrer les principes qui régissent la biosphère. Or apprendre à dialoguer avec le vivant constitue justement l'une des pierres angulaires du présent ouvrage. À travers des exemples, mais surtout en donnant à voir certaines règles et logiques auxquelles il obéit.

Comment pouvez-vous organiser cette reconnexion au vivant au sein de votre organisation ? Comment partager les connaissances acquises ici ou par d'autres biais ? Quel référentiel commun minimum pensez-vous qu'il soit nécessaire de maîtriser pour que chacun puisse réfléchir, discuter et agir en tant que vivant dans le vivant ? Quelles occasions provoquer pour permettre à vos parties prenantes de se retrouver physiquement replongées dans la nature ?

7 La radicalité vient de la racine, pas de l'extrémisme.

8 Carol Sanford et Ben Haggard, « The regenerative economic shaper: a framework for architecting the next economy », juin 2020, regenesisgroup.com/wp-content/uploads/2020/06/The-Regenerative-Economy-final.pdf

S'inspirer en conscience

Si elle favorise la reconnexion avec le vivant et l'émergence de solutions nouvelles, la bio-inspiration n'en présente pas moins des limites dont il faut absolument avoir conscience.

La première d'entre elles a trait à l'absence d'intentionnalité au sein du vivant[9] et son corollaire : l'absence d'éthique. Les neuf principes présentés dans cet ouvrage décrivent les conditions pour que perdure l'élan de vie. Mais laisser faire le vivant suppose que l'on accepte, par exemple, que des espèces nuisibles envahissent des territoires et en chassent d'autres parfois plus belles ou plus utiles selon nos critères anthropocentrés. Ou que pullulent des parasites. Laisser faire ces principes au sein d'une organisation pourrait bien générer les mêmes effets. À l'échelle de la biosphère, le vivant est globalement bon pour lui-même puisqu'il génère les conditions de sa propre perpétuation. Mais la vie n'est pas bonne par essence. À l'échelle des espèces, c'est l'égoïsme qui prévaut : il faut que la lignée se perpétue, coûte que coûte. Les impacts, positifs ou négatifs, constituent des externalités dont l'individu ne tient pas compte. C'est pourquoi une certaine dose d'éthique doit accompagner la mise en œuvre des principes inspirés du vivant. Éthique du beau et du bon. Éthique de la juste mesure pour contrer l'*hubris*, si caractéristique de notre espèce. Et vous, à quels principes éthiques pouvez-vous vous référer ? Dans l'intimité de votre conscience, quelles sont les valeurs qui président à vos choix et guident vos actions ? Quels impacts souhaitez-vous avoir sur les humains, sur la société, sur votre territoire, sur la planète ? Et qu'attendez-vous des salariés de votre entreprise, de vos partenaires ou de toute autre partie prenante en termes de comportement, d'éthique des affaires ?

L'autre limite de la bio-inspiration réside dans le fait qu'*Homo sapiens* produit de la culture davantage que toute autre espèce et dispose d'une capacité unique d'agir sur son environnement humain et non

9 Ce point est discuté, puisqu'il est démontré que des espèces savent mettre en place des stratégies et éprouvent des émotions. Dans ce domaine toutefois, *Homo sapiens* se distingue particulièrement.

humain. Bref, on ne peut appliquer bêtement les principes inspirés du vivant à nos organisations sans passer par le filtre des sciences humaines et sociales. Sur le thème de la diversité ou de l'auto-organisation, par exemple, de nombreuses recherches éclairent les conditions et limites à envisager. Réfléchissez à la manière dont vous pouvez les intégrer dans votre démarche. Quelles lignes rouges imaginer qui permettraient d'éviter les dérives ?

La dernière limite, enfin : être conscient que toute analogie ou toute métaphore induit des angles morts. Ici, on montre l'efficacité d'une organisation vivante – le rapport objectifs-résultats – sans parler du coût ou des effets délétères. Là, on oublie les éléments de contexte qui légitiment tel fonctionnement, lequel n'a aucune vocation à devenir loi universelle. Bref, n'oublions jamais l'intention derrière l'analogie : on se focalise sur un phénomène en particulier et c'est dans ce cadre seulement que l'on peut imaginer un transfert de principe vers la stratégie.

Développer la pensée systémique

Une pensée analytique, une lecture strictement causale des événements et une démarche réductionniste sont d'un très grand secours lorsqu'il s'agit de travailler sur des choses compliquées : concevoir un produit, une usine, des infrastructures. Mais lorsque le système dépasse un certain niveau de complexité, en particulier lorsque ses composantes sont dotées d'une large autonomie, la pensée systémique doit prendre le relais. Elle fait appel à des dimensions connues désormais[10], mais qu'il faut s'exercer à manipuler. Les fonctions : penser flux, effet et boucle. L'échelle : identifier les emboîtements et les fractales, leurs permanences et leurs articulations. Le temps : savoir différencier ce qui relève du mouvement ou de l'évolution. Et quelques repères encore : quelles sont les limites du système étudié ? Quelles sont ses finalités, qui serviront de repère à ses contributeurs ?

10 Voir les travaux d'Edgard Morin ou de Jean-Louis Le Moigne.

La pensée systémique permet de comprendre comment la dynamique d'émergence, en dépit de son caractère en apparence anarchique, crée finalement des formes ordonnées et pertinentes. Elle permet de saisir pourquoi et comment une coopération réussit ou échoue. De penser les interdépendances et interactions avec l'environnement. De repérer les points de bascule, qui font qu'un système mute vers une nouvelle configuration, un nouvel équilibre dynamique. Bref, de décider en complexité, avec d'autres points de repère que l'intuition et une vision élargie des enjeux[11].

Penser continuums plutôt qu'oppositions

Comment un partenaire peut-il devenir parasite, et inversement ? Parce qu'il s'agit de deux modes de relation différents pour une même fonction : se nourrir, se protéger, etc. Coopération et parasitisme constituent les deux pôles d'un même axe, le long duquel une espèce ou un individu sont parfois amenés à se déplacer. Appréhender le monde sous l'angle des complémentarités, admettre que les configurations ne sont pas figées : le vivant nous invite à adopter cette grille de lecture. Identifier les polarités, mais surtout reconnaître les liens et la possibilité pour chacun d'évoluer. Spécialiste ou généraliste ? Mobile ou immobile ? Stratégie r ou stratégie K ? La réponse n'est jamais tout l'un ou tout l'autre. La pensée binaire est exclue, la nuance, de mise, de même que la suspension du jugement. Il ne s'agit pas de se rallier à un camp plutôt qu'à un autre, ni de décider que telle configuration est meilleure que telle autre. Ni qu'un changement résulte d'une volonté de nuire ou d'un manque de constance. Admettre plutôt qu'il est le fruit d'une nécessité de survivre. Il faut se rappeler enfin que les postures extrêmes – en l'occurrence, de spécialistes – s'avèrent souvent délétères dès que l'environnement change. Représentez-vous vos actions, votre entourage, vos ressources en tension entre deux pôles. Où vous situez-vous ? Où se situent vos partenaires ?

11 Donella H. Meadows, *Pour une pensée systémique*, Rue de l'échiquier, coll. « Initial(e)s DD », 2023.

Comment cela peut-il évoluer ? Comment faire en sorte que ces mouvements se fassent dans le cadre d'un dialogue le plus transparent possible ? Plus généralement, comment insuffler au sein de votre organisation l'habitude d'une pensée en tension entre deux pôles sans exclure l'un ou l'autre ?

Concentrer son énergie à ouvrir de possibles futurs

Une vie peut se résumer à une somme d'arbitrages. À quoi vais-je affecter l'énergie-matière que je viens de capter ? Grandir ? Me réparer ? Me reproduire ? Retenons que la décision se fera en fonction de la situation de l'individu et de son contexte, mais toujours au service de la génération qui vient. C'est la seule option pour perpétuer la lignée. Alors, quand l'entreprise perçoit une rétribution, comment décider de l'affectation de ce gain ? Comment rendre possibles l'apparition et la survie de la prochaine configuration stratégique ? En investissant. Dans la croissance parfois, en finançant le besoin en fonds de roulement (BFR), parce qu'il faut dans certains cas atteindre une taille critique pour stabiliser l'activité. Dans les ressources matérielles de production, mais surtout dans les ressources immatérielles, qui sont les germes des succès futurs : entretenir la confiance et l'engagement des parties prenantes – internes comme externes –, la capacité d'innovation et d'apprentissage, la pérennité des organisations ou des routines qui fonctionnent particulièrement bien, la pertinence de la proposition de valeur, etc. En plus des salariés et des actionnaires, qui faut-il rémunérer en priorité, qui seront porteurs de tous ces actifs futurs ? Voilà pour l'échelle de votre organisation et de son environnement direct. Qu'en est-il de la santé de votre écosystème ? On peut superposer ici aux écosystèmes naturels les services publics essentiels[12], cette trame anthropique qui permet à la sphère sociotechnique de

12 Adduction d'eau, infrastructures de transport, réseaux d'acheminement de l'énergie et de l'information, etc., qui font parfois l'objet de délégation vers le privé, mais restent normalement sous le contrôle de la puissance publique.

fonctionner[13]. Quel pourcentage de vos revenus devez-vous affecter à entretenir les communs vivants et les infrastructures, à rémunérer ces services réputés gratuits ? Bien sûr, il y a les impôts. Mais ils ne s'intéressent que très marginalement à la trame du vivant. Pas plus qu'ils ne permettent d'optimiser l'usage et parfois la pertinence des services publics. Que devez-vous faire en tant que décideur et acteur responsable ?

Préparer les futurs possibles est aussi une question de configuration intellectuelle. Rappelez-vous la notion de dépendance à la trajectoire : ce que nous pouvons faire aujourd'hui est largement dépendant des décisions d'hier. Cela vaut à l'échelle d'une organisation comme d'un pays. Comment faire en sorte que vos décisions ouvrent des possibles davantage qu'elles n'enferment demain dans un champ de contraintes inextricables ? Comment laisser la place à des espaces de liberté, à des configurations multiples, à une adaptabilité ou réversibilité des solutions que vous mettez en œuvre ? Cela ne signifie pas renoncer à prendre des décisions, choisir une direction. Mais il faut éviter ce qui a un caractère définitif. À moins d'être certain, preuves à l'appui, que cette option est la bonne, pour soi, pour la collectivité et pour les écosystèmes.

Évaluer le juste niveau de croissance

À l'échelle d'un territoire, la taille du réseau trophique est limitée par la productivité végétale, celle-ci étant elle-même contrainte par la disponibilité en eau, nutriments, lumière, etc. Arrivée à un certain niveau, la biomasse totale ne croît plus : l'écosystème est arrivé à son climax et va globalement rester à l'équilibre[14]. Les recherches les plus récentes en

13 Bien évidemment, la trame anthropique doit être compatible avec celle du vivant, et contribuer à son maintien en bonne santé.

14 Une colonie de bactéries se développera tant que les individus auront assez de substrat nourricier. « Créer des besoins », c'est un peu comme si les bactéries créaient du sucre ! À ce jour, il semble que cela n'existe pas !

écologie émettent toutefois l'hypothèse que la première limite à la croissance n'est pas la disponibilité de la ressource, mais la capacité de croissance des individus qui peuplent le territoire. Pour un grand nombre d'espèces, la croissance s'interrompt lorsque les individus atteignent leur maturité. Pour des raisons physiologiques ou parce que le temps est venu d'affecter l'énergie à d'autres activités. Même pour les espèces à croissance indéterminée[15], la mort accidentelle vient immanquablement interrompre le processus. Pourquoi est-il alors si difficile d'accepter qu'il existe une limite à la croissance d'un marché et de nos activités humaines en général ? Certains dirigeants le savent, qui ont expérimenté toutes les étapes du changement organisationnel : on ne pilote plus à vingt comme on le faisait à dix et il serait impossible de connaître tout le monde au-delà d'une équipe de cent cinquante personnes – et encore. Faut-il croître à tout prix ? Quel est le niveau suffisant pour vous, celui qui vous permet de perdurer, c'est-à-dire de passer d'une configuration stratégique à une autre, de gérer votre quotidien avec sérénité et d'avoir assez de ressources pour investir sur l'avenir ? Quelle est la taille pertinente qui ne va pas faire s'effondrer votre collectif, qui continue de nourrir votre enthousiasme et celui de vos collaborateurs ?

Ne pas confondre vitesse et précipitation

Au sein du vivant, la stabilité de l'environnement[16] est la règle générale à grande échelle spatiale ou temporelle, et l'aléatoire, une exception localisée ou transitoire[17]. Pourquoi changer quand ça marche ? « Parce que ! » répond « *Homo insatiatus* », cet éternel insatisfait, victime

---

15 Assez nombreuses dans le règne végétal et chez les organismes unicellulaires ; quelques animaux sont dotés de cette faculté, notamment parmi les crustacés, les poissons ou les mollusques.

16 En fait, l'équilibre dynamique.

17 Quelques éléments pour étayer : la durée des ères géologiques, la prédominance de la reproduction itéropare, la tendance des écosystèmes à converger vers leur climax, etc.

de son striatum[18]. En innovant sans arrêt, en créant des besoins, *Homo sapiens* crée de la perturbation dans un système qui pourrait très bien fonctionner plus sereinement.

Le vivant nous invite à parier sur le long terme. À détecter les permanences sous les variations. À reconnaître qu'il est possible d'imaginer plusieurs projets à l'intérieur d'un même cycle stratégique. À soupeser les décisions de changement, en responsabilité. À se détourner des stratégies du « tout, tout de suite et vite », qui sont pertinentes dans un contexte chaotique[19] mais qui génèrent elles-mêmes des formes de chaos. Comment pouvez-vous positionner votre organisation face aux injonctions à innover, à être de son temps, à se réinventer ? Sur quelles permanences pouvez-vous miser pour être encore pertinent demain ? Comment engager vos parties prenantes sur la voie de la durabilité des solutions et des relations ? Quelles garanties devez-vous leur apporter en échange en termes de niveau et de continuité de service ? Bref, dans un monde où prévaut l'agitation, comment proposer des innovations lorsqu'elles sont pertinentes tout en misant principalement sur la stabilité ?

L'art de la paix[20] : changer la manière de faire de la stratégie

Une manière de faire de la stratégie consiste à définir un dessein pour l'entreprise, dans un contexte futur que l'on suppose analysé, puis à tracer un chemin à rebours, censé combler l'écart entre un demain désiré et la réalité du présent. Cette approche rencontre aujourd'hui deux obstacles. La complexité du monde d'abord, qui rend les approches prospectives de plus en plus hasardeuses. La vitesse et l'ampleur des changements ensuite,

18 Une petite structure nerveuse nichée sous le cortex liée au circuit de la récompense.

19 Si c'est le cas dans votre secteur, alors allez-y à fond : la stratégie r vous y invite.

20 En référence à *L'Art de la guerre* de Sun Tzu, traité militaire de l'Antiquité

qui rendent les conditions du chemin plutôt aléatoires[21]. Les modélisations qui proposaient des typologies d'options stratégiques ou prônaient un « *one best way* » se heurtent à cette complexité. La dépendance au contexte, aussi bien global que microlocal, les difficultés d'accès aux ressources, les attentes nouvelles des parties prenantes, salariés en tête, sont autant d'obstacles au rêve de standardisation des stratégies, des offres ou des procédures.

Pour pallier les limites du design stratégique par prospective régressive, il va falloir faire une place, en partie au moins, à ce que l'on appelle la stratégie émergente[22]. Comme lorsque l'on parle de management agile ou d'auto-organisation, il vaut mieux se doter d'un cadre clair pour éviter le pilotage à vue. La raison d'être, qui à défaut de dire précisément où l'on sera dans cinq ans, explicite qui l'on sera : notre activité, notre singularité, la valeur générée pour nos parties prenantes, etc. Les valeurs, qui permettent aux individus d'agir librement dans le cadre des règles du groupe et au collectif de se coordonner en confiance. Une vision inspirante de ce à quoi pourrait ressembler l'entreprise, qui génère une envie plus qu'elle ne constitue un objectif à atteindre. D'un point de vue opérationnel, la stratégie émergente repose sur un soin particulier porté aux ressources matérielles et immatérielles, qui permettent la performance actuelle et fondent les succès futurs de l'entreprise. L'autre pilier organisationnel de cette approche stratégique repose sur la capacité à piloter les projets de transformation et surtout, à mettre en place des dispositifs réflexifs, qui permettent de tirer des enseignements du réel tel que vécu par les collaborateurs.

Le changement dans les pratiques stratégiques nous invite également à revoir notre représentation de ce qu'est un écosystème d'affaires. L'art de la paix, c'est aussi une autre manière de considérer la relation à l'autre.

21 Rien qu'entre 2020 et 2024, la Covid-19, la guerre russo-ukrainienne, l'intelligence artificielle (IA) générative constituent autant d'événements (entre autres) avec un impact direct sur les activités.

22 Dans la logique de continuum, évidemment : ni tout émergent, ni tout prospectif.

Passer de l'antagonisme à la coopération, d'un jeu à somme nulle à un jeu à somme positive.

Changer vos représentations suppose un déplacement qui remet en cause jusqu'à votre posture de dirigeant. De quasi-visionnaire omniscient (« Je pense à tout. ») et acteur omnipotent (« Je résous tout. »), comment pouvez-vous opérer un glissement vers le rôle de manager engagé (« Je crois en notre destin commun. ») et engageant (« Je mets les autres en situation de faire émerger les solutions. ») ? Pouvez-vous passer du volontarisme excessif, extrêmement coûteux en ressources, à une logique consistant à observer ce qui vient naturellement à vous ? Le dirigeant demain se fera jardinier de l'entreprise, un jardinier pétri des principes du génie écologique. Il permettra aux choses d'advenir parce qu'il crée les conditions de la vie et qu'il fait confiance à la pulsion de vie pour œuvrer dans ce paysage. Comment pouvez-vous devenir celui ou celle qui facilite, réarrange, ordonnance parfois ou favorise telle équipe parce que telle fonction requiert une attention particulière, dans l'intérêt de tous ? Comment cultiver votre capacité à vous poser les bonnes questions et, surtout, à les poser à ceux qui savent – les acteurs de terrain, vos partenaires, etc. – pour enrichir votre réflexion ? Humilité, souplesse, lâcher-prise, aptitude à l'autonomisation : ce sont peut-être les principales qualités attendues des dirigeants demain. Tout en conservant une dose suffisante d'assertivité, qui permet de maintenir le cadre et le collectif.

« La porte du changement s'ouvre de l'intérieur[23]. » C'est la première bonne nouvelle. Opérer une révolution de nos représentations : c'est ce à quoi nous invite – ou nous contraint – la perspective d'un développement durable de l'humanité. Il ne tient qu'à vous de franchir le pas. Il sera le premier. Viendra ensuite la rencontre des autres, le dialogue, depuis l'endroit où chacun se trouve. La bio-inspiration peut-elle servir de grammaire partagée ? À vous de l'envisager, puis de l'expérimenter.

Les solutions existent. C'est la deuxième bonne nouvelle. De très nombreuses expérimentations voient le jour quotidiennement près de chez vous ou dans le pays. Les bonnes pratiques sont partagées. Il suffit de se greffer aux réseaux de pionniers pour s'en rendre compte et bénéficier de retours d'expérience. Des référentiels alternatifs, tels que notamment celui de l'économie de la fonctionnalité et de la coopération[24], constituent d'excellentes sources d'inspiration. Allez à la rencontre de votre propre entreprise et de vos partenaires et clients : les solutions sont partout. Allez à la rencontre du vivant, pour retisser les liens essentiels. Les évidences y pullulent.

Mettre en œuvre ces démarches sera une source inépuisable de plaisir et de satisfaction. C'est la troisième bonne nouvelle. Reprendre le contrôle de son destin, renouer avec des rythmes naturels, redonner du sens. « Mieux » plutôt que « plus ». Qui pourrait refuser une telle proposition ?

C'est possible. Il suffit pour cela de cultiver l'espérance autant que l'espoir. L'espérance est à la fois vertu et posture désintéressée ; elle nous donne confiance en l'avenir, nous convainc que nous y arriverons, collectivement. Parce qu'il est davantage dirigé vers l'action, pour soi et pour ses proches, l'espoir relève de la pulsion, d'une énergie vitale essentielle. Pour changer le monde.

---

23 Jacques Chaize, *La porte du changement s'ouvre de l'intérieur. Les trois mutations de l'entreprise*, Calmann-Lévy, 1992.

24 Pour résumer, il s'agit d'une manière de considérer l'économie sous le prisme de la performance d'usage (à quoi cela sert réellement ?), de l'utilité (en quoi cela contribue à maintenir la santé des humains, du territoire et de la planète ?) et de l'efficience à travers la coopération (faire avec ceux qui savent plutôt que de vouloir tout faire tout seul).

bibliographie complémentaire

OUVRAGES

- Robert Barbault, *Écologie générale. Structure et fonctionnement de la biosphère*, 6e édition, Dunod, collection « Sciences Sup », 2021.

- Étienne Danchin et *al.*, *Écologie comportementale. Cours et questions de réflexion*, Dunod, collection « Sciences Sup », 2005.

- Jean Génermont et Catherine Perrin, *Pourquoi la nature s'engourdit ?*, EDP Sciences, 2003.

- Thomas Heams et *al.*, *Les Mondes darwiniens. L'évolution de l'évolution* (volume 1), Syllepse, 2009.

- Quentin Hiernaux, *Du comportement végétal à l'intelligence des plantes ?*, Quae, 2020.

- Jean-Louis Le Moigne, *La Théorie du système général. Théorie de la modélisation*, 4e mise à jour, PUF, 1994.

- Christian Levêque, *Écologie. De l'écosystème à la biosphère*, Dunod, collection « UniverSciences », 2001.

- Edgar Morin, *Introduction à la pensée complexe*, Seuil, collection « Points Essais », 2005.

- Martin Stevens, *Les Ruses de la nature*, Buchet-Chastel, 2018.

- Claire Tirard et *al.*, *Introduction à l'écologie*, Dunod, collection « Sciences Sup », 2021.

ARTICLES

- Richard Arena et Nathalie Lazaric, « La théorie évolutionniste du changement économique de Nelson et Winter. Une analyse économique rétrospective », *Revue économique*, 2003/2, vol. 54, doi.org/10.3917/reco.542.0329

- Robert Barbault, « Le concept d'espèce-clé de voûte en écologie de la restauration : clé… ou impasse ? », *Natures Sciences Sociétés*, Hors série, 1995, nss-journal.org/articles/nss/pdf/1995/05/nss199503sp19.pdf

- Jay B. Barney, « Firm Resources and Sustained Competitive Advantage », *Journal of Management*, 1991, vol. 17, n° 1, doi.org/10.1177/014920639101700108

- Monica Gagliano, « Penser comme une plante : perspective sur l'écologie comportementale et la nature cognitive des plantes », *Cahiers philosophiques*, 2018/2, n° 153, doi.org/10.3917/caph1.153.0042

- Raymond L. Ison et *al.*, « Towards systemic and adaptive governance. Exploring the revealing and concealing aspects of contemporary social-learning metaphors », *Ecological Economics*, 2013, vol. 87(C), doi.org/10.1016/j.ecolecon.2012.12.016

- Hideo Kawamoto, « L'autopoïèse et"l'individu"en train de se faire », *Revue philosophique de la France et de l'étranger*, 2011, vol. 136(3), doi.org/10.3917/rphi.113.0347

- Jonathan Lambert, « Should evolution treat our microbes as part of us ? », *Quanta Magazine*, 20 novembre 2018, quantamagazine.org/should-evolution-treat-our-microbes-as-part-of-us-20181120

- T. Lefebvre et C. Gallet, « Impacts des grands herbivores sur la végétation des prairies et conséquences sur la décomposition de la litière », *INRAE Productions animales*, 2017, 30 (5), hal.inrae.fr/hal-02624776

- Alvaro Moreno, « Auto-organisation, autonomie et identité », *Revue internationale de philosophie*, De Boeck Supérieur, 2004/2 (n° 228), doi.org/10.3917/rip.228.0135

- Gareth Morgan, « Paradigms, Metaphors, and Puzzle Solving in Organizational Theory », *Administrative Science Quarterly*, vol. 25, n° 4, décembre 1980, doi.org/10.2307/2392283

- Richard N. Nelson et Sidney G. Winter, « Evolutionnary Theorizing in Economics », *The Journal of Economic Perspectives*, vol. 16, n° 2, 2002, jstor.org/stable/2696495

- David Reznick et *al.*, « r- and K-Selection Revisited : The Role of Population Regulation in Life-History Evolution », *Ecology*, vol. 83, n° 6, 2002, doi.org/10.2307/3071970

- Alain Rouget, « Théorie évolutionniste de la sénescence », *Revue médicale suisse*, 2009/210 (vol.5), doi.org/10.53738/REVMED.2009.5.210.1481

THÈSE

Patricia Gibert, *Plasticité phénotypique et réponses adaptatives aux changements environnementaux chez les insectes*, Biodiversité et Écologie, Université Claude Bernard Lyon 1, 2012, theses.hal.science/tel-02309704

remerciements

Ce livre n'aurait pas vu le jour sans une bonne dose de persévérance, mais, surtout, sans l'aide précieuse de personnes compétentes et impliquées ni le soutien constant de mes proches.

Implication, d'abord, des relecteurs et de l'ensemble des contributeurs restés parfois dans l'ombre. Ma gratitude va en premier lieu à Bruno Lhoste et Emmanuel Delannoy, ainsi qu'à Pierre Smilovici et Daniel Aubron pour leurs conseils éclairés. Merci à tous ceux qui, des premiers avis sur une esquisse jusqu'à la correction minutieuse du manuscrit, ont porté leur regard acéré autant que bienveillant sur mon travail. Mes remerciements enfin à Thomas Bout, des éditions Rue de l'échiquier, pour sa passion des concepts émergents, sa sérénité et ses recommandations.

Un livre s'inspire toujours de travaux et se nourrit d'échanges. J'exprime ici ma reconnaissance à tous les chercheurs et auteurs pour le temps qu'ils ont consacré à partager leurs connaissances et leurs interrogations. J'en appelle par avance à leur indulgence envers d'éventuels écarts d'interprétation et les invite à me signaler toute inexactitude. Merci à mon directeur de thèse, Samuel Mercier, qui a accompagné mon cheminement. Mes remerciements enfin à Tarik Chekchak pour nos séances créatives en compagnie de notre ami Emmanuel, ainsi qu'aux pionniers du biomimétisme en France qui, avec le Ceebios en particulier, explorent des voies vers un monde plus soutenable.

« Écrire est un travail ingrat qui mène à la solitude », disait Blaise Cendrars. C'est pourquoi l'obstination de certains à me ramener dans le monde m'a été si précieuse. Merci à Sofie et Pierre, Jeanne et François, l'équipe de la Grande Maison, à mon ami Franck et à tous ceux qui, par-delà les absences, ont réussi à maintenir le lien. Merci à ma famille, si patiente. Merci à celle qui a accompagné ces périodes exigeantes.

Et par-dessus tout, merci à mon fils Léo d'avoir accepté cette envahissante gestation avec beaucoup de compréhension. À lui, mon amour et ma tendresse éternels.

Déjà parus dans la collection

BIOMIMÉTISME

dirigée par Bruno Lhoste

Michael Pawlyn,
Biomimétisme & architecture, 2019.

Emmanuel Delannoy
Biomiméthique. Répondre à la crise du vivant par le biomimétisme, 2021
(également disponible dans la collection « L'écopoche », 2022).

Partenaire de l'édition de ce livre

PIKAIA
solutions biomimétiques

Tout change, très vite : les attentes des clients et des citoyens, les règles du jeu de l'économie et du marché, le climat et les écosystèmes. Des pressions nouvelles et contradictoires se font jour, qui rebattent souvent les cartes. Les entreprises, et plus largement toutes les organisations, ont besoin de s'adapter. Mais s'adapter ne suffit plus. Il faut renforcer notre résilience, apprendre à faire face à l'imprévu, trouver des voies alternatives. Pour l'environnement aussi, il devient urgent de réparer, régénérer, relier.

C'est pour aider les dirigeants à repenser leurs pratiques et à engager cette métamorphose que nous avons créé Pikaia.

Pour en savoir plus : **www.pikaia.fr**

Conception graphique et mise en pages
Thierry Sestier, Mathieu Robert

Relecture
Cyril Léclaircie, Maryvonne Corrigou

Édition
Thomas Bout

PEFC
10-31-1510
Certifié PEFC

Le papier de cet ouvrage – Enso Classic 80 g – est composé de fibres naturelles, renouvelables, recyclables et fabriquées à partir de bois provenant de forêts gérées durablement.

N° d'impression : 24040448

Imprimé sur les presses de Corlet à Condé-en-Normandie, France, en mai 2024